本书系全国教育科学"十四五"规划2021年度教育部重点课题"全面普及背景下普通高中多样化办学区域性制度设计研究"（课题批准号：DHA210337）成果

普通高中多样化办学制度研究

张军凤 ◎ 著

Research on
the Diversified School Running System of
Ordinary High School

图书在版编目（CIP）数据

普通高中多样化办学制度研究／张军风著 .—北京：中国社会科学出版社，2023.8

ISBN 978-7-5227-2615-1

Ⅰ.①普… Ⅱ.①张… Ⅲ.①高中—办学模式—研究—中国 Ⅳ.①G639.2

中国国家版本馆 CIP 数据核字（2023）第 177959 号

出 版 人	赵剑英
责任编辑	郭曼曼
责任校对	韩天炜
责任印制	王　超

出　　　版	中国社会科学出版社
社　　　址	北京鼓楼西大街甲 158 号
邮　　　编	100720
网　　　址	http://www.csspw.cn
发 行 部	010-84083685
门 市 部	010-84029450
经　　　销	新华书店及其他书店
印　　　刷	北京明恒达印务有限公司
装　　　订	廊坊市广阳区广增装订厂
版　　　次	2023 年 8 月第 1 版
印　　　次	2023 年 8 月第 1 次印刷
开　　　本	710×1000　1/16
印　　　张	19.5
插　　　页	2
字　　　数	281 千字
定　　　价	106.00 元

凡购买中国社会科学出版社图书，如有质量问题请与本社营销中心联系调换
电话：010-84083683
版权所有　侵权必究

目 录

绪 论 …………………………………………………………（1）

第一章 文献综述 …………………………………………（8）

第一节 全面普及高中阶段教育研究 ……………………（8）
一 "普及"的概念界定 ………………………………（9）
二 全面普及高中阶段教育的政策历程 ……………（10）
三 全面普及高中阶段教育的价值、问题与对策 …（11）
四 全面普及高中阶段教育标准的研究 ……………（14）

第二节 普通高中多样化发展研究 ………………………（15）
一 普通高中多样化发展的内涵和动因 ……………（15）
二 普通高中多样化发展的问题及对策 ……………（17）

第三节 普通高中多样化办学研究 ………………………（20）
一 普通高中办学类型多样化 ………………………（20）
二 普通高中培养模式多样化 ………………………（23）
三 国外高中办学多样化 ……………………………（25）
四 普通高中多样化办学制度的区域实践 …………（28）

第二章 全面普及高中阶段教育标准研究 ………………（31）

第一节 教育普及标准研究概述 …………………………（31）
一 教育标准的概念界定 ……………………………（31）
二 中国义务教育普及化标准 ………………………（36）

三　全面普及高中阶段教育标准的内涵 …………………………（40）
第二节　全面普及高中阶段教育标准的设计 ……………………………（43）
　　一　全面普及高中阶段教育标准的框架 …………………………（43）
　　二　全面普及高中阶段教育的规模维度 …………………………（44）
　　三　全面普及高中阶段教育的结构维度 …………………………（52）
　　四　全面普及高中阶段教育的公平维度 …………………………（55）
　　五　全面普及高中阶段教育的质量维度 …………………………（59）
第三节　全面普及高中阶段教育的区域性标准 …………………………（65）
　　一　全面普及高中阶段教育区域性标准的必要性 ………………（65）
　　二　维度一：高中阶段教育规模 …………………………………（67）
　　三　维度二：高中阶段教育结构 …………………………………（69）
　　四　维度三：高中阶段教育公平 …………………………………（70）
　　五　维度四：高中阶段教育质量 …………………………………（73）

第三章　普通高中多样化办学制度的多维度价值分析 …………（76）
第一节　公平价值 …………………………………………………………（76）
　　一　制度及教育制度公平 …………………………………………（76）
　　二　普通高中多样化办学制度的公平价值要素 …………………（77）
第二节　文化价值 …………………………………………………………（79）
　　一　教育制度的文化立意 …………………………………………（80）
　　二　普通高中多样化办学制度的文化价值要素 …………………（82）
第三节　制度价值 …………………………………………………………（83）
　　一　教育制度设计 …………………………………………………（84）
　　二　普通高中多样化办学制度的制度价值要素 …………………（85）
第四节　教育价值 …………………………………………………………（86）
　　一　制度的教育价值 ………………………………………………（86）
　　二　普通高中多样化办学制度的教育价值要素 …………………（89）

第四章　普通高中多样化办学制度的政策演进 (90)

第一节　确立"重点中学" (90)
一　重点中学制度的沿革 (91)
二　重点中学制度的反思 (94)

第二节　建设"示范性高中" (98)
一　示范性高中的提出 (98)
二　示范性高中的区域性探索及反思 (101)

第三节　改进"薄弱高中" (105)
一　薄弱学校问题的产生 (105)
二　改进"薄弱高中"的制度化探索及反思 (107)

第四节　振兴"县中" (110)
一　"县中"教育问题的提出 (110)
二　县"一中"现象的隐忧及治理 (111)

第五节　推动普通高中"多样化发展" (114)
一　普通高中多样化发展的提出 (115)
二　普通高中多样化发展的规划设计 (119)
三　普通高中多样化发展的地方实践 (122)

第六节　形成"多样化有特色发展"格局 (124)
一　普通高中多样化有特色发展的内涵解读 (125)
二　深化普通高中育人方式改革的主体责任 (128)

第五章　普通高中多样化办学制度的国际视域 (131)

第一节　芬兰、美国普通高中多样化办学制度分析 (131)
一　芬兰：高中培养模式多样化的世界典范 (131)
二　美国：体现高选择性的高中办学模式 (136)

第二节　韩国、日本普通高中多样化办学制度分析 (141)
一　韩国：高中类型多样化和学校课程多样化 (141)
二　日本：大力推动高中教育多样化发展 (146)

第六章 普通高中多样化办学制度的本土探索 (155)
第一节 省域视角的创新实践 (156)
一 上海市：特色普通高中建设 (156)
二 天津市：特色高中和品牌高中建设 (160)
三 浙江省：普通高中特色示范校建设和分类办学特色发展项目 (167)
四 江苏省：普通高中星级评估和高品质示范高中建设 (174)

第二节 普通高中学校培养模式多样化个案分析 (177)
一 江苏省锡山高级中学：走学校课程的深耕之路造就卓越品质 (177)
二 天津市南开中学：坚守初心探索建立拔尖创新人才培养基地 (180)
三 上海市七宝中学：传承办学传统 创建研究型普通高中 (183)

第七章 普通高中办学类型多样化分析 (187)
第一节 综合高中研究 (187)
一 综合高中的发端 (188)
二 中国综合高中改革溯源 (189)
三 综合高中的发展趋势 (194)

第二节 特色高中研究 (197)
一 特色高中及相关概念辨析 (197)
二 特色高中如何定位 (201)
三 特色高中建设中存在的突出问题 (209)

第三节 学科特色高中研究 (213)
一 何谓学科特色高中 (214)
二 普通高中学科建设的内涵释义 (216)
三 学科特色高中建设案例解析 (218)

第四节　学术性高中研究 …………………………………（221）
　　一　学术性高中的内涵 ……………………………………（222）
　　二　学术性高中的国际视域 ………………………………（224）
　　三　学术性高中的本土实践 ………………………………（227）

第八章　普通高中多样化办学区域性制度设计 ……………（235）
　第一节　区域性制度理念 …………………………………（235）
　　一　因地制宜、分区规划 …………………………………（236）
　　二　放权赋能、激发活力 …………………………………（237）
　　三　注重公平、提高质量 …………………………………（237）
　第二节　区域性制度目标 …………………………………（238）
　　一　为每个学生提供适合的教育 …………………………（238）
　　二　形成普通高中学校多样化有特色发展格局 …………（240）
　第三节　区域性制度路径 …………………………………（241）
　　一　普职协调发展内涵释义 ………………………………（242）
　　二　普职协调发展对普通高中多样化办学制度的
　　　　系统性影响 ……………………………………………（244）
　　三　普职协调发展视角下普通高中多样化办学制度
　　　　路径 ……………………………………………………（245）
　　四　普通高中多样化办学制度的保障措施 ………………（247）

第九章　高中阶段普职教育结构分析 ………………………（250）
　第一节　普职教育结构性失衡 ……………………………（250）
　　一　高中阶段教育内部发展不平衡问题凸显 ……………（250）
　　二　中等职业教育的新定位 ………………………………（252）
　第二节　普职教育结构实证分析 …………………………（253）
　　一　高中阶段教育学校数的普职比分析 …………………（254）
　　二　高中阶段教育招生数的普职比分析 …………………（255）
　　三　高中阶段教育在校生数的普职比分析 ………………（257）

四　高中阶段教育毕业生数的普职比分析 ……………………（259）
　　五　东中西部地区高中阶段教育在校生数的
　　　　普职比分析 ………………………………………………（261）
第三节　普职教育结构优化 ……………………………………（264）
　　一　普职比"大体相当"政策回溯 ……………………………（264）
　　二　普职教育结构调整 ………………………………………（268）
　　三　普职分流机制分析 ………………………………………（271）

参考文献 ………………………………………………………（274）

绪　　论

"每一个时代的观念都是得其所需。"[①] 依据《中国教育现代化2035》要求，到2035年，高中阶段教育的发展目标是实现全面普及。实现真正意义上高质量"全面普及"，必须统筹推进"三个发展"，即普职协调发展、普通高中多样化有特色发展和中等职业教育高水平多样化发展，大力提升全面普及水平。不同区域的高中阶段教育发展情况既有共性，也有个性，以及高中阶段教育与区域经济社会发展具有高度相关性，这决定了中国不同区域在全面普及高中阶段教育的着力点和普通高中多样化办学制度的设计上应体现一定的规范性和差异性。由此，制定全面普及高中阶段教育的国家标准和区域性标准体系，构建符合区域特点的普通高中多样化办学制度路径，这对于普通高中切实转变"千校一面"同质化发展倾向，实现多样化有特色发展，为不同性格禀赋的学生提供更加适宜的教育，具有非常重要的理论意义和实践价值。

一

面向2035年全面普及高中阶段教育的发展目标，当前，我们面临的主要问题不是这个目标能否实现，而是如何实现，这关系到中国

[①] ［美］伊恩·莫里斯：《人类的演变：采集者、农夫和大工业时代》，马睿译，中信出版社2016年版，第95页。

高中阶段教育发展的战略布局。全面普及高中阶段教育，主要包括三项重点内容：一是大力提升全面普及水平，二是推进普通高中教育和中等职业教育协调发展，三是坚持高中阶段学校多样化发展。上述三项内容彼此之间不是并列关系，而是具有内在的逻辑体系。首先，高中阶段教育要解决的问题是如何处理好普通高中教育和中等职业教育（包括普通中等专业学校、职业高中、技工学校和成人中等专业学校等多种类型的中等职业学校）的协调发展，使二者在规模、结构、质量以及普职融通等方面更加适应区域经济社会发展，尽可能满足初中毕业生的多样化教育需求；其次，普通高中教育和中等职业教育要科学确定各自的发展定位，增强吸引力，大力提升办学水平，实现多样化发展，提高教育质量，其中，就普通高中多样化有特色发展而言，在区域层面，要形成体现区域特点的普通高中多样化有特色发展格局，在学校层面，普通高中学校要积极探索育人方式改革，走特色化发展道路；最后，这里讲的"提升全面普及水平"，不仅是一个数量指标上的高要求，它更强调普及标准的高质量，指向"以人的全面而有个性发展为出发点和归宿"的内涵式普及模式，而普职协调发展、普通高中多样化有特色发展和中等职业教育高水平多样化发展是提升全面普及水平的应有之义。

高中阶段教育与区域经济社会发展具有高度相关性。通常来说，经济社会发展水平越高的地区，经济结构也越优化，市场对多样化、高素质劳动力的需求更为迫切，优先发展教育的意识越强，教育经费投入更加充足，教育质量越高，教育的整体普及水平也越高。而中国区域发展分化，南北差距增大，这就决定了中国不同区域在全面普及高中阶段教育的着力点（例如，不同区域根据经济社会发展趋势和劳动力结构及层次需求，对区域高中阶段教育发展做出综合研判，构建普通高中教育和中等职业教育协调发展的有效机制）、中等职业教育高水平多样化发展和普通高中多样化有特色发展的路径选择上（例如，根据区域普职协调发展程度、普通高中发展需要，加强普通高中分层办学、分类办学、分层与分类办学相结合等多样化办学的制度设计），

绪 论

既要体现一定的规范性，同时，也要体现适度的差异性。因此，全面普及高中阶段教育，必须加强区域层面的统筹实施，在全面普及标准、普职协调发展、普通高中多样化有特色发展和中等职业教育高水平多样化发展上构建制度规范，整体提升区域层面的全面普及水平。

当前，区域层面上的普通高中同质化发展倾向依然突出，普通高中多样化有特色发展格局尚未形成，普通高中学校开展多样化办学的自主性不强，活力不足。为此，必须加强普通高中多样化办学制度的有关研究和区域性探索，不断拓展制度建设的思维向度，实现制度创新。

在推进全面普及高中阶段教育进程中，中等职业教育仍然是一块"短板"，亟待"补长"。"职业是唯一能使个人的特异才能和他的社会服务取得平衡的事情。"[①] 职业教育能够使教育者获得必要的职业技能，帮助其在劳动力市场较短时间内实现就业，获得收入，形成较稳定的收益，确保其能够在社会中独立生存和发展。中等职业教育是职业教育作为类型教育的基础，在普及高中阶段教育、构建中国特色职业教育体系和推动高等教育快速发展中发挥着重要作用，[②] 不仅为国家和社会输送了大量的技术技能型人才，优化了高中阶段教育的内部结构，助力了高中阶段教育的全面普及，[③] 也为中国推进教育公平和缩小区域人力资源存量差距做出了贡献，特别是能够帮助农村学生享受免费教育，为他们提供更多的受教育机会，增加受教育年限，对于提高人口素质、阻断贫困代际传递、优化人力资源结构比例具有积极作用。

发展中等职业教育对区域经济实力和教育经费投入提出了更高的要求。国际经验表明，发展职业教育成本至少是普通教育的2倍，例如，欧洲国家对职业高中的生均经费投入是普通高中的2—3倍。[④] 据

---

① ［美］约翰·杜威：《民主主义与教育》，王承绪译，人民教育出版社2001年版，第327页。
② 李玉静：《教育现代化视域下的中等职业教育改革发展》，《职业技术教育》2020年第28期。
③ 朱益明、王瑞德：《中国教育现代化2035：从规划到实践》，上海教育出版社2020年版，第49页。
④ 张宁：《从世界职业教育发展历程看中国职业教育发展》，《教育研究》2009年第2期。

世界银行的研究显示，职业院校因对实训依赖更高，其生均经费应为同级普通教育生均经费的 2.53 倍。[①] 由于中国经济已由高速增长阶段转向高质量发展阶段，经济增速逐渐放缓，这决定了在将来一段时期内各级各类教育经费投入的增长幅度势必会有所减小，高中阶段教育经费投入也不太会出现较大增幅。不论是中等职业教育还是普通高中教育，二者面临的主要问题不是扩大规模，而是必须在控制规模的基础上实现转型发展。2020 年 10 月 29 日，党的十九届五中全会通过的《中共中央关于制定国民经济和社会发展第十四个五年规划和二〇三五年远景目标的建议》在"建设高质量教育体系"要求中提到了"鼓励高中阶段学校多样化发展"。中等职业教育与普通高中教育一样，具有同等地位，肩负同等重任，在努力提高办学水平的同时，也面临多样化发展的任务。因此，中等职业教育在规模、结构、布局、模式等方面要更加符合区域经济社会发展特点及需求，主动对接企业、瞄准市场，增强服务社会的能力，采取多样化的办学思路，形成百花齐放的发展格局。

本书对中等职业教育予以特别关注，原因在于，我们只有在区域内普职协调发展的语境之中来谈普通高中多样化有特色发展，才能更加切中主题。在某种程度上讲，我们所讲的区域内普通高中多样化有特色发展不是孤立的、片面的，它必须适应、服务和促进区域内普职协调发展机制的形成，有助于区域内高中阶段教育规模、结构、布局等方面的科学设计和质量的高水平提升，而且，普通高中教育和中等职业教育必须清除那些相互阻隔、掣肘的不利因素，建立有效融通机制和共享机制，搭建人才培养的"立交桥"，让每一个高中生不论选择何种高中学校类型，都能做出有尊严的选择，享受到有价值的教育，为未来的就业、升学和社会生活做好准备。

全面普及高中阶段教育，从国家"施政"的宏观角度来看，必须

---

① 刘丽群、李汉学：《区域性推进高中阶段教育普及的战略定位与攻坚策略》，《中国教育学刊》2020 年第 10 期。

把中等职业教育与普通高中教育等量齐观,确保其获得同等地位、同等重视、同等支持。从地方治理的中观角度来看,必须以区域(省级、市级)为单位加强高中阶段教育管理,以区域内高中阶段教育高质量发展为目标,积极引导高中阶段学校多样化发展,在横向上高度重视区域内高中阶段教育结构优化,实现普职协调发展,在纵向上高度重视普通高中多样化有特色发展和中等职业教育的高水平多样化发展;从高中阶段学校发展的微观角度,应对学校发展和人才培养目标作出准确定位,不断深化育人方式改革,服务于学生全面而有个性的发展。

二

我们在探讨普通高中多样化有特色发展的理论和实践方略时,必须基于"全面普及"的政策背景。这是因为,"全面普及"不仅是一个用于标识中国高中阶段教育发展进入一个新阶段的"时间"概念,同时,也是一个"质量"概念。"全面普及"是高质量的普及,它能够较为全面和完整地反映一个地区高中阶段教育的综合发展水平。实现全面普及高中阶段教育的重点任务之一是全面提高普通高中教育质量,实现普通高中教育多样化有特色发展。由于中国区域高中教育发展的不平衡、不充分依然明显,区域之间的差距依然突出,必然使得"全面普及高中阶段教育"这一重要目标的实现客观存在一定的"区域属性",这就要求各区域必须根据国家有关政策,结合本地情况,制定实现"全面普及"的质量标准、工作重点和可行路径,并从价值理念、推进路径、保障措施和评价标准等多个维度,对本区域普通高中多样化有特色发展格局的形成做出顶层规划,坚持以制度建设推进政策落实的基本方略,其中的一个重要抓手是加强普通高中多样化办学制度设计。

本书以普通高中为研究对象,从全面普及高中阶段教育的宏观政策背景出发,针对中国区域经济社会和教育发展的共性特点和个性差异,初步建构全面普及高中阶段教育的国家标准和区域性标准体系,重点分析普通高中在规模、结构、公平、质量等几个重要指标的区域性特征,继而聚焦普通高中多样化办学制度设计,构建普通高中多样化办学制度的价值论域,围绕普通高中多样化办学制度及实施效果开展比较研究,系统总结、提炼和分析普通高中多样化办学制度地方模式的类型、特点和不足,并基于普职协调发展视角,基本构建区域性普通高中多样化办学制度路径,为各地开展普通高中多样化办学制度设计提供参考。这里的普通高中多样化办学,指的是一定区域内普通高中学校办学类型的多样化和学校培养模式的多样化,其中尤指办学类型的多样化,而普通高中多样化办学制度指的是一定区域内用以规范普通高中多样化办学的制度安排。

三

本书共分为九章,具体结构安排如下。

第一章以全面普及高中阶段教育、普通高中多样化发展、普通高中多样化办学、普通高中多样化办学制度为主题,搜集和梳理相关权威文献,全面把握学术研究动向,廓清研究思路。

第二章分析全面普及高中阶段教育标准内涵,构建包括规模、结构、公平、质量四个维度的全面普及高中阶段教育国家标准,并考虑到全国各地区在全面普及高中阶段教育的条件、基础、面临的问题、达成目标和实施路径等诸多方面共性特点和个性差异,构建体现区域共性和差异性的全面普及高中阶段教育区域性标准的"四维度二层次"框架结构。

第三章从公平价值、文化价值、制度价值和教育价值四个维度,构建普通高中多样化办学制度的价值论域。

第四章梳理中国普通高中多样化办学制度的政策演进历程及相关制度安排,结合地方实践,分析制度实施效果和改进路径。

第五章以芬兰、美国、韩国、日本为例,对普通高中多样化办学制度进行国际比较,了解普通高中办学类型多样化和培养模式多样化改革的国际潮流,为本土创新提供借鉴。

第六章选取部分省市、普通高中学校，从省域和学校双重视角出发，梳理中国部分教育发达地区和优质学校在普通高中多样化办学制度的设计和实施等方面的有益经验，为其他地区和普通高中学校提供典型示范。

第七章结合案例研究和国际比较，对综合高中、特色高中、学科特色高中、学术性高中等四种具有典型性和可推广价值的普通高中办学类型进行分析，重点研究其内涵、特征和建设路径，为普通高中学校开展多样化办学提供实践范例和理论指导。

第八章从区域性制度理念、区域性制度目标和区域性制度路径三个方面，针对中国区域经济社会发展和高中教育发展的差异性，依据区域内普职协调发展进程，基本构建体现区域性特点的普通高中多样化办学制度路径。

第九章将普通高中多样化办学制度议题置于普职教育结构优化的分析视域，加强普通高中教育和中等职业教育的横向联结，结合数据统计和国际比较，分析高中阶段普职教育结构调整趋势和普职分流机制。

本书预期达成的学术贡献体现在三个方面：一是基本构建"全面普及"高中阶段教育的国家标准和区域性标准体系，为在2035年中国全面普及高中阶段教育提供政策参考，为各省市因地制宜推进全面普及高中阶段教育进程提供行动参照；二是系统总结、提炼和分析普通高中多样化办学制度地方模式的类型、特点和不足，并从国际比较、本土实践和案例研究等多重视角，重点分析普通高中办学类型多样化改革举措；三是基本构建普通高中多样化办学区域性制度路径，为各地开展普通高中多样化办学制度设计提供参考。希望本书的研究成果能够助力于学界同人进一步拓展相关研究领域，助力于地方政府、教育行政部门和普通高中学校的管理者进一步拓展普通高中多样化办学制度建设思路，继而对完善区域性普通高中多样化有特色发展格局，以及到2035年如期实现全面普及高中阶段教育的发展目标发挥一定作用。

第一章 文献综述

在新时代全面普及高中阶段教育和坚持普通高中多样化有特色发展的宏观政策背景下，如何建构"全面普及"的国家和区域性标准体系，推进高水平高质量"全面普及"，如何推进普通高中多样化办学制度落地落实，重点在办学类型多样化和培养模式多样化上有所突破，形成普通高中多样化有特色发展格局。这是当前及今后一个时期，中国高中阶段教育发展的重要任务。围绕上述议题，从背景、现状、内涵、特征、问题和对策等多个方面，开展文献研究，系统梳理和全面把握学术研究动向，廓清研究思路。

第一节 全面普及高中阶段教育研究

全面普及高中阶段教育有两个基本关注点。一是关注让更多的适龄学生能够接受高中教育。这主要看高中阶段教育的毛入学率，它强调的是起点意义上的受教育机会公平。二是关注高中育人质量的整体提升。这就要求高中阶段教育必须建立起一套完备的指向高质量普及且体现区域差异的普职协调发展机制和教育质量标准体系，它强调的是保障学生能够获得高质量教育的过程和结果的公平。从政策逻辑来讲，"全面普及"政策是对"普及"政策质的飞跃，突破了主要从发展数量规模和覆盖面界定"普及"、强调补充教育供给的单个维度，转为面向服务和满足受教育者的多样化需求，强调包括数量、质量、区域和特殊人群等多维度"普及"，它是"办好人民满意的教育"在高中阶段教育的充分体现,是新时代教育发展的产物。

一 "普及"的概念界定

在义务教育和高中教育阶段,普及的对象是适龄儿童和青少年,普及的内涵和方式也随着社会发展而逐步丰富,由最初的增加教育供给,扩大受教育群体的覆盖面,逐渐转化为提升教育质量,为受教育群体提供优质教育服务,促进人的可持续发展。李建民认为,普及包括两层含义,一是在辐射范围方面,普及指的是更广的覆盖范围,二是在社会心理方面,普及指的是普遍为大众所接受和认可。[①] 李志超认为,普及是教育一体化的全过程建设、办学条件统筹规划的全面完善和课程教学整体质量的全方位提升。[②]

就高中阶段教育而言,我们应从多个维度理解普及的概念。首先,普及是一个数量概念,指的是入学的普及,它的一个重要考量维度是规模,核心指标是毛入学率[③],它为教育普及进程提供了一种基于量化的可视化方式。当前,中国高中阶段教育普及化进程表现为基本普及、普及和全面普及三者并存的状态,中国少部分地区毛入学率仍低于90%,部分地区毛入学率处于90%—95%,部分地区毛入学率高于95%,城乡之间、区域之间普及水平存在较大差异。[④] 其次,普及是一个质量概念,它不是低水平的普及,而是要实现高质量的普及,实现高中阶段教育在规模、结构、质量、效益等方面的整体协调发展。再次,普及是一个动态发展的概念。全面普及的实现指向高中

[①] 李建民:《"全面普及高中阶段教育"的内涵释要与路径选择》,《教育研究》2019年第7期。
[②] 李志超:《我国更高水平普及教育的发展理路与战略思考——〈教育规划纲要〉十年回眸与展望之二》,《中国教育学刊》2021年第1期。
[③] 毛入学率指的是某一级教育不分年龄的在校学生总数占该级教育国家规定年龄组人口数的百分比。
[④] 薛二勇、傅王倩、李健:《我国普及高中教育的形势、问题与路径》,《中国教育学刊》2020年第10期。

教育在质量、公平、结构等多个维度的整体性改善。① 最后，与义务教育不同，高中阶段教育具有独特的"普及"属性。匡瑛指出，普及义务教育具有强制性，它属于"无可选择的权利"，而普及高中阶段教育是一种典型的"可选择的权利"，其核心在于应该且必须提供给学生自主选择的权利和机会，确保其真实意愿的达成。② 因此，学生具有充分的自主选择权是普及高中阶段教育的根本属性，教育资源的普遍优质化是普及高中阶段教育的核心特征。

二 全面普及高中阶段教育的政策历程

中国高中阶段教育，主要由普通高中教育和中等职业教育两部分构成，是国民教育体系的有机组成部分，是衔接义务教育和高等教育的关键环节。随着中国教育事业的不断发展，普及高中阶段教育逐步进入国家教育政策视域。在20世纪90年代初期，中国中等教育结构单一化局面有明显改变，中等职业学校与普通高中学校的"普职比"超过了50%，一些经济发达地区推进高中阶段教育普及成为可能。1993年，中共中央、国务院印发《中国教育改革和发展纲要》，提出"大城市市区和沿海经济发达地区积极普及高中阶段教育"，这是在国家教育政策中首次提出"普及高中阶段教育"，而且，指向也非常明确，即针对的是"大城市市区和沿海经济发达地区"。1996年6月，中共中央、国务院印发《关于深化教育改革全面推进素质教育的决定》，提出"要在确保'两基'的前提下，积极发展包括普通教育和职业教育在内的高中阶段教育……在城市和经济发达地区要有步骤地普及高中阶段教育"。这里，政策指向的范围逐步扩大为"城市和经济发达地区"。1998年12月，教育部印发《面向21世纪教育振兴行动计划》，提出"到2010年，在全国实现'两基'目标的基础上，

---

① 李建民：《"全面普及高中阶段教育"的内涵释要与路径选择》，《教育研究》2019年第7期。
② 匡瑛：《走出误区：论普及高中阶段教育的应有之义与可为之举》，《教育发展研究》2019年第Z2期。

城市和经济发达地区有步骤地普及高中阶段教育"。在"十五"时期，提出到2005年"有步骤地在大中城市和经济发达地区普及高中阶段教育，努力争取使高中阶段毛入学率提高到60%左右"，并使得这些地区的初中毕业生基本能够升入高中阶段的各类学校。2002年，党的十六大提出"加快普及高中阶段教育"。"十一五"时期，提出到2010年"发达地区基本普及高中阶段教育，高中阶段毛入学率达到85%以上"。"十二五"时期，提出到2015年全国"基本普及高中阶段教育，毛入学率达到87%"，鼓励东部地区率先基本实现教育现代化，率先普及高中阶段教育。"十三五"时期，中国明确提出到2020年实现"普及高中阶段教育"的发展目标。2017年3月，以教育部等四部门印发的《高中阶段教育普及攻坚计划（2017—2020年)》为标志，中国高中阶段教育进入以"到2020年全国普及"为攻坚任务的新阶段。2017年10月，党的十九大报告指出，要普及高中阶段教育，努力让每个孩子都能享有公平而有质量的教育。2018年，中共中央、国务院印发《关于实施乡村振兴战略的意见》，提出推进农村普及高中阶段教育，使绝大多数农村新增劳动力接受高中阶段教育。2019年，中共中央办公厅、国务院办公厅印发《加快推进教育现代化实施方案（2018—2022年)》，提出加快高中阶段教育普及攻坚。2020年，中国高中阶段教育毛入学率超过90%，达到91.2%，远超当前中高收入国家平均水平（83.68%），如期实现了普及的目标。

在预期实现"全国普及"任务的条件下，2019年2月，中共中央、国务院印发《中国教育现代化2035》，提出到2035年全国"全面普及高中阶段教育"的发展目标，这标志着中国高中阶段教育发展进入了一个新时期。"全面普及"已成为中国在2020—2035年关于深化高中阶段教育改革与发展的核心主题和重要战略。

三　全面普及高中阶段教育的价值、问题与对策

新时代，全面普及高中阶段教育具有重要而深远的意义。匡瑛认

为，由于中国义务教育普及化和高等教育大众化已发展到一定阶段，高中阶段教育就成为必须补上的短板，它是关系到实现教育现代化的瓶颈问题。① 薛二勇等人提出，普及高中阶段教育是推进义务教育优质均衡发展和实现高等教育大众化发展的必然选择，是办好人民满意的教育的核心要义。② 刘丽群、李汉学认为，普及高中阶段教育是中国继2011年全面普及九年义务教育之后做出的一个重大战略决策。③ 程艳霞、李永梅认为，高质量普及高中阶段教育的重大意义在于为个体发展提供更加多样和丰富的个别化教育的机会，使更多学生获得更大程度的发展。④ 储朝晖认为，高中阶段教育的全面普及内在地包含着提高高中阶段教育质量的历史任务，目标在于普遍提高国民素质，并为及早发现和培养拔尖创新人才奠定基础。⑤ 刘国顺的研究发现，普及高中阶段教育对中国居民收入流动性整体上产生了积极影响，尤其在提高农村居民收入水平方面表现明显。⑥ 李建民认为，全面普及高中阶段教育是教育现代化的应有之义，对于提升劳动年龄人口平均受教育年限、支撑产业转型升级等具有重要作用。⑦

关于中国全面普及高中阶段教育存在的突出问题。薛二勇等人认为，中国高中阶段教育普及存在的问题主要是区域间分化较为严重，东中西部地区高中教育普及水平存在较大差异，东部地区的普及情况

---

① 匡瑛：《走出误区：论普及高中的阶段教育的应有之义与可为之举》，《教育发展研究》2019年第Z2期。

② 薛二勇、傅王倩、李健：《我国普及高中教育的形势、问题与路径》，《中国教育学刊》2020年第10期。

③ 刘丽群、李汉学：《区域性推进高中阶段教育普及的战略定位与攻坚策略》，《中国教育学刊》2020年第10期。

④ 程艳霞、李永梅：《普及高中阶段教育的历史逻辑与供给侧改革路径》，《中国教育学刊》2019年第2期。

⑤ 储朝晖：《中国高中教育发展的特征与启示》，《河北师范大学学报》（教育科学版）2020年第2期。

⑥ 刘国顺：《普及高中阶段教育对城乡居民收入差距的影响——基于1986年〈中华人民共和国义务教育法〉实施的考察》，《中共郑州市委党校学报》2019年第1期。

⑦ 李建民：《"全面普及高中阶段教育"的内涵释要与路径选择》，《教育研究》2019年第7期。

明显高于西部及西南部地区,经济发展落后地区的普及水平较低,此外,城乡分治、重点与非重点高中分治现象也较为凸显。① 例如,2015年,全国829个经济发展落后地区的高中阶段教育的平均毛入学率为74.37%,比同年全国平均水平(87%)低12.63个百分点。此外,高中阶段教育的普及还存在城市先行、乡镇跟进、农村滞后的问题。代蕊华、梁茜指出,普及高中阶段教育的关键在于欠发达地区,要做好"底部攻坚"和短板建设。② 刘丽群、李汉学指出,高中阶段教育普及的区域差异,不仅包括普及程度上的差异(通常以高中阶段教育毛入学率为指标),还包括不同区域对高中阶段教育发展的需求差异。③ 实际上,不同区域由于经济社会发展情况的不同,在高中阶段教育发展的规模、结构等方面的需求有明显差异。

关于推进高中阶段教育全面普及的对策。袁东敏认为,多类型的办学模式,多样化的课程设置,是实现高中教育高质量普及的必然趋势。④ 李建民指出,应根据各地高中阶段教育发展的阶段性特征和区域性差异,采取有针对性的普及模式,切实提升高中教育发展水平,实现有质量的普及。⑤ 代蕊华、梁茜选取贵州省3个少数民族自治州为研究对象,基于实证调研得出的研究结论指出,要加大对欠发达地区普及高中阶段教育的"精准扶贫",重点是全面加强制度、机制建设。⑥ 匡瑛为全面普及高中阶段教育提出了三种不同且循序递进的改革路径,包括"搭建普职立交""部分融通""彻底融

---

① 薛二勇、傅王倩、李健:《我国普及高中教育的形势、问题与路径》,《中国教育学刊》2020年第10期。
② 代蕊华、梁茜:《我国高中阶段教育"普及洼地"的发展困境及治理对策》,《中国教育学刊》2018年第10期。
③ 刘丽群、李汉学:《区域性推进高中阶段教育普及的战略定位与攻坚策略》,《中国教育学刊》2020年第10期。
④ 袁东敏:《大众化发展阶段普通高中教育的任务、发展方向和实现途径——英、美、芬兰高中教育发展的启示》,《当代教育论坛》(综合研究)2010年第11期。
⑤ 李建民:《"全面普及高中阶段教育"的内涵释要与路径选择》,《教育研究》2019年第7期。
⑥ 代蕊华、梁茜:《我国高中阶段教育"普及洼地"的发展困境及治理对策》,《中国教育学刊》2018年第10期。

通"，最终要打破普通高中和中职类学校的建制，实现普教和职教的融通共进。①

四 全面普及高中阶段教育标准的研究

当前，中国全面普及高中阶段教育的政策重心主要立足于全国范围、宏观层面，事实上，我们既要注重顶层设计国家的整体推进战略，也应基于中国区域差异的客观情况，立足区域实际推进全面普及进程，坚持以不利地区②为"教育优先区"、以有质量的普及为主旨、以中等职业教育为增长极，对不同区域普及的侧重点、关键点和生长点等进行顶层设计和战略定位。③ 代蕊华、梁茜认为，我们必须把关注点由追求全面普及的数量指标转向全面普及的质量标准建设，在普职协调发展原则指导下，制定和完善包括学校建设、生均经费、学校管理、师资和教育质量等在内的普通高中标准体系，建立基于区域差异的全面普及的底线思维，使"全面普及"成为一种在标准规范指导下凸显质量属性的教育实践活动。④ 薛二勇等指出，各地区应根据本地经济发展水平、人口结构和产业结构等外部要素指标，以及高中阶段毛入学率、生均经费、高考招生等内部要素指标，制定区域性高中阶段教育发展水平指数，分梯度测算普及高中阶段教育的投入需求、资源标准，研发区域性高中阶段教育全面普及标准。⑤

普及高中阶段教育，涉及价值观念、育人职能、办学体制、办学类型、管理体制、人才培养模式等多个层面的更新和变革。面向中国

---

① 匡瑛：《走出误区：论普及高中阶段教育的应有之义与可为之举》，《教育发展研究》2019年第15—16期。

② 这里的不利地区是一个相对概念，就东中西部的区位来看，中西部地区尤其是西部地区是教育全面普及的不利地区。

③ 刘丽群、李汉学：《区域性推进高中阶段教育普及的战略定位与攻坚策略》，《中国教育学刊》2020年第10期。

④ 代蕊华、梁茜：《我国高中阶段教育"普及洼地"的发展困境及治理对策》，《中国教育学刊》2018年第10期。

⑤ 薛二勇、傅王倩、李健：《我国普及高中教育的形势、问题与路径》，《中国教育学刊》2020年第10期。

2035年总体实现教育现代化、迈入教育强国行列的发展目标，全面普及高中阶段教育必须由规模标准的单向度思维转向规模、结构、公平、质量等多向度思维，实现高质量的全面普及。与此同时，要加强多维度普及标准的量化研究，尽可能使各个维度的各项指标都能够达到可监测、可评估的要求，以科学测评达到"全面普及"的程度和水平。

第二节　普通高中多样化发展研究

普通高中多样化发展的内涵极为丰富，包括学生选择多样化、人才培养多样化、学校类型多样化、教育生态多样化、学校教育定位多样化和发展取向多样化等诸多方面。推进普通高中多样化发展面临的问题集中表现为普通高中同质化发展严重、特色发展乏力，不能满足学生多样化发展的需要。而问题的实质在于普通高中在教育体制、学校管理制度、招生考试制度、现代教育治理等方面存在诸多制度性障碍，继而造成普通高中发展模式的统一化和教育功能的单一化。

一　普通高中多样化发展的内涵和动因

"谁赢得高中，谁就赢得人才和未来。"高中阶段是学生彰显个性和才能的分化期，对学生人生观、价值观和世界观的形成起着重要作用，高中阶段教育对于提高国民素质和培养创新人才具有特殊意义。相较于中等职业教育，普通高中教育除了具有作为高中阶段教育的共性特征外，还有一定的特殊性，即它的基本定位是"基础教育"，有其特殊的教育功能。2020年，教育部印发的《普通高中课程方案（2017年版2020年修订）》指出，中国普通高中教育是在义务教育基础上进一步提高国民素质、面向大众的基础教育，任务是促进学生全面而有个性的发展，为学生适应社会生活、高等教育和职业发展作准备，为学生的终身发展奠定基础。可见，"三个准备""一个基础"

是中国基础教育阶段普通高中教育区别于义务教育和学前教育的独特属性。

20世纪90年代初，中国高中阶段毛入学率不到30%，普通高中应试教育倾向严重，片面追求升学率，单一的办学模式无法为学生创造多种形式的学习机会。随着高中阶段教育普及化进程的日益推进，普通高中教育面临如何从面向少数学生的应试教育向面向全体学生的素养教育转变，聚焦于如何开发每一个学生的潜能，为他们提供类型多样、可供选择的受教育机会。因此，多样化发展便成为普通高中教育改革的一个基本取向。1993年2月，中共中央、国务院印发《中国教育改革和发展纲要》，指出"普通高中的办学体制和办学模式要多样化"。这是首次从国家政策层面对普通高中提出了多样化发展的要求。普通高中多样化发展是在教育转型背景下的国家宏观政策指向，旨在扭转普通高中低水平同质化发展格局，转而形成特色化、优质化的发展新格局。[①] 刘世清等认为，多样化针对的是学生发展的差异化和个性化，为学生提供多种选择的可能。[②] 杨锐指出，普通高中多样化是指一种普通高中学校群落逐步多样的良性高中教育生态，其内涵包括两个层面。一是学校间多样化，指向区域内学校群体格局生态的多样化，主要体现为区域内普通高中学校类型、层次、体制、特色、特长等层面的多样化发展；二是学校内部的个性化样态，学生的个性化特征能够普遍得到重视，受到适其所需的教育。[③] 孙玉丽、杨建超认为，多样化发展的核心在于因学校内部适应学生多样、个性发展需求的差异而形成学校与学校之间的特色差异、类型差异。[④]

[①] 陈志利：《普通高中多样化发展：三层面政策解读与启示》，《基础教育》2013年第6期。

[②] 刘世清、苏苗苗、胡美娜：《从重点/示范到多样化：普通高中发展的价值转型与政策选择》，《华东师范大学学报》（教育科学版）2013年第1期。

[③] 杨锐：《统一与多样辩证关系视野下普通高中多样化发展——基于吉林省54所普通高中的调研》，《东北师大学报》（哲学社会科学版）2019年第6期。

[④] 孙玉丽、杨建超：《政府与普通高中多样化发展的三种关系——基于N市的考察》，《湖南师范大学教育科学学报》2016年第2期。

"多样化"是学生和社会教育需求多样化与普通高中办学模式单一化供给矛盾的产物。刘丽群、彭李认为，普通高中办学模式的单一化强化了学校类型上的垂直分层，而不是水平上的多样化发展。① 陈志利认为，义务教育的全面普及和高等教育的大幅扩招加速了普通高中的发展，使其在从精英教育向大众化教育转变的同时出现了规模上的大班额、巨型高中、质量的下滑以及模式的单一与同质化问题，严重制约了普通高中的内涵发展。② 因此，普通高中多样化发展的动因直接源于普通高中教育高度同质化发展所带来的系列弊端，例如择校、教育发展不均衡、学生学业负担过重等突出问题，而在深层次上是教育公平观的转型，即由同质公平转为差异公平。

二 普通高中多样化发展的问题及对策

普通高中同质化办学倾向严重。究其原因，徐冬鸣、陈丹认为，普通高中同质化的内因在于培养目标的统一，而管理方式和评价方式的统一则是普通高中同质化的外因。③ 余凯、谢珊指出，普通高中多样化发展受到现有制度安排的阻碍，包括普通高中教育立法缺位、招生考试制度、现代教育治理体系、普通高中教育体制以及校内治理体系和管理制度不完善。④ 郑若玲、庞颖指出，中国高中教育仍体现明显的单轨制色彩，高中教育对专业教育渗透缺失，普通高中的单一升学目标导向非常明确，人才培养"扁平化"，忽视了拔尖创新人才的专门培养。⑤

普通高中作为升学预备教育的单向度功能在学生个体发展和为社会创造价值方面存在明显短板。据清华大学关于教育投资回报率的一

---

① 刘丽群、彭李：《差异公平：我国普通高中多样化发展的价值诉求》，《河北师范大学学报》（教育科学版）2014年第6期。
② 陈志利：《普通高中多样化发展：三层面政策解读与启示》，《基础教育》2013年第6期。
③ 徐冬鸣、陈丹：《普通高中多样化发展的制度保障》，《教育科学研究》2014年第7期。
④ 余凯、谢珊：《普通高中教育多样化发展的问题分析与政策建议》，《中国教育学刊》2020年第2期。
⑤ 郑若玲、庞颖：《"强基计划"呼唤优质高中育人方式深度变革》，《中国教育学刊》2021年第1期。

项调查发现，对于那些普通高中毕业后没有上大学而直接就业的人来说，普通高中教育没有任何回报，即普通高中毕业生收入和初中毕业生收入一样多。① 普通高中较低的教育投资回报率在一定程度上对一些富裕家庭选择优质教育资源产生强化作用，这些家庭会通过增加教育投资成本，或者将教育投资转向校外培训市场，为子女获取更为优质的教育积累，继而在未来的就业市场上获取较高的收入，获得更高的社会地位。

农村普通高中教育发展令人担忧。优质师资的不断流失和生源数量及质量持续下降，成为教育质量下滑的两个重要因素。② 对农村普通高中教育的评价仍以高考升学率为主要考评点，缺乏对农村普通高中特殊性的精准把握，这在客观上造成农村普通高中必须把高考升学率作为工作重点，继而忽视了为学生多样化发展提供多样化的教育，也忽视了自身在办学中的独特使命，即农村普通高中除了承载学生升学任务之外，还承担着为农村发展服务与培育和开发农村劳动力的重要职责。

普通高中多样化发展不仅是"政府行为"，也是学校发展的"内生性"需求。③ 但实际上，普通高中多样化发展主要依靠地方行政的强力推动，是一种强制性的"标准化"建设，本身就隐含着去校本、去个性、样板化的特征。④ 孙玉丽、杨建超强调了"政府行为"的边界，认为虽然政府在政策文本中频繁出现下放办学自主权，但大都没有落到实处。⑤ 邹红军对校长的深度访谈中发现，普通高中多样化办学政策难以在学校中真正落地的原因是复杂的，在校长们看来，高考

---

① 袁桂林：《论高中教育机构和培养模式多样化》，《湖南师范大学教育科学学报》2015年第2期。
② 冯晓敏、张新平：《我国普通高中多样化改革的政策解读与反思》，《苏州大学学报》（教育科学版）2016年第2期。
③ 陈志利、张新平：《普通高中多样化发展的本质》，《现代教育管理》2014年第11期。
④ 段兆兵、付梅：《校本课程开发：普通高中多样化发展的内生点》，《河北师范大学学报》（教育科学版）2012年第12期。
⑤ 孙玉丽、杨建超：《政府与普通高中多样化发展的三种关系——基于N市的考察》，《湖南师范大学教育科学学报》2016年第2期。

升学率仍是政府考核一所高中办学质量的主要指标，搞多样化办学不能不应对来自家长、社会的直接压力和诉求，更不能与高考"指挥棒"相抵触。一些校长对此也表达了稍显无奈的态度："不是我们的校长和老师不愿意办出特色，而是高考的压力，没有机会让他们去探索和实践，如果哪所学校为创建办学特色而降低升学率，校长的乌纱帽就会被无情的摘掉。"[①]

就如何推进普通高中多样化发展，余凯、谢珊认为，应建立普通高中教育体系，对高中教育的学校类型、办学模式、人才培养模式等做出设置和安排，对高中教育的入口、出口、课程安排与学分设置以及不同教育模式之间的融通进行统整与规范。[②] 骈茂林指出，我们应从制度建构的视角，完善普通高中学校自主办学的制度，建立识别、满足学生个别化需求的制度，制定学校课程设置多样化的保障制度等。[③] 王世君、姜岩提出了包括构建区域多样化模式和学校内部多样化模式等多样化发展的途径。[④] 冯晓敏、张新平认为，办学模式或培养模式的多样化，二者都直接服务于培养目标的多样化。[⑤]

高中教育是促进学生个性化发展的重要推动力量，而高中生正处于人生发展的关键时期，不仅要完成繁重的文化知识的学习，而且需对个人未来的发展目标进行规划，因此，满足不同潜质学生的发展需要成为衡量普通高中教育发展水平的重要指标，也是普通高中多样化改革的根本目标。周彬认为，新高考录取模式从"高校+专业"向"专业+高校"转变，这使得高中教育模式从原来的"层次选拔"向

[①] 袁先潋：《论普通高中办学特色》，博士学位论文，华中师范大学，2016年。
[②] 余凯、谢珊：《普通高中教育多样化发展的问题分析与政策建议》，《中国教育学刊》2020年第2期。
[③] 骈茂林：《地方政府推动普通高中多样化发展的制度供给逻辑》，《教育发展研究》2012年第10期。
[④] 王世君、姜岩：《高中改革之路：多样化发展的实证分析与途径——基于X省9市的调查》，《现代教育科学》2018年第12期。
[⑤] 冯晓敏、张新平：《我国普通高中多样化改革的政策解读与反思》，《苏州大学学报》（教育科学版）2016年第2期。

"兴趣选择"转型。[①] 郑若玲、庞颖认为，基于"强基计划"出台的教育要求，应该改革高中阶段人才培养模式，注重培养拔尖创新人才。[②] 苏娜、刘梅梅认为，要下放给学校更多的自主权，鼓励学校根据自身实际情况探索内涵式发展路径。[③] 而从实施层面来看，学校是普通高中多样化发展的行动主体，学校的制度需求是普通高中多样化发展的内生点。[④] 普通高中多样化发展作为一种政策导向要想落地，必须赢得普通高中学校的广泛认同和积极响应，这就要求学校能够端正办学方向，通过自身的主动探索，充分利用已有制度保障，激发制度创新内生动力，拓展制度需求空间，形成倒逼普通高中供给侧改革的良性发展态势。

第三节　普通高中多样化办学研究

普通高中多样化办学主要指向办学类型多样和培养模式多样化。普通高中培养模式多样化，旨在改变普通高中"千校一面"同质化发展模式，在人才培养理念、目标及方式方法上有所创新。关于普通高中办学类型多样化的分类，研究者们从不同视角出发，提出了多种分类思路，一些省市先行先试，在这方面积累了丰富的实践经验。此外，国际上普通高中办学类型多样化趋势日益凸显。

一　普通高中办学类型多样化

为了扭转普通高中普遍存在的办学模式趋同、发展模式单一等问题，一些地区积极探索，推进普通高中办学类型多样化改革。上海市

[①] 周彬：《"新高考"引领下的高中教育"新常态"》，《人民教育》2015年第1期。
[②] 郑若玲、庞颖：《"强基计划"呼唤优质高中育人方式深度变革》，《中国教育学刊》2021年第1期。
[③] 苏娜、刘梅梅：《新高考后普通高中育人能力现状调查及对策研究——基于对31省1256所普通高中的调查》，《中国教育学刊》2021年第1期。
[④] 骈茂林：《地方政府推动普通高中多样化发展的制度供给逻辑》，《教育发展研究》2012年第10期。

的部分区县早在20世纪80年代中后期就开展了普通高中办学类型多样化改革。例如,徐汇区在1986年开始进行"高中阶段普职渗透多模式办学的研究"实验;1990年华东师范大学金一鸣教授在卢湾区和宝山区选取部分学校开展了"普通高中办学模式的探索"的课题研究,探索形成了上海市普通高中办学模式的四种类型,即偏重升学预备教育模式(寄宿制高中和市区重点中学)、兼有升学就业双重任务模式(包括综合型模式和"分段分科"模式)、侧重就业预备教育模式和特色高中。[①] 静安区在20世纪90年代末期对普通高中学校进行了布局结构调整,由原来18所完中调整为7所,包括1所现代化寄宿制高中、1所市重点、2所区重点、3所完中(2所为承办制高中),其中一所完中改制为综合高中。[②] 辽宁省初步形成了国际化高中、集团化高中、普职融合高中、特色高中等多样化办学类型。[③] 创办国际高中(项目)在一些地区和学校得到重视。例如,宁波外国语学校中美合作高中课程教育项目引进美国大学预修课程(Advanced Placement),开设学术能力估计测试(Soholastic Assessment Test)及托福考试预备课程,为一部分高中学生提供优质国际教育资源;[④] 北京市在2021年新布局的26所国际学校中,高中或包括高中学段的国际学校就有21所,占比达到81%;广州市在"十三五"时期,探索国际课程实验的普通高中学校有15所,在"十四五"时期,广州市提出推动普通高中"国际部""国际课程实验班"转型并新增一批规范化、高质量的中外合作办学项目,鼓励高中阶段教育探索开发中外融合课程体系,着力培养具有全球竞争力的国际化人才。

[①] 余利惠等:《普通高中办学模式改革的实践与认识》,《上海教育科研》1998年第10期。

[②] 余利惠等:《普通高中办学模式改革的实践与认识》,《上海教育科研》1998年第10期。

[③] 李静:《现阶段我国普通高中教育功能研究》,中国社会科学出版社2017年版,第147页。

[④] 刘建民:《领跑教育国际化:宁波市教育国际合作与交流特色品牌寻访录》,浙江大学出版社2017年版,第62页。

关于普通高中多样化办学的确定依据和类型设计。袁桂林指出，高中学校类型问题实质是高中学段的使命和目标问题。① 冯生尧认为，应以培养目标为标准科学界定普通高中学校类型，比如外语特色倾向高中、学术特色倾向高中、物理特色倾向高中。② 张熙提出了建立高中学校分类体系的基本原则，初步构建了普通高中分类发展框架，包括数理类高中、科技类高中、人文类高中、艺体类高中、综合类高中等。③ 杨清从落实五育并举、构建学校课程体系的视角出发，将普通高中分为三种类型，分别是以培养拔尖创新人才为目标的学术型高中、兼顾学术与普及双重任务型普通高中和培养应用型人才为主的综合性普通高中。④ 王世君、姜岩基于普通高中区域多样化办学模式的视角，提出以当前升学预备教育的普通高中办学模式为主体，在区域内形成科技高中、特色高中、综合高中等各具特色、优势互补的多样化发展格局。⑤ 徐士强提出了一种普通高中多样化办学分类的"二维四分法"，即将优质和特色作为纵、横二轴，建立坐标系，继而把普通高中划分为四大类型：优强特强类、优强提特类、特强提优类、优特后发类。⑥ 戚业国根据学生学业成绩的不同分布，将普通高中办学模式分为四种类型：一是英才高中，属于精英教育，招生对象是学业成绩分布在前5%的学生；二是优质高中，属于大众性高中教育，招生对象为学业成绩前50%的学生；三是综合高中，属于普及性高中教育，对合格初中毕业生的学业成绩不做限制；四是特色高中，以培

---

① 袁桂林：《论高中教育机构和培养模式多样化》，《湖南师范大学教育科学学报》2015年第2期。
② 冯生尧：《普通高中课程多样化及其配套措施：美国的经验与启示》，《教育发展研究》2013年第18期。
③ 张熙：《普通高中分类发展框架设计和实施路径》，《教育科学研究》2021年第10期。
④ 杨清：《五育并举视野下普通高中课程体系的构建》，《中国教育学刊》2021年第6期。
⑤ 王世君、姜岩：《高中改革之路：多样化发展的实证分析与途径——基于X省9市的调查》，《现代教育科学》2018年第12期。
⑥ 徐士强：《走向多维分类发展：增强普通高中活力的一种选择》，《教育发展研究》2021年第8期。

养学生某些方面特长发展为主要目标。①

二　普通高中培养模式多样化

研究者们对培养模式的界定主要围绕要素、结构、制度和运行方式四个方面展开，并一致认为培养模式的创新是一种体现自身发展逻辑的"综合改革"过程。袁先潋认为培养模式是在学校整体办学思路引领下的育人目标、教育教学方式等构成的促进学生发展的基本形式。②徐冬鸣、陈丹指出，培养模式是指学校在国家教育方针指导下，依据一定的办学思想，按照人才培养目标、规格，通过建构和实施相对稳定的教学内容、课程体系、管理制度和评估方式，开展教育的过程，③是培养目标、培养过程、培养制度、培养评价等要素的综合改革。④莫丽娟、袁桂林认为，培养模式多样化主要涉及培养目标、办学类型、课程、考试制度、管理体制等方面。⑤徐士强认为，培养模式的构成要素主要包括育人目标、育人素材、育人方法手段以及能够统整目标、素材、手段方法，使之协同的管理运行机制。⑥

研究者们就普通高中培养模式多样化的价值取向、变革路径和评价标准等做了探讨。王智超认为，培养模式多样化追求的是各个学校依据自身办学条件、师资、生源等特点，从学校类型、招生制度、培养过程、毕业去向等方面构建体现自身特色的培养模式，使学生可以自由选择进入不同学校。⑦徐冬鸣、陈丹认为，课程体系和教学评价

---

① 戚业国：《普通高中多样化发展的理念、经验与模式》，《人民教育》2013年第10期。
② 袁先潋：《论普通高中办学特色》，博士学位论文，华中师范大学，2016年。
③ 徐冬鸣、陈丹：《普通高中多样化发展的制度保障》，《教育科学研究》2014年第7期。
④ 姚建忠、吕志新：《普通高中培养模式多样化实践》，《新疆师范大学学报》（哲学社会科学版）2013年第3期。
⑤ 莫丽娟、袁桂林：《普通高中多样化发展动因研究》，《当代教育科学》2011年第8期。
⑥ 徐士强：《本道术原：普通高中特色课程的建设逻辑》，《中国教育学刊》2019年第7期。
⑦ 王智超：《普通高中多样化发展的现实困境与理论探索》，《东北师大学报》（哲学社会科学版）2013年第2期。

是培养模式多样化的关键要素。① 冯生尧认为，中国高中教育的价值取向应兼顾大众教育和精英教育，为此，必须凸显课程体系的多样化和人才培养的个性化，以满足一般学生和精英学生的不同教育需求。② 苏娜、刘梅梅认为，新高考改革背景下，判断普通高中育人能力是推进高中培养模式多样化改革的重要依据。研究发现，普通高中育人能力的制约因素主要有教师结构性缺失、条件保障不足、学校内涵式发展遭遇瓶颈、教学组织管理机制不顺畅等。③

研究者普遍认为学校的教学方式变革和课程体系建设在培养模式多样化中居于重要位置，其中课程体系的多样化是核心。袁桂林认为，从一个学校内部来看，培养模式的内容非常丰富，其中，课程设置、教学过程和学生评价应该是核心内容。④ 徐士强认为，课程是学校基本育人行为的蓝本。⑤ 冯生尧认为普通高中培养模式多样化的核心是课程体系的多样化。⑥ 段兆兵、付梅认为，校本课程开发是普通高中多样化发展的内生点。⑦

需要指出的是，在学校课程体系建设中，如果课程的多样化设计与高考的考试科目没有发生密切关联，课程对学生的吸引力将会大打折扣。⑧ 而如果课程的多样化设计仅仅围绕高考科目设计，也将失去其满足学生个性化需求的价值意蕴。因此，普通高中学校课程体系建

---

① 徐冬鸣、陈丹：《普通高中多样化发展的制度保障》，《教育科学研究》2014年第7期。
② 冯生尧：《普通高中课程多样化及其配套措施：美国的经验与启示》，《教育发展研究》2013年第18期。
③ 苏娜、刘梅梅：《新高考后普通高中育人能力现状调查及对策研究——基于对31省1256所普通高中的调查》，《中国教育学刊》2021年第1期。
④ 袁桂林：《论高中教育机构和培养模式多样化》，《湖南师范大学教育科学学报》2015年第2期。
⑤ 徐士强：《特色高中如何撬动高中教育变革》，《光明日报》2020年1月7日第13版。
⑥ 冯生尧：《普通高中课程多样化及其配套措施：美国的经验与启示》，《教育发展研究》2013年第18期。
⑦ 段兆兵、付梅：《校本课程开发：普通高中多样化发展的内生点》，《河北师范大学学报》（教育科学版）2012年第12期。
⑧ 李天鹰、杨锐：《美国普通高中多样化发展的经验与启示》，《东北师大学报》（哲学社会科学版）2019年第3期。

设应坚持以学生发展为中心的价值取向,而不能偏拗于以高考为中心。王世君、姜岩通过实证调查发现,当前普通高中培养模式多样化中存在的突出问题就是学校以高考升学为指向,对多样化发展缺乏系统思考,培养模式单一,课程设计与教学方式单调,等等。[①] 因此,我们在学校课程体系建设中必须关注课程修习与学生个性需求及高考的关系,尽量使学生的历程性学习(考试)和终结性考试(高考)形成内在关联,只有这样才能切实提升课程修习的有效性。

三 国外高中办学多样化

第二次世界大战后,西方国家都非常注重高中教育体系的多样化建构。例如,德国形成了由主体中学、实科中学、文理中学等代表不同教育水平和要求的三种基本学校类型和融合两种或三种学制的综合中学构成的中学教育体系;日本高中分为选科型和分科型两种类型,其中,选科型高中通过开设必修课、选择必修课和自由选修课的方式对学生实施教育,而在分科型高中,学生可以在高二或高三阶段,在文科、理科或私立大学、国立公共大学、短期大学等方向上实现分流;[②] 俄罗斯的高中学校包括传统型学校、特科学校、文科中学和实科中学等多种类型;意大利的高中学校类型也较为多样,包括普通高中、师范高中、技术高中、艺术高中、职业高中等;[③] 英国高中大致包括技术类、语言类、体育类、艺术类、商科类、工程类、数学和计算机类、科学类、综合类、音乐类和社会科学类等十多种办学类型;法国的高中学校主要有两种类型,分别是普通—技术高中和职业高中,此外还有少量的军事高中和农业高中。普通—技术高中主要以升学为目标,为进入高等学校做准备。学生在高一学年结束后,可以选择普通轨或

[①] 王世君、姜岩:《高中改革之路:多样化发展的实证分析与途径——基于X省9市的调查》,《现代教育科学》2018年第12期。

[②] 吴丽萍:《高中多样化:重建高中教育的价值坐标》,《人民教育》2013年第5期。

[③] 刘立群、彭李:《差异公平:我国普通高中多样化发展的价值诉求》,《河北师范大学学报》(教育科学版)2014年第6期。

技术轨,其中,普通轨包括文科、科学、经济与社会科三个方向。①

近年来,西方国家在高中教育多样化发展中更加凸显了办学类型的多样化趋势,而且,某一类型学校内部专业、领域和课程的多样化、综合化趋势正在形成。

例如,美国高中阶段的教育结构按照性质、教育侧重点、产权关系和招生政策导向等视角划分为各种各样的学校。在公办普通高中学校里,有以学科为主的学区综合高中、技术与职业高中、非传统性的高中、特许高中、特殊高中、国际高中、创新划区(IZone)学校、小型学习社区(Siboney Learning Group)学校、虚拟在线高中(Virtual High School)等。此外,还有贯通义务教育和非义务教育、连接基础教育和高等教育的教育机构。例如,纽约市的 P-TECH 9—14 学校,跨越 9 年级至 14 年级,相当于高中和两年大学阶段,涵盖初中、高中、大学和职业培训。②

又如,在德国,除了保留文理高中、实科高中、综合高中三种传统的高中学校类型之外,其他高中逐渐朝着语言—文学—艺术、社会科学、数学—精密科学—工艺学等学科方向发展。德国的文理高中是精英教育取向的,一般来讲拥有文理高中毕业文凭即拥有读大学的资质。文理高中又分为不同的类型。例如,巴伐利亚州的文理高中根据专业领域的差异,分为自然科学高中、社会科学高中、经济高中、人文高中、音乐高中、语言高中等六种类型。③ 一些文理高中的办学特色正趋于综合。例如,马克思-约瑟夫-史蒂夫特文理高中就是一所以语言和音乐教育见长的高中,汉斯-弗勒文理高中则以语言方向为特色,同时也是一所数学、科学类型的高中。④

---

① 何珊云、周子玥:《法国普通高中课程多样化改革:国家方案与学校行动》,《全球教育展望》2020 年第 11 期。
② 袁桂林:《促进高中教育多样化发展的三个关键点》,《人民教育》2018 年第 2 期。
③ 李玥忞、鲍澄缘、郭江婷:《德国:为不同高中的多元发展创造空间》,《上海教育》2021 年第 24 期。
④ 刘丽群、彭李:《差异公平:我国普通高中多样化发展的价值诉求》,《河北师范大学学报》(教育科学版)2014 年第 6 期。

第一章 文献综述

在课程设置上,西方国家的普通高中更加强调可选择性和差异性。例如,俄罗斯普通高中课程由基础课程、专业类课程和拓展类课程三部分组成。其中,专业类课程侧重专业式教学,包括自然—数学专业类、人文专业类、社会—经济学专业类、信息技术学专业类,这类课程占高中课程体系的20%左右;基础课程属于联邦性质的课程,科目有数学、俄语、文学、外语、历史、体育,以及不同专业方向的必选课程,占比50%左右;拓展类课程占比30%左右。[①] 各类课程的多样化设置为学生的多样化需求创造了更为便利的条件。

相较于欧美国家,亚洲国家在高中教育多样化发展方面的需求日益强烈,改革步伐日益加快。例如,在韩国,普通高中教育办学模式单一化与学生和社会需求多样化两者之间的矛盾较为凸显。为此,韩国推行了高中多样化办学政策,设计多种培养目标,包括满足学生升学、为学生寻找生活出路、发展特长和专长、培养合格公民和实用人才等多个方面,扩大学校在教育课程、学生选拔、财政运营等方面的自主权,保障学生的学校选择权和教育课程选择权。该项政策在运行中也面临一些突出的问题,包括学校类型过于混乱、学校办学不规范、加剧学生和家长负担、拉大教育公平差距等。[②]

又如,日本基本形成了办学多样、结构多元的高中学校类型体系。[③] 按学科设置划分,有普通高中、职业高中、综合高中、综合学科高中、特色高中。其中,职业高中是职业中学的一种,属于高中阶段的一种中等职业教育。包括农业高中、商业高中、水产高中、工业高中、护理高中、家政高中等类型;特色高中有数理高中、体育高中、音乐高中、美术高中、英语高中等多种类型;按设立办学主体划分,有国立高中、公立高中、私立高中;按教育形态划分,有全日制

---

① 袁桂林:《论高中教育机构和培养模式多样化》,《湖南师范大学教育科学学报》2015年第2期。
② 张雷生:《关于韩国高中多样化办学政策的研究》,《外国教育研究》2016年第7期。
③ 卢立涛:《全球视野下高中教育的性质、定位和功能》,《外国教育研究》2007年第4期。

高中、定时制高中和函授制高中；按课程管理方式划分，有实行学年制加学分制的高中和学分制高中；按学制划分，有独立高中和六年一贯制中等教育学校。

总体而言，欧美和部分亚洲国家的高中学校类型大体可分为学术型高中、综合型高中、学科类高中和职业类高中四种类型。其中，学术型高中以培养社会精英为目标，如美国、法国单独设置的普通高中，英国的文法中学（含公学）、德国的文理高中等，这类高中对学生的入学条件要求比较严格，学生在毕业后大都能进入高等院校继续深造。综合型高中是将普通教育与职业教育融为一体的单轨制高中，包括升学和就业双重目标。美国的综合中学实行三科制，即学术科，为学生升入大学做好准备，就读人数占学生总数的20%—25%；普通科，要求学生掌握一定的文化知识，就读人数占学生总数的40%—50%；其余为职业科，直接为学生毕业后的就业做准备。[①] 学科类高中突出专业取向，兼顾学科综合和学科分化两个方面，是兴起的一种高中学校类型。职业类高中坚持技术技能取向，主要为学生毕业后进入社会就业做准备。

四　普通高中多样化办学制度的区域实践

各地在落实国家关于"普通高中多样化有特色发展"政策方面，大都坚持"系统化"的制度思维，即通过体现全局性的制度设计，从中长期发展的视域，对本区域普通高中发展的思路、方向、策略做出整体设计。它突出强调的是通过办学机制和制度建设，进行系统性的变革，用制度来保障本区域普通高中教育走上多样化有特色发展的道路。在这个方面，尤以浙江、上海等省市较为突出。

2020年浙江省教育厅印发《浙江省普通高中学校实施分类办学促进特色发展改革试点工作方案》，采取以点带面、试点先行、推广普及的思路，面向全省开展普通高中学校分类办学制度的中长期改

---

① 杨光富：《国外普通高中教育多样化特色比较》，《外国中小学教育》2014年第3期。

革。改革分三步走。第一步，改变区域分层办学现状，初步建立普通高中区域分类办学机制。2020—2022年，从全省遴选6个普通高中学校分类办学改革试点区和30所试点学校，探索区域分类办学机制，培育涉及科技、人文、体艺、综合等不同办学特色的现代化普通高中学校。第二步，扩大分类办学试点区和试点学校。从2023年开始，在总结已有的两年改革试点成功经验的基础上，面向全省逐步推广成功经验。第三步，在全省初步形成普通高中学校分类办学机制。预计到2035年，浙江省各个区域基本形成普通高中学校布局合理、各具特色，有效满足学生多样化学习需求的办学局面。

上海市持续性地以特色普通高中建设为抓手，以特色办学撬动学校育人模式转型，促进全市普通高中分类发展、错位发展。2014年，上海市教育委员会印发《上海市推进特色普通高中建设实施方案（试行）》，提出通过建设特色普通高中，促进全市高中教育要从分层教育逐步向分类教育转型。"十三五"时期，上海市教育委员会出台《上海市推进特色普通高中建设三年行动计划（2016—2018年）》，要建成市区两级特色普通高中项目学校梯队，并形成涵盖人文、社科、理工、艺术等诸多特色领域的合理布局，推动全市普通高中学校错位发展、特色发展。2020年，上海市教育委员会又制定《上海市推进特色普通高中建设三年行动计划（2021—2023年）》，提出推动特色高中存量提质、增量保质，促进特色高中进一步提升品质，形成城乡分布合理、分层与分类相结合的普通高中高品质有特色发展格局。

综合上述国内外研究发现：一是单纯把普及高中阶段教育作为一个前置概念、构成研究问题的宏观背景的研究多，而将其作为一个重要的研究变量的研究少。以往对于普通高中多样化办学的研究往往将普及高中阶段教育作为一个数量化指标，却忽视了其作为政策标准要求的内涵解读，也极少探讨其与普通高中多样化办学的关系。二是区域性普通高中多样化办学实证研究多，而比较研究少。以往研究偏于对地方开展普通高中多样化办学的个案式的分析和经验总结，却忽视了不同区域层面的比较研究，而且与区域发展相适切的相关理论研究仍较为薄弱。三是聚焦国家宏观教育制度的研究多，而区域性制度的研究少。针对普通高中多样化办学，以往研究较多关注难以在短时间内做出有针对性调整的国家宏观教育政策改革，却忽视了具有较大改革空间和弹性的区域性制度的研究，致使很多研究成果的应用价值难以体现。本书在已有研究成果的基础上，强化普通高中多样化办学制度研究的前瞻性、针对性和应用性，将"全面普及"和"区域性"作为研究变量，运用文献研究、比较研究、个案研究、调查研究等方法，系统梳理中国普通高中多样化办学制度实施历程，剖析制度类型、特点，建构普通高中多样化办学区域性制度模式，以不断丰富研究视域，拓展研究空间。

第二章　全面普及高中阶段教育标准研究

制定教育标准的目的在于获得教育发展的最佳秩序并提升教育水平。全面普及高中阶段教育标准，指的是以2035年为时间节点，中国普通高中教育和中等职业教育共同为高中阶段学生提供充分的受教育机会，并能够保障符合每一个学生发展需求的教育服务的一系列价值、准则的规范性要求，它对于规范和指导高中阶段教育发展具有重要价值。

第一节　教育普及标准研究概述

标准具有专业性、规范性、可量化、可推广等鲜明特征。推进教育现代化，实现公平而有质量的教育，离不开教育标准的指导和规范，与此同时，教育标准建设是否完备也成为考量各级各类教育发展水平的一个重要标志。在义务教育普及标准的规范和指导下，中国义务教育如期实现了全面普及的目标。全面普及义务教育的有益经验，对于全面普及高中阶段教育具有重要的启发意义，即制定全面普及高中阶段教育标准，使各地能够结合本地实际，在发展高中阶段教育上有章可循、有据可依。

一　教育标准的概念界定

《辞海》对标准一词的界定是"衡量事物的准则"。《国际教育百科全书》对标准的界定是"为了达到特定的目的所要求的极好程度；适当的尺度；社会或实践所期望的行为准则"。国际上通用的关于"标准"定义是"为了在一定的范围内获得最佳秩序，经协商一致制定并由公认机构批准，共同使用和重复使用的一种规范性文件"。[1] 中国国家标准化管理委员会认为，标准是由一个公认的机构指定和批准的文件。它对活动或活动的结果规定了规则、导则或特殊值，供共同和反复使用，以实现在预定领域内最佳秩序的效果。[2] 显然，标准是人们基于一定的价值取向以衡量事物的准则、尺度。标准适用范围极为广泛，包括国际、国家、区域、组织、行业、职业、专业等不同的层面和领域。

标准具有如下几个特征。第一，标准凸显一定的专业性，它通常由相应的专业组织、行会、协会、学会或部门制定，在内容上由特定的符号和语言构成，形成自身特定的话语体系，构建具有自身特点的标识系统。一门专业的系统化知识基础，需要具备专精化、界限明确、科学化与标准化等特点，其中标准化尤其重要，它是维持、影响专业知识基础与其实践之间的范式关系的重要成分。[3] 第二，标准强调的是一种"共同意志"，即作为一个共同体中的基本单位（如个体、团队、机构、部门、领域等）需要共同遵循的价值、规范和意义，[4] 无一例外。第三，标准体现一定的合理性，它是一种用以开展评价的手段和工具，它应反映评价对象的基本属性和相关特征，所谓"没有最好的标准"，只有"最为适合的标准"。第四，标准体现了一种"实证主义"取向，对标准的衡量对象而言，凡是一个好的标准都应该是科学的，即它是可测量、可观察、可描述、可比较的，能够对事物、事项是否达到以及达到何种程度上的必要的水平和目标作出准确、有效的界定。第五，标准体现层级性，有高低之分、简复之别。例如，关于同一个产品的标准在发达程度不同的国家会有相应不

---

[1] 王忠敏：《对教育质量标准的思考》，《人民教育》2012年第10期。
[2] 转引自杨公安、米靖、周俊利《新时代职业教育国家标准体系建构的背景及路径》，《中国职业技术教育》2020年第25期。
[3] [美]唐纳德·A. 舍恩：《反映的实践者：专业工作者如何在行动中思考》，夏林清译，北京师范大学出版社2018年版，第24页。
[4] 刘海江：《马克思实践共同体思想研究》，中国社会科学出版社2015年版，第13页。

同的规定，体现不同的要求。第六，标准具有发展性。一个标准能够反映事物发展的水平，而一个标准在质量水平上的"提高"或者说内容上复杂性的"增加"，这在一定程度上体现了标准所衡量对象的成熟和完善。第七，标准具有强烈的动员性，它使一些观念可以操作[①]。标准通常要和特定的行动进行"绑定"，人们对标准的执行，意味着要切实采取行动，而且，这种行动在本质层面上是对"行为人""做事"的引导、规约，甚至带有某种"强迫"的色彩，所谓"高标准，严要求"就是这个道理。而行动的结果，一方面，是对现有标准的落实；另一方面，也会为实现现有标准的优化和升级创造更大的空间和可能。第八，标准具有鲜明的鉴定性。人们制定标准的根本目的是用它来鉴定事物、事项发展的程度是否达到相应的要求，其中，那些达到或高于标准的，将会得到肯定性的评价，而那些低于标准的通常会受到否定性的评价。第九，标准具有推广性。"如果行为准则从不超越适用它的具体行为，具备推广的空间就很少。"[②] 一个好的标准，不仅能够在相同事物之间、事物的相同部分之间发挥作用，还可以在不同事物之间、不同事物的相似部分之间发挥一定的作用，甚至在事物将来可能发生的活动中依然体现重要价值。

教育标准是对各级各类教育活动事项制定的各类教育规范与技术规定，既是指导和规范教育实践活动的基本准则，同时也是衡量教育质量高低的评价依据。[③] 依据不同的维度，可将教育标准划分为不同的类型。按空间使用范围不同，教育标准可分为国家标准、地方标准和行业标准；按实施性质不同，教育标准分为强制性标准和推荐性标准；按事物发展的时间范围不同，教育标准分为投入标准、过程标准和产出标准。

[①] 郑也夫：《代价论》，中信出版社 2015 年版，第 85 页。
[②] ［美］阿尔伯特·班杜拉：《思想和行动的社会基础：社会认知论》，皮连生等译，华东师范大学出版社 2018 年版，第 345 页。
[③] 国家教育标准体系研究课题组：《国家教育标准体系的发展与完善》，《教育研究》2015 年第 12 期。

建立和完善教育标准体系是教育事业发展的需要。教育标准建设应和教育事业发展保持同方向，覆盖教育事业发展的各个方面，并在一定的时空范围内引导教育事业健康发展。当前，中国尚未建立起一个完备的涵盖各级各类教育的国家教育标准体系，而且已有的一些教育标准在规范性、专业性和可操作性上也有所欠缺，尤其是一些标准缺乏配套的科学的评价指标或实施办法。

建立和完善教育标准体系是推进中国教育治理体系和治理能力现代化的必然要求。教育法律法规是制定教育标准的法律依据。各级各类教育在有关标准的建立和完善上与相关法律制度的保障程度具有较强的内在关联，这通常表现为，在具有相关法律保障的教育领域，其教育标准的建设进程更快，也更为完善。例如，中国在义务教育、职业教育和高等教育领域分别制定了专门的法律，而在这些领域的教育标准就更为完善，也更为规范。中国在义务教育领域制定实施的关于普及义务教育标准、县域义务教育优质均衡标准都较为成熟，中国的职业教育标准体系已基本完善，建立了包括专业目录、专业教学标准、顶岗实习标准、教学仪器设备装备规范、公共基础课程标准在内的职业教育国家教学标准和中等职业学校设置标准、校长专业标准、教师专业标准，以及高等职业学校设置标准等。而在普通高中教育领域的相关教育标准建设则较为缓慢。例如，教育部在2003年3月颁布实施《普通高中课程方案》和语文等15个学科课程标准，并于2017年和2020年对上述方案和标准做了两次修订；2015年，教育部出台了普通高中校长专业标准；2021年12月，教育部印发《普通高中学校办学质量评价指南》，建立了普通高中办学质量的国家标准。目前，中国尚未制定普通高中学校基本办学标准、普通高中教师专业标准、普通高中多样化办学建设标准等，普通高中教育标准体系亟待完善，这一问题的存在与中国普通高中教育法治建设不完善有着密切关系。当前，中国还没有一部行政法规以上的教育法来规范高中阶段教育，尤其是专门针对普通高中教育的法律规范仍处于缺失状态，这在一定程度上必将阻碍普通高中教育的健康发展。因此,从这个意义上来说,加强教育标准建设必须以完善相关法律法规为前提和依据。

建立和完善教育标准体系是教育政策的基本要求。制定教育标准通常是教育政策的一项基本内容,而教育政策要达成目标往往需要以制定教育标准为工具和抓手。显然,"政策"先行,"标准"跟进是一个基本策略。中国在1993年印发的《中国教育改革和发展纲要》中明确提出"建立各级各类教育的质量标准和评估指标体系",首次以国家政策文件的形式确定了教育标准在教育发展中的重要地位。《国家中长期教育改革和发展规划纲要(2010—2020年)》(以下简称《教育规划纲要》)提出"制定教育质量国家标准,建立健全教育质量保障体系"。《中国教育现代化2035》指出"完善教育质量标准体系,制定覆盖全学段、体现世界先进水平、符合不同层次类型教育特点的教育质量标准"。具体包括:完善学前教育保教质量标准、建立健全中小学各学科学业质量标准和体质健康标准、健全职业教育人才培养质量标准、制定高等教育人才培养质量标准、分类制定课程标准、建立以师资配备、生均拨款、教学设施设备等资源要素为核心的标准体系和办学条件标准动态调整机制。当前,中国较为成熟的教育标准主要涉及学校建设标准、学科专业和课程标准、校长专业标准、教师队伍建设标准和教师资格标准、学校办学和管理标准、生均财政拨款标准、教育评价标准、教育信息化标准、国家语言文字标准等方面,这些标准的制定无一不是相关教育政策的基本要求。此外,还有很多关于教育标准的相关内容仍散见于国家的教育政策文件之中,亟须进行专业化的梳理和提炼,形成规范性的教育标准文本。

在加强教育标准的科学性、系统性建设的基础上,还要建立一系列相关配套制度,[①] 例如,修订和完善有关法律法规,确保教育标准的法律地位;建立各级教育标准监管机构;建立多元化的评估机构;建立问责制度,以教育标准来衡量和检验教育发展及学校办学水平。

---

① 吴霓:《建立中国教育标准是教育科学发展的关键》,《人民教育》2014年第12期。

二 中国义务教育普及化标准

中国教育普及化标准的制定和研究始于初等教育的普及。中国教育普及政策最早可追溯到1949年《中国人民政治协商会议共同纲领》提出的"有计划有步骤地实行普及教育",这为中国在20世纪80年代开始推进普及初等教育和九年义务教育奠定了重要思想基础和行动依据。1980年,中共中央、国务院印发《关于普及小学教育若干问题的决定》,提出"在八十年代,全国应基本实现普及小学教育的历史任务,有条件的地区还可以进而普及初中教育"。在普及的时间期限方面,针对经济和教育发展不同的地区提出了不同的时间要求。文件特别强调了"在普及中允许参差不齐,但是必须注意教育质量,不搞形式主义,力争使入学儿童坚持读满修业年限,切实达到应有的文化程度"。1982年,中国颁布的《中华人民共和国宪法》提出"普及初等义务教育",这是中华人民共和国成立以来首次以宪法形式确定在中国普及初等义务教育,这也成为全国各地开展普及初等义务教育的根本遵循。1983年,教育部出台《关于普及初等教育基本要求的暂行规定》,这个文件可以说是中国普及初等教育的首个国家标准。该文件从学龄儿童入学率(已入全日制小学和多种形式简易小学的学龄儿童数占学龄儿童总数的百分比)、在校学生的年巩固率(学年末学生数占学年初学生数的百分比)、毕业班学生的毕业率(应届实际毕业生数占应届毕业班学生总数的百分比)和初等教育的普及率(12—15周岁少年儿童中的小学毕业生数占这个年龄组少年儿童总数的百分比)四个方面的量化指标,对全国各地普及初等教育应达到的基本要求做了较为具体的规定。

显然,上述教育普及标准的设计仍然是粗放型的,这表现为:一是规范普及标准的维度是单一的。它只从数量规模这一单个维度对普及标准做了界定,而缺乏从公平、制度、质量等多个维度的综合考量。二是界定普及的量化指标较为单一。衡量普及是否达标的依据从表面上看包括入学率、年巩固率、毕业率和普及率等四项指标的完成情况，而实际上主要看的是普及率这个核心指标。三是各项普及指标从属性上来看，基本上都属于完成性指标，缺乏描述学生身心发展状况的发展性指标，因此，它无法全面测定各地教育普及的实际情况，更无法科学测定学生的发展程度。

1984年4月，第六届全国人民代表大会第四次会议审议通过了《中华人民共和国义务教育法》，指出"国家实行九年义务教育"，这是第一次以国家立法的形式确立中国实施九年义务教育，自此，中国义务教育发展步入了法制化轨道。1992年10月，中国共产党第十四次全国代表大会，第一次提出把"到本世纪末，基本普及九年义务教育，基本扫除青壮年文盲"作为20世纪90年代中国教育事业发展的重要目标。1993年2月，中共中央、国务院印发《中国教育改革和发展纲要》，提出要在90年代实现"两基"的宏伟目标，即全国基本普及九年义务教育（包括初中阶段的职业技术教育）和全国基本扫除青壮年文盲，使青壮年的文盲率降到5%以下。1994年7月，国务院颁布《关于〈中国教育改革和发展纲要〉的实施意见》，把这一目标细化为"到2000年全国基本普及九年义务教育（包括初中阶段的职业教育），即占全国总人口85%的地区普及九年义务教育。初中阶段的入学率达到85%左右，全国小学入学率达到99%以上"。根据分区规划、分类指导、分步实施的原则，全国不同地区的发展目标和速度可有差异。

1994年9月，国家教育委员会制定《普及义务教育评估验收暂行办法》，从评估项目及指标要求两个维度对义务教育应达到的普及标准做了进一步的细化和量化，包括从入学率、辍学率、完成率、文盲率四个方面界定了普及程度的基本要求，从学历达标、任职要求等方面界定了师资水平的基本要求，从学校数量、校舍配置、教学仪器设备和图书资料等方面界定了办学条件的基本要求，从财政教育经费拨款、教职工工资发放、教育经费筹措等方面界定了教育经费的要求，以毕业率为标准界定了教育质量的要求。1995年1月，经检查评估，国家教育委员会公布了首批554个普及九年义务教育和扫除青壮年文盲县

(市、区）名单，并特别强调了各级人民政府应坚持"因地制宜、分区规划、分类指导、分步实施"的原则，继续做好"普九"工作。

随着中国义务教育普及进程的持续推进，国家对于普及质量也提出了更高的要求。2001年，中国实现了基本普及九年义务教育的目标，同年，国务院召开了"全国基础教育工作会议"，印发了《关于基础教育改革与发展的决定》，要求大中城市和经济发达地区实现高水平高质量普及义务教育，并要求打好贫困地区"普九"攻坚战，提出西部地区要在2008年前后完成攻坚任务。在之后的几年里，在"一费制"、"两免一补"、农村义务教育管理体制和经费保障机制改革等相关政策的推动下，中国的贫困地区、农村地区的义务教育取得了长足发展，但总体而言，中国义务教育在城乡、区域、校际之间的仍存在较大差距，其中的一个重要原因是中国义务教育资源配置不均衡。例如，江西省在2004年全省小学升初中的人数是67万人，而2007年初中毕业的学生数却减少至62万人，有7.5%的学生中途辍学。对此，研究者们普遍认为仅仅以"普及"就学机会为主要目标的国民义务教育已经不能满足社会对国民基本素质的需求，应给予义务教育发展新的定位，将人的发展回归到教育发展的主体之中，[1] 在全面巩固普及就学机会的基础上，提升质量，促进均衡。中央政府应建立和实施能保障"普及、质量、均衡三者协调发展"的国民义务教育发展基本标准。围绕教育资源投入标准、教育过程标准和教育结果标准等三个方面设计义务教育国家基本标准，省级政府在达到国家标准的基础上，再根据实际制定义务教育的地方基本标准。[2]

"全面普及"的教育政策话语始于义务教育阶段，而且首先针对的是农村教育。2001年1月，全国实现了基本普及九年义务教育的战略任务，但区域之间、城乡之间义务教育发展不均衡的问题依然突出。2003年9月，全国农村教育工作会议召开，就今后一个时期全

---

[1] 周浩波：《试论高水平、高质量普及九年义务教育》，《教育科学》2004年第5期。
[2] 北京市教育科学研究院课题组：《建立发展基准：普及义务教育的再定位》，《人民教育》2006年第9期。

国农村教育发展的总体目标，提出要在巩固"两基"成果的基础上，努力实现全面普及九年义务教育，全面提高义务教育质量。这是在国家政策层面首次提出"全面普及"的教育发展目标。随后的《国家教育事业发展"十一五"规划纲要》指出"到 2005 年，全国普及九年义务教育人口覆盖率和初中毛入学率均达到 95% 以上，进入全面普及的新阶段"，并在"十一五"教育事业发展主要目标中提出"全面普及和巩固九年义务教育"，具体指标有：小学净入学率保持在 99% 以上，初中毛入学率达到 98% 以上，初中三年保留率达到 95%，青壮年文盲率降到 2%。此后，在义务教育均衡发展的一系列政策保障体制机制的支持下，中国于 2010 年年底在全国 2856 个县级行政单位全部实现了全面普及九年义务教育的目标，全国"两基"人口覆盖率达到 100%，其中，小学学龄儿童净入学率达到 99.7%，初中阶段毛入学率达到 100%。

中国义务教育在 2010 年年底实现全面普及目标的基础上，进入了"巩固提高""推进均衡发展""提升治理能力和治理水平""实现城乡一体化发展"的新时期。教育部在 2017 年制定了面向全国所有义务教育学校的《义务教育学校管理标准》，主要内容包括保障学生平等权益、促进学生全面发展、引领教师专业进步、提升教育教学水平、营造和谐美丽环境、建设现代学校制度 6 个一级指标和 22 个二级指标。文件要求各地根据此标准制定实施意见，进一步细化标准要求。与此同时，研究者们聚焦"优质均衡"，更加注重义务教育的内涵式发展，追求有质量的教育公平，加强对义务教育优质均衡发展标准方面的研究。例如，有研究者指出判断义务教育发展是否均衡，首先必须解决标准问题，认为应从环境均衡指标（40%）、城乡均衡指标（50%）、结果均衡指标（10%）三个维度构建县域义务教育均衡发展的指标体系，用以判断县域义务教育均衡发展的总体水平。[①] 有研究者从学校整

---

① 于发友、赵慧玲、赵承福：《县域义务教育均衡发展的指标体系和标准建构》，《教育研究》2011 年第 4 期。

体优化的方向出发，构建了包括生成性的学校理念、追求卓越的课程教学、充满活力的内部管理、高支持性的外部环境等四个维度的"义务教育优质学校办学标准"的基本框架。[①]

2012年1月，教育部印发《县域义务教育均衡发展督导评估暂行办法》，提出县域义务教育均衡发展评估标准，用以引导各地推进义务教育均衡发展，并开展对义务教育发展基本均衡县的评估认定。评估内容包括县域内义务教育校际间均衡状况、县级人民政府推进义务教育均衡发展工作、公众对本县义务教育均衡发展满意度和县级人民政府推进义务教育均衡发展工作等四个方面。2017年4月，教育部制定了《县域义务教育优质均衡发展督导评估办法》，提出了县域义务教育优质均衡发展（督导评估）的国家基本标准。其中，针对"资源配置""教育质量"中的一些可量化的指标，运用"差异系数"测量县域内义务教育学校在办学条件和教育质量等方面的均衡发展情况，例如，对于"资源配置"维度中7个指标的校际差异系数，要求小学均小于或等于0.50，初中均小于或等于0.45，这就在明显提升评价标准量化水平的基础上，为衡量县域内"优质均衡发展"情况提供了客观依据。

三 全面普及高中阶段教育标准的内涵

中国义务教育在相继实现基本普及、全面普及、均衡发展目标的基础上，已经进入优质均衡发展和城乡一体化发展的新阶段，而连接义务教育阶段的高中阶段教育的发展目标也已经确立，即到2035年实现高中阶段教育的全面普及，这必然对政府、学校、社会和学生等多方利益主体提出相应要求，其中，政府作为高中教育的管理者和主要的举办者，负有重要责任，发挥关键作用。借鉴全面普及义务教育的有益经验，在推动全面普及高中阶段教育工作中，也应采取"以评

[①] 张新平、郑小明：《义务教育优质学校办学标准：目的与维度》，《中小学管理》2015年第7期。

促建"的思路，即在国家层面制定全面普及高中阶段教育的评估验收标准，对于各地普及高中阶段教育的内容、要求和进程提出基本的规范性要求，依此作为各地全面普及高中阶段教育标准的基本参照，各地方政府应结合当地实际制定不低于国家标准的地方标准。

中国在全面普及高中阶段教育工作中只有紧紧抓住标准化建设这一有力杠杆，才能有效助推既定目标的实现。正如教育部负责人指出，"十四五"时期，教育要重点抓好的六方面任务：有体系的构建、有质量的公平、有差异的均衡、有特色的标准、有重点的改革、有竞争的合作。[①] 可见，以标准化建设推进教育事业发展已得到教育政策决策层的高度关注。而从更广泛的意义层面来看，推进高中阶段教育全面普及标准建设，是基于中国全面普及高中阶段教育复杂性的现实考虑，是推进高中教育公平、提升高中教育质量的有力保障，也是完善教育质量国家标准的应有之义。

全面普及的内涵包括如下三个层面。第一，指的是受教育群体普及的"全面性"，使受教育者不因其所在区域、城乡、校际、群体的差别而受到差别对待。这里需要强调的是，高中阶段的受教育者不仅包括高中阶段的适龄学生，也包括接受高中阶段教育的非适龄群体。第二，指的是提供普及教育的"全面性"。普通高中教育和中等职业教育，作为高中阶段不可或缺的两类教育，应占有同等地位，发挥同等作用，为受教育者提供同等价值的教育服务。第三，指的是教育普及的"全面性"。它不仅指高中阶段教育发展在规模层面上的全覆盖，即为受教育群体提供充足的学位，更为重要的是，强调了高中阶段教育在结构、公平、质量等各个维度的明显改善和多个维度的整体优化，继而为每个受教育者提供优质的教育服务。

全面普及高中阶段教育标准是高中教育标准体系的一个重要组成部分，它与高中阶段教育的其他标准既有区别又有联系。就共同点而

---

① 宋德民：《立足新阶段 开启新征程 全面推动教育科研事业高质量发展》，《教育研究》2021年第5期。

言，二者都以高中教育为对象，以落实立德树人为根本任务，以服务于高中教育改革与发展、整体提升高中教育育人质量为宗旨；就差异点而言，前者更多的是基于调整高中教育供需结构、优化供需关系的视角，从规模、结构、公平、质量等多个维度，对高中教育发展做出规定和判断，它聚焦于提升高中教育供给与学生选择的高度匹配性，后者主要聚焦于高中教育自身的内涵发展，以实现自我的优化与提升为目的，主要包括质量标准、课程标准、办学条件标准、校长和教师专业标准、学校管理标准、学校建设标准、生均经费标准等。从二者的关系维度来看，第一，在站位上，前者趋向于站在宏观视角且兼顾关系思维，对高中教育（包括普通高中教育和中等职业教育）改革与发展做出整体布局，后者主要是从高中学校办学的具象视角，对影响学校办学的软硬件、制度等诸多因素做出相应规定。第二，在标准的执行主体上，前者的执行主体是教育行政部门，并兼顾高中学校，而后者的执行主体是高中学校，并兼顾教育行政部门。第三，在功能上，前者能够对后者发挥一定程度上的指导作用，前者是后者的一个基本依据，后者不能有违于前者。例如，从高中阶段教育全面普及的公平视角出发，城市和乡村的普通高中学校应具备同等的办学条件和师资力量，这就要求普通高中学校在办学标准的制定上更加倾向于乡村，以补充乡村的短板，并建立城市对乡村的长效"帮扶"机制。第四，在内容上，二者存在一定的交叉和重合。例如，在生均经费标准方面，二者是基本保持一致的，在质量标准维度上，虽然前者主要针对的是"教育普及的质量"，侧重于高中教育供给的质量，后者针对的是"教育发展的质量"，二者在内容上必然存在一定的交叉。第五，在一些相关指标要求上，后者不能低于前者，而且在具体指标上比前者更为细化、明确。例如，在毕业班学生的毕业率上，普通高中学校和中职类学校可以制定各自的数据标准，但都不能低于前者的相关标准要求。

第二节　全面普及高中阶段教育标准的设计

全面普及高中阶段教育意味着所有已经或即将达到劳动力适龄人口（年满16周岁）要求的初中毕业生都要继续接受学历教育，而选择普通高中教育还是中等职业教育，对于他们未来所从事的职业领域及个人发展具有重要的影响作用。政府作为办学的责任主体，必须回应和最大限度满足初中毕业生的受教育需求，根据经济社会发展实际，从结构、规模、公平、质量等多个维度，对高中阶段教育发展做出动态调整，并通过制度设计，不断促进和保障普通高中教育和中等职业教育协调发展，形成二者融通互动的发展格局。

一　全面普及高中阶段教育标准的框架

全面普及高中阶段教育标准的制定，以高中阶段的相关国家教育政策为基本依据，遵循教育普及规律、学校办学规律和人才成长规律，全面贯彻党的教育方针，促进普职协调发展，引导高中教育实现高质量普及，促进学生全面而有个性的发展。全面普及高中阶段教育，数量的增长是一个基础性指标，结构的合理和教育公平的提升是一个过程性指标，而质量的提高才是最终的落脚点，即高中阶段教育要为学生提供适合其发展需要的教育机会，提供具有高度选择性的课程资源，继而在"出口"方面为促进学生全面而有个性的发展打好基础。基于标准的高中阶段教育的全面普及，目的就是要让所有学生都能受到公平而高质量的教育，并不仅仅是为他们提供入学、受教育的机会。坚持以人为本全面普及高中阶段教育，要求我们高度关注不同区域、特殊人群的普及需求，通过调结构、提质量，凸显高中教育在数量规模增长背后的发展内涵和实质。

全面普及高中阶段教育标准的框架由规模、结构、公平、质量等四个维度构成。其中，规模维度主要包括受教育群体规模、学校办学规模两个方面，主要的考核指标包括学生毛入学率、班级规模、生师比、①学校高级职称教师占比、学校各学科高级职称教师占比、区域内高级职称教师分布等；结构维度主要包括普通高中学校和中等职业学校的学校数比例、招生数比例、在校生数比例和毕业生数比例，以及具体在某一个区域内，普通高中学校和中职类学校的招生人数的比例；公平维度主要指的是高中阶段教育在区域、城乡、校际、群体（包括性别）之间的教育公平水平；质量维度主要包括高中阶段教育供给质量和高中学校的办学质量两个方面。

二 全面普及高中阶段教育的规模维度

受教育群体规模的评价指标主要是毛入学率。《中等职业学校建设标准》中指出，中国的人口自然出生率平均为1%左右，高中阶段教育的学生数占地区人口数量的3%左右。例如，一个20万人口的区（县），接受高中阶段教育的学生数量约为6000人。高中阶段教育毛入学率指的是高中阶段教育全部在学人口与适龄人口的比值。高中阶段的在学人口包括普通高中、职业高中、普通中等专业学校、成人中等专业学校和技工学校的在读学生，高中阶段的适龄人口为15—17周岁年龄段的人口，该年龄段人口接受高中阶段教育者被称为高中生。毛入学率可以反映高中阶段教育受众人数的多与少，从理论上讲，毛入学率越高代表高中阶段教育的受众规模越大，范围越广，普及化水平越高。在中国的国家政策文件中，根据受教育规模的大小，将高中阶段教育普及化水平划分为四个阶段：尚未普及，毛入学率低于85%；基本普及，毛入学率达到85%；普及，毛入学率达到90%；全面普及，毛入学率达到95%。截至2020年底，全国及各个省份的高中阶段教育毛入学率都实现了90%的普及目标，北京、上海、天津、广东、浙江、江苏等省市的高中阶段毛入学率都超过了95%，

---

① 生师比是用于衡量教育资源配置的一个重要指标。生师比直接反映学校规模，而不是班级规模。生师比低并不一定说明学校的班级规模小。

有的甚至已达到99%。据一项关于高中阶段教育学龄人口①预测研究显示，从2021年到2032年，中国高中阶段教育学龄人口总量处于增长状态，2032年达到峰值后，2033年开始回落，并呈快速下降趋势。②另据中国教育科学研究院的一项研究显示，中国高中阶段毛入学率在2030年将达到95%，但因学龄人口增长，到2035年仍为95%。③总之，结合各地高中教育发展实际和科学预测结论，到2035年，全国及各省市的高中阶段教育毛入学率达到95%的目标应该是可以实现的。设置以毛入学率为核心指标的高中阶段教育普及化的规模标准，对于国家（地区）统筹安排与合理布局高中阶段教育普及化目标和任务，规划高中阶段教育普及化发展进程，具有一定的指导价值。

支持和保障非适龄人口接受高中阶段教育，是提高高中阶段教育普及化水平的一项重要工作，也是提升高中阶段教育毛入学率的一个重要举措。应更加关注那些在18—64周岁劳动年龄人口中只完成了义务教育的非适龄人口，加大政府和社会资助力度，大力提升这些人口接受高中阶段教育的比重，尤其是面向身处部分边远地区、革命老区、民族地区、贫困地区的贫困家庭、待业家庭妇女、农民工、残疾人士、城市失业待岗人员，对他们开展文化基础知识教育和职业技能培训极为必要，这不仅有助于提升他们的文化科学素养，切实承担起家庭教育的主体责任，同时，为他们通过掌握一定的就业本领而实现再就业或创业创造条件。

鼓励和保障非适龄人口群体接受中等职业教育是推进高中阶段教育普及的一个重要内容。中国在2019年实施高职院校"百万扩招"政策，当年的《政府工作报告》中指出"要改革完善高职院校考试招生办法，鼓励更多应届高中毕业生和退役军人、下岗职工、农民工

---

① 高中阶段学龄人口的入学年龄为9月1日之后出生年满15周岁的初中毕业生。
② 安雪慧、元静、胡咏梅：《"十四五"至2035年高中教育高质量发展要适应人口变动》，《中国教育学刊》2021年第8期。
③ 马晓强等：《中国教育现代化发展的总体趋势和挑战》，《教育研究》2017年第11期。

等报考，大规模扩招100万人"。随后，教育部相继印发了《高职扩招专项工作实施方案》《关于做好扩招后高职教育教学管理工作的指导意见》，提出了线上与线下相结合，集中与分散相结合，校内与校外相结合，"旺工淡学""送教下乡""送教上门"，设立"社区学区""企业学区"等诸多创新举措。依此思路，遵循类型教育的办学规律，中等职业教育应面向具有初中及以下学历的非高中阶段教育的适龄人口，开展多样化的职业技术技能培训，培养他们的职业和技能素养，使其具备一技之长，这样，不仅能够从总体上提升高中阶段教育的毛入学率，更为重要的是，它为文化基础相对薄弱且不适合接受高等职业教育的非适龄人群也提供了接受职业教育的机会，这也间接为高职院校"百万扩招"政策的落实创造了条件。

办学规模反映学校资源的投入与配置情况，并对学校的办学效益产生重要影响，由此"什么样的办学规模能够产生最大化的办学效益"就成为关注的焦点，也正是从这个层面来讲，对不同地区、不同类型学校的办学规模做出相应规定是非常必要的。从广义上来说，任何影响学校办学效益的要素（如学生、师资、经费投入、学科、课程、校园空间等）都在一定程度上存在"规模"意义；从狭义上来说，办学规模通常指的是在学校办学诸要素中关于"人"的要素，主要包括学生规模、教师规模和班级规模等三个方面。就一个区域内部而言，办学规模主要指区域内学校的数量，例如《"十四五"县域普通高中发展提升行动计划》提出"原则上常住人口5万人以上或初中毕业生2000人以上的县，应建设1所普通高中"。

用以反映学生规模的指标主要包括招生人数和在校生人数。有研究显示，学生规模会对学校的培养质量和办学效益产生直接影响。一所学校学生规模的大小，主要取决于教育资源的配置和有效利用、学生培养质量、教育收益等多方面因素。学生规模越大并不意味着其实力就越强。但缩小学生规模也需要限定在一定的范围之内，否则会出现教育资源使用效率不高，规模效益不优的状况。因此，合理扩大学生规模的依据是，其能否促进教育资源的充分利用，使边际收益递增，从而提高办学效益。但如果不加节制的扩大就会超出最低成本所能承受的规模大小，各种资源就会相继缺乏，产生生均占有资源水平下降、管理效率降低、学生的培养质量下滑等不良后果，对学校的内涵式发展造成不利影响。[1] 在学校的教育资源承载力相对有限的前提下，科学设定学生规模，将其控制在相对合理范围，继而在保障学生培养质量得以持续提升的基础上，一方面，有助于巩固学校的人才培养规模，并实现稳健增长；另一方面，有助于促进学校人才培养规格与市场需求的有效对接，促进供需平衡。根据对江苏省普通高中学生规模的一项研究发现，全省普通高中校均学生规模是1811人，其中，市（区）校均学生规模为1569人，县（区）校均学生规模为1932人，县（区）规模明显大于市（区）。[2]《中等职业学校建设标准》提出，从办学效益和有效管理最佳结合点考虑，3000—5000人规模是比较合适的，并将最小在校学生人数设定为1000人，按照1000人、2000人、3000人、4000人、5000人五种在校学生人数测算建设规模。上述有关学生规模的研究和有关规定，具有一定的借鉴价值。

教师是教育发展的"第一资源"，是教育事业发展最重要的资源要素之一，教师规模是用来反映教师数量和质量的一个基本维度。反映教师规模的数量指标主要包括教职工数和专任教师数。教职工是学校教师、职员、教学辅助人员和工勤人员的简称。按照《中华人民共和国教师法》的规定，教师是指在各级各类学校和其他教育机构中专门从事教育教学工作的专业人员。因此，在学校中，我们所讲的教师通常指的是专任教师，从统计口径上来说，教职工数包括专任教师数。2001年中央机构编制委员会办公室、教育部、财政部印发《关于制定中小学教职工编制标准的意见》，规定"确实需要配备职员、教学辅助人员和工勤人员的，其占教职工的比例，高中一般不超过

---

[1] 王传毅、吕晓泓、严会芬：《什么是研究型大学合理的学生规模结构：基于跨国的院校比较》，《教育学术月刊》2016年第6期。
[2] 喻小琴、彭钢、董裕华：《县（区）普通高中转型发展中的问题与应对——基于江苏省域的分析》，《教育发展研究》2022年第2期。

16%",这里的高中应该指的是普通高中,即普通高中专任教师占教职工的比例至少应达到84%。2022年新修订的《中华人民共和国职业教育法》提出国家制定职业学校教职工配备基本标准。省、自治区、直辖市应当根据基本标准,制定本地区职业学校教职工配备标准。

对教师规模的指标分解,除了显性层面的量化数据之外,应该更为重视对教师专业化发展水平的关注。对于学校专任教师的分类统计,通常包括学历、职称、性别、课程、城乡、区域等几个方面,从内容上可归为教师的性别、区域分布、学科领域、专业化发展等,其中,能够集中反映教师规模的质量指标主要指的是教师的专业化发展水平。学历和职称是用以描述教师专业化发展程度的两个基本指标,除此以外,还可以包括毕业院校、教师专业进阶情况。毕业院校的实力在一定程度上能够反映教师职前培养的综合水平,也就是教师入职的起始水平,可将其分为师范类院校/综合类院校、重点院校/非重点院校;对于教师专业进阶情况的描述,除了职称之外,还可以设计其他类型的梯次进阶标准,例如,可将教师分为骨干/非骨干,对于骨干教师,还可以设定为校级、县(区)级、市级、省级等由低到高的晋升级别。

生师比是在册学生数与在编教师数的比例,它是衡量学生规模与教师规模的一个综合性指标,也是人才培养质量的一个重要指示器。通常来说,"学生规模较小,更容易维持一个较低的生师比。生师比较低,有助于师生之间的交流互动和对学生进行个性化的指导,从而保证较高的教学质量"。[①] 显然,生师比越低,越有利于师生、学生之间充分的社会化互动与交往,越有利于学生的个性化培养,实现因材施教。但是,较低的生师比必须以充足的师资配备和教育财政投入作为支撑,这必然造成教育成本的大幅提升,其在现实性上是难以实现的,因此,不论是对于普通高中学校还是中职类学校,我们只能把

---

① 张和平:《办学规模与办学成就——基于USNEWS美国大学排名的实证分析》,《外国教育研究》2018年第1期。

生师比控制在教育成本能够支撑的一个合理区间之内。2014年中央机构编制委员会办公室、教育部、财政部印发《关于统一城乡中小学教职工编制标准的通知》，规定普通高中教职工与学生比为1：12.5。2010年教育部印发《中等职业学校设置标准》，规定中等职业学校的生师比为20：1。生师比尚未达到国家规定标准的现象在一些地区仍然存在。例如，有研究显示，2019年江西、河南、广西、重庆普通高中生师比未达到国家规定标准，有14个省份中等职业教育生师比未达到国家规定标准。[1]

班级规模[2]指的是一个特定班级或一个教学团体的学生人数，它是构成学校规模的一个重要条件。一定的班级规模是学校开展教育教学活动的前提条件之一，也是影响学校教学质量的一个重要因素，即班级规模可能影响教师的教学和学生的学习，进而影响学生的学业表现。有研究发现，家庭文化、经济和社会资本与学生的班级选择显著相关，优势家庭更排斥"大班"，但是"小班"的成绩优势并不明显。高中阶段的班级规模与学生成绩显著正相关，"大班"成绩更好，而且存在乡镇"小班"劣势明显，城市"大班"优势明显的现象。[3]

中国相关教育政策文件对中小学的班级规模做了规定。2002年，教育部编制《城市普通中小学校校舍建设标准》，规定"城市完全小学的班额为每班45人，九年制学校的班额为小学阶段每班45人、中学阶段每班50人，初级中学、完全中学、高级中学的班额为每班50人"。2006年，教育部印发《关于进一步加强中小学校校舍建设与管理工作的通知》，要求城市小学、中学每班班额分别不超过45人和50人，农村非完全小学、完全小学、初中每班班额分别不超过30

---

[1] 安雪慧、元静、胡咏梅：《"十四五"至2035年高中教育高质量发展要适应人口变动》，《中国教育学刊》2021年第8期。

[2] 1996年以色列政府颁布班额政策，采用12世纪犹太教学者有关集体研修圣经人数最多不超过40个人的教义。规定所有中小学校班额不得超过40人。如果学校同年级入学人数超过40人就必须拆分为两个班级授课。

[3] 郑琦、杨钋：《班级规模与学生学业成绩——基于2015年PISA数据的研究》，《北京大学教育评论》2018年第4期。

人、45人和50人。2008年，教育部负责编制的《农村普通中小学校建设标准》，规定"农村非完全小学的班额为每班30人，完全小学的班额为近期每班45人，远期每班40人；初级中学的班额近期为每班50人，远期每班45人"。2017年，教育部印发《县域义务教育优质均衡发展督导评估办法》指出小学、初中所有班级学生数分别不超过45人、50人。除国家规定外，一些地方政府也制定了本地区中小学班级规模的政策。例如，2005年，北京市《中小学校办学条件标准》规定"独立设置的小学、初中和九年一贯制学校的班额小于等于40人，独立设置的高中的班额小于等于45人"。2008年，上海市规定义务教育阶段班级规模不得超过40人。2016年，江西省南昌市《中小学学生学籍管理办法》规定"小学班级人数不超过45人，初中和高中班级人数不超过50人"。

在全面普及高中阶段教育过程中，从基本消除大班额到实现全面消除普通高中大班额，仍是各地区尤其是中西部地区的一项重要工作。据有关研究显示，2015年各省份高中班级均额中，最大的是河南，达到65人/班，其次是广西，为61人/班，贵州为60人/班。有27个省份超过45人/班，有23个省份超过50人/班，有12个省份超过55人/班。[1]《2018年河南省教育事业发展统计公报》显示，全省高中阶段毛入学率已经达到91.23%，但普通高中有大班2.23万个（占64.72%），超大班1.07万个（占31.15%）。在江西，56人及以上大班额占39.1%，66人及以上的超大班额占8.7%。[2] 据教育部相关数据显示，2017年中国东部经济发达地区的普通高中56人以上大班额比例接近四分之一，有的班额甚至超过80人[3]。

---

[1] 杨东平主编：《中国教育发展报告（2017）》，社会科学文献出版社2017年版，第69页。

[2] 刘丽群、李汉学：《区域性推进高中阶段教育普及的战略定位与攻坚策略》，《中国教育学刊》2020年第10期。

[3] 《教育部：确保2020年实现基本消除高中大班额目标》，2018年11月27日，https://baijiahao.baidu.com/s?id=1618262746916045816&wfr=spider&for=pc，最后浏览日期：2021年10月6日。

中国对于普通高中的大班额和超大班额的要求与义务教育阶段中小学采取同一个标准。2016年，国务院印发《关于统筹推进县域内城乡义务教育一体化改革发展的若干意见》，提出"实施消除大班额计划"，其中规定66人以上为超大班额，56人以上为大班额。有的地方政府明确规定"普通高中一年级招生班额不得超过55人，不再新增56人及以上大班额"。据2021年11月教育部发布的《中国教育概况——2020年全国教育事业发展情况》显示，2020年全国普通高中平均班额为49人。2021年12月，教育部印发《"十四五"县域普通高中发展提升行动计划》，指出要在2025年全面消除56人及以上大班额，普通高中新入学年级班额不得超过55人。由上述可知，中国普通高中的班级规模应控制在45—55人，原则上不得超过55人。

"教育资源是通过教学经历这一机制转化为教学成果的。"[1] 理论上讲，教师如果能够有效采用适合小班教学的方式方法，那么，缩小班级规模对于提高学生成绩具有积极意义。但是，大规模缩小班级规模必然会提高师资和其他教育教学资源和管理成本。显然，将班级规模控制在一个适当的范围之内才是可取之策。

区域内高中学校的数量规模是高中教育资源供给的一个基本要素，它在一定程度上反映区域高中教育整体发展的充分性。区域内学校数量的多少主要受学校的学位设置标准和区域内受教育人口数量这两个因素的影响。学校数量总体供给不足和城乡差异凸显仍是问题的主要方面。例如，有人大代表在河南某县调研发现，全县近160万人口，仅有公办示范高中1所、普通高中1所。农村初中毕业生能继续读高中的不足40%，能读示范高中的不足10%。[2] 还有研究者指出，

---

[1] ［美］沙沃森·汤：《教育的科学研究》，曹晓南等译，教育科学出版社2006年版，第41页。

[2] 《让更多初中毕业生都能读高中 全国代表委员呼吁普及高中阶段教育》，2018年3月17日，http://www.fjii.com/wx/jy/2018/0317/135061.shtml，最后浏览日期：2021年12月3日。

一些地方的县域城区有2—3所普通高中，而在乡镇或农村几乎没有普通高中学校的规划布点。①

三　全面普及高中阶段教育的结构维度

全面普及高中阶段教育的结构维度，指的是在高中阶段教育中普通高中教育规模与中等职业教育规模的比例，反映两种不同类型教育发展的数量结构，即"普职比"，包括普通高中和中职类学校的学校数量的比值、招生数量的比值、在校生数量的比值和毕业生数量的比值等四个方面。"普职比"作为一个体现量化特征的比值，不仅从客观上静态描述了两类教育的发展现状，更为重要的是，它为两类教育在发展结构上的动态调整和相对平衡提供了量化依据。

参考国家有关政策文献和已有研究中有关数据被广泛使用的频率发现，我们通常将招生数作为高中阶段教育普职比的主要参考指标，而把在校生数量、学校数量和毕业生数量作为参考性指标。因此，我们所说的普职比"大体相当"，主要指的是普通高中学校和中职类学校在招生数量上的"大体相当"。例如，《国家中长期教育改革和发展规划纲要（2010—2020年）》指出"根据经济社会发展需要，合理确定普通高中和中等职业学校招生比例，今后一个时期总体保持普通高中和中等职业学校招生规模大体相当"。

学界关于普职比"大体相当"的研究主要集中在何谓"大体相当"、怎样实现"大体相当"和是否应坚持"大体相当"三个方面。学界对"大体相当"的区间范围的理解也存在不同看法。一般来说，普职比的区间处于40%—60%之间，即可被认定为"大体相当"，普职比的最大悬殊为7∶3，一旦区域内中等职业教育招生数少于30%，就会对产业劳动力结构、社会就业等造成较为明显的不利影响。有学

---

① 程艳霞、李永梅：《普及高中阶段教育的历史逻辑与供给侧改革路径》，《中国教育学刊》2019年第2期。

者认为普职比应保持在 6∶4 左右为宜,不必固守 5∶5 的比例,不同地区需根据产业经济发展的需要和职业教育发展水平确定合适的中等职业教育规模目标。① 有学者认为应扩大普职比大体相当的统计口径,不能将比较口径仅限于中职,而应采取"中高职合一"的双口径比较,② 将中高职统筹考虑。事实上,现在很多中职类学校开设了"中高职贯通"或"中本职贯通"模式。前者指的是中等职业教育与大专教育的贯通,学制为 3 年中职+2 年大专,毕业后可获得大专文凭;后者指的是中等职业教育与应用本科教育的贯通,中职生在毕业后,可以通过转段考试升为本科,学制为 3 年中职+4 年本科。还有学者认为还应将非学历职业教育和培训纳入统计范围之内。因此,中职院校的招生对象除了适龄青少年外,还应包括城乡劳动者、退役军人、下岗职工、返乡农民工等多种社会群体。此外,国际上出现中等职业教育的回炉效应和补偿效应,也带给我们一些启发。随着成人继续教育的普及化、多样化以及终身教育理念的日益深入,一些普通高中学生在其毕业后会选择接受中等职业教育,有近三成的经济合作与发展组织(Organization for Economic Co-operation and Development, OECD)成员国存在上述情况。这种回炉效益造成的结果是,一些国家普职两轨的毕业生数占总人口的比重之和超过了 100%。例如,北欧国家和法国、荷兰、爱尔兰、瑞士、澳大利亚、新西兰等国。另外,成人继续教育的普及化带来了一种补偿效应,即部分初中学历学生在进入社会若干年后重返校园接受中等职业教育。有数据显示,OECD 国家有 20% 的中等职业教育在读学生年龄超过 25 岁。③

关于是否应继续实施"大体相当"政策,有研究者指出,40 多年的实践证明,普职比大体相当是中国中等职业教育协调发展的重要

---

① 王奕俊、胡慧琪、吕栋翔:《教育收益率发生了变化吗——基于 CFPS 的中等职业教育招生下滑与升学热原因探析》,《教育发展研究》2019 年第 11 期。
② 欧阳河:《"普职比大体相当"缺乏科学依据,未来职教重心应放在高职》,《中国青年报》2016 年 12 月 2 日第 7 版。
③ 余晖:《OECD 国家高中阶段普职结构调整的基本经验与发展态势》,《湖南师范大学教育科学学报》2018 年第 3 期。

发展指南，必须坚持。① 还有研究者发出了不同声音，认为从全国范围来看，普职比基本稳定在6∶4，而在不同区域之间存在一定的差异。据统计，2017年，全国仅有江苏省中等职业教育占高中阶段教育招生比例超过50%，有14个省份中等职业教育招生占比低于40%。② 2019年，全国中职在校生数超1576万人，占高中阶段教育在校生数的39.4%，也就是说全国平均每10个中考生中，约有4人就读中职类学校，而在区域层面的差异也是客观存在的，例如，河南就读中职类学校的中考生约有五成，而北京只有三成，如果按城区划分的话，北京的东城、西城、海淀三区，中职生录取占比不足一成。再如，有研究者选取了东部地区江苏省常熟市、中部地区河南省兰考县、西部地区甘肃省临泽县，统计了三个市（县）域内的普职比分别是6.4∶3.6、9.3∶0.7、6.0∶4.0。③ 对此，有研究者认为应赋予大体相当的普职比新的时代内涵，即由刚性的"半壁江山"转向柔性的"发展区间"，如可设定在3∶7—7∶3这一区间。④ 还有研究者认为，随着中国产业结构转型和高中阶段教育普及水平的不断提升，普职结构将会从基于数量规模的"人为规定"转变为基于个人选择的"个人结果"，"大体相当"政策势必会逐渐消解。⑤

鉴于中国东中西部各区域经济社会和教育发展的差异性以及各个省市高中阶段教育发展的差异性，应取消"大体相当"这个较为模糊的政策表述，而是设定一个普职比的底线标准（例如7.0∶3.0），

---

① 石伟平、李鹏：《"普职比大体相当"的多重逻辑、实践困境与调整策略》，《中国职业技术教育》2021年第12期。
② 教育部：《2018年全国职业院校评估报告发布》，2019年11月27日，http://www.moe.gov.cn/jyb_xwfb/gzdt_gzdt/s5987/201911/t20191127_409905.html，最后浏览日期：2022年1月19日。
③ 宋莹莹：《普及高中阶段教育：应然与实然——基于县域内生发展的视角》，《现代教育论丛》2020年第2期。
④ 刘晓：《技能型社会构建与中等职业教育的发展定位——再论新时期中等职业教育要不要发展？如何发展？》，《中国职业技术教育》2022年第4期。
⑤ 李建民：《"全面普及高中阶段教育"的内涵释要与路径选择》，《教育研究》2019年第7期。

各地要根据区域经济社会发展程度、本地产业发展需要、应用型人才发展、健全现代职教体系建设等因素,合理规划普职比。中央财政应对那些落实标准存在较大难度的中西部省份给以适当补助。

四　全面普及高中阶段教育的公平维度

全面普及高中阶段教育标准的公平维度,主要从区域间、城乡间、学校间、群体间四个方面予以界定,涵盖以下三个方面的内容:其一,从完善教育资源配置的角度,为每一个受教育者提供相对公平的教育机会;其二,从创造多种受教育途径的角度,为每一个学生提供适合其发展的教育;其三,从教育结果的社会评价角度,为每一个学生搭建相对公平的发展平台。区域间的教育公平,主要包括如下三个方面的内容:一是依据经济发展水平和地理位置而划分各地区之间全面普及高中阶段教育的公平水平;二是全国各省域之间全面普及高中阶段教育的公平水平;三是某一个省份内部各地方(以市或区县为单位)之间全面普及高中阶段教育的公平水平。前两个方面是以国家视角,从"区域"的宏观和中观层面,对全国各地区、各省份之间普及教育的公平水平的考量,以此作为国家调整相关教育政策的依据,后一个方面是以地方视角,从"区域"的微观层面,对省域内部全面普及高中阶段教育的公平水平的考量;城乡间的教育公平,主要指的是省域内城乡(包括城区、城乡结合区、镇区、镇乡结合区、乡村)之间全面普及高中阶段教育的公平水平;校际间的教育公平,主要指的是省域内部不同学校之间的公平水平;群体间的教育公平,主要指的是省域内部面向家庭经济困难学生、残疾学生、进城务工人员随迁子女[①]等困难群体,以及边远地区的女学生群体普及高中阶段教育的公平水平。

区域间教育公平的主要观测点是教育资源的配置情况,主要包括

---

① 进城务工人员随迁子女,是指户籍登记在外省(区、市)、本省外县(区)的乡村,随务工父母到输入地的城区、镇区(同住)并接受义务教育的适龄儿童少年。

政府的财政投入(指标有高中教育经费投入比例、高中生均公共财政预算公用经费、生均公共财政预算教育事业费、中等职业学校和普通高中生均公用经费拨款标准等)、物资投入(指标有校舍面积、图书馆设施、图书册数、信息化设备、实验室设施、固定资产总值等)和师资投入(指标有专任教师数、优秀教师配置比例等)。研究显示,中国及各地区高中阶段教育资源配置水平呈现较大幅度逐年递增态势,但区域差异仍扩大趋势,中西部地区水平总体偏低,与东部地区的差距持续增大,总体呈现为"东西高、中部低"的空间非均衡特征,[1]其中,普通高中教育的资源配置效率在不同省份差异较大,经济发达地区的教育资源配置效率反而较低,[2]与此同时,一些地区存在投入过剩问题,而单纯增加教育经费投入对于提高普通高中教育资源配置效率意义并不大,必须加强政府的统筹管理,促进教育资源合理配置。由于中国基础教育实行"地方负责,分级管理"体制,高中教育的投资主体在地方(县、区级)政府,这就决定了地方经济发展差异是导致区域间高中教育资源配置差距增大和发展不平衡的主要原因。因此,要提升高中教育资源配置的公平性,并能够更好地促进普通高中教育和中等职业教育协调发展,就必须将高中教育管理的责任政府由"以县为主"上调为"以市为主"或"以省为主"。然而,即使将责任政府上调为"以省为主",因各省份经济发展水平在客观上存在明显差距,省域间的高中教育资源配置水平仍会存在较大差距。为了弥补全国各地区、各省份之间在全面普及高中阶段教育中存在的教育公平的悬殊差异,进一步缩小区域差距,中央政府可以通过教育财政转移支付的方式,给予经济欠发达地区(省市)一定数量的财政补贴。相对于全国各省份,省域内各市、区(县)的高中教育资源配置水平在不同程度上仍有一定差异,资源配置的公平性必须得到政府的高度重视。这是因为,即使高中教育管理的责任政府仍

---

[1] 于璇:《我国高中阶段教育资源配置的地区差异、动态演进与趋势预测》,《教育与经济》2021年第3期。
[2] 金双华、杨艺:《普通高中教育资源配置效率研究》,《现代教育管理》2021年第1期。

为"以县为主",也必须进一步强化其上级政府的责任,市级和省级政府必须通过教育财政转移支付、完善教师交流制度、建立普职协调发展机制等多种途径,逐步提升省域内各地高中教育的公平水平。

城乡间教育公平的主要观测点的是区域内市区与农村地区之间的教育资源配置和教育普及情况,其中的短板是农村地区,具体表现为在教育经费投入、教师队伍配给和优秀教师流失,以及教育机会获得等诸多方面存在突出问题。已有研究显示,"全国普通高中资源分布呈现城镇多、农村少的现象,导致呈现教育发展不均衡"。[1] 全国城市普通高中生均经费支出水平始终高于农村地区,而且,城市的高中阶段教育普及率也远高于农村。[2] 2015 年,全国 1% 人口抽样调查结果显示,在城市 15—19 岁队列中,高中及以上学历人口占比为 83%,而农村同队列人口中高中及以上学历人口占比为 53%。[3] 这说明,农村有近一半的学生在初中毕业后未能享受完整的高中阶段教育。可见,在高中教育机会获得上,虽然教育机会获得与父母职业地位和家庭经济条件的关联性正在降低,城市学生仍比农村学生具有明显优势。

在同一个市区所辖范围内的城乡间教育资源配置水平仍存在一定差距。有研究者对江苏省某市市区和县城的普通高中教育资源配置情况做了调查,发现市区在硬件设施、教学仪器和师资力量等各项指标上都优于农村,而师资力量(包括本科以上学历教师和高级职称教师两项指标)的差距尤为明显。[4]

高中教育资源配置城乡差异的客观存在,使城市高中在师资力

---

[1] 金双华、杨艺:《普通高中教育资源配置效率研究》,《现代教育管理》2021 年第 1 期。
[2] 张力:《促进城乡义务教育均衡发展　加快普及农村高中阶段教育》,《人民教育》2009 年第 1 期。
[3] 《2015 年全国 1% 人口抽样调查主要数据公报》,2016 年 4 月 20 日,http://www.stats.gov.cn/tjsj/zxfb/201604/t20160420_1346151.html,最后浏览日期:2021 年 12 月 9 日。
[4] 冯建军:《普通高中教育资源公平配置问题与对策研究——以江苏省为例》,《教育发展研究》2010 年第 12 期。

量、优质生源、教育教学设施、学生发展机会等方面占据优势，这势必对农村高中学校和学生发展产生不利影响，继而使更多的薄弱高中和发展不利的学生向农村地区集中，有损高中教育的公平性。此外，生源的城乡差异也应引起高度关注，尤其是中职生源的城乡差异较为明显，表现为农村学生居多，城市学生偏少。例如，有关数据显示，2013年北京中等职业学校在校生中有80%来自农村。

学校间教育公平的根本诉求在于，在一个区域范围内的普通高中学校之间、中职类学校之间以及普通高中学校和中职类学校之间，形成一个相对公平的、能够激发学校办学活力的良性教育生态。因此，政策设计必须在高中教育发展的两种取向之间找到一个平衡点，即一方面是基于高中教育具有的筛选性和选拔性而秉持的"精英化"发展取向，为社会家庭富有和天赋异禀的孩子提供更为优质的教育[1]；另一方面是基于高中教育具有的公益性和基础性而秉持的"大众化"发展取向，为不同社会群体提供相对平等的教育机会。例如，法国的巴黎学区（法国各学区相当于中国的省级教育行政部门）在2022年宣布取消两所法国顶尖高中（亨利四世高中和路易大帝高中）的自主招生权，新生将根据全国性高中入学网站算法评分分配录取，其意图是为了让更多领取助学金的学生进入顶尖学校，促进不同社会阶层、成绩不同的学生融合。[2] 总之，学校间教育资源公平配置的核心是生源配置的相对公平，为此，应通过划片招生、指标平均分配到初中、平分生源等措施，逐步实现生源的均衡化配置，继而使生源不再成为影响学校声望的一个重要因素。

群体间的教育公平主要关注高中阶段教育中相对弱势群体的教育机会和教育教学资源的获得情况。群体间的教育公平，首先应保证每

---

[1] 杨东平对全国10个城市40所普通高中学生的问卷调查得出结论：城市和中高阶层家庭的学生更多集中在重点中学，而农村和低阶层家庭的学生多集中在非重点中学。重点高中入学机会的获得，在一定程度上已经成为学生家长经济资本和社会资本的较量。见杨东平《高中阶段的社会分层和教育机会获得》，《清华大学教育研究》2005年第3期。

[2] 赵风英：《为"教育公平"，法国限制"精英高中"》，《环球时报》2022年2月28日第13版。

一个受教育者入学机会均等，其次在享有均等的受教育机会的前提下，还必须保障受教育者入学后享有平等的教育资源，为他们享有平等的学习机会创造更好的条件。影响受教育者享有受教育机会和教育教学资源的因素是多方面的，大致包括教育政策、家庭教育和家庭经济条件、价值观念、区域经济社会发展条件、学校提供的教育服务、个体主观意识和行动能力等。已有研究表明，这些因素对受教育者在教育机会和教育资源获得上的影响是组合式和结构化的，在此作用下，家庭经济困难学生、残疾学生、进城务工人员随迁子女、处于辍学边缘的学生以及边远地区女生群体，他们就成为需要得到教育救助和帮扶的特殊人群。其中，女性仍是一个值得关注的受教育群体，研究显示，中国性别教育机会不平等表现得异常"顽固"，男性比女性获得高中教育机会的可能性大。[①] 为了扭转这些弱势群体的不利地位，就必须发挥上述诸多影响因素的综合作用，对这些弱势群体做出适当的补偿。其中，针对不同群体的具体情况，调整教育政策，完善教育制度，例如，通过增加专项教育经费投入、改革户籍制度和考试制度、建立社会救助制度、加强学生心理疏导等，对于帮助他们摆脱教育致贫，推进教育机会公平都具有积极作用。例如，2016年财政部、教育部等四部门印发《关于免除普通高中建档立卡家庭经济困难学生学杂费的意见》，免除公办普通高中建档立卡家庭经济困难学生（含非建档立卡的家庭经济困难残疾学生、农村低保家庭学生、农村特困救助供养学生）学杂费。2021年12月，《"十四五"公共服务规划》提出"鼓励有条件的地方优先为经济困难的残疾学生提供免费的高中教育，逐步实施残疾学生高中阶段免费教育"。

五　全面普及高中阶段教育的质量维度

全面普及高中阶段教育的质量维度包括高中阶段教育供给质量和

---

① 杨宝琰、万明钢:《城乡高中教育机会分配的影响因素及作用模式：结构决定抑或行动选择》，《教育研究》2014年第10期。

高中学校办学质量两个方面。2015年,中国提出了供给侧结构性改革,要求在适度扩大总需求的同时,着力加强供给侧结构性改革,着力提高供给体系质量和效率,增强经济持续增长动力。在供给侧结构性改革的大背景下,教育领域的供给侧改革亟待深化。教育供给侧是教育政策、制度、资源、产品和服务的供给方,其主体一般包括政府、教育管理者、学校以及学校内从事教学科研工作的教师。[①] 提高教育供给质量的目的是进一步满足教育需求,使教育供给与教育需求之间形成一种动态平衡。理论上来说,教育供给与教育需求是一种辩证统一关系。没有需求,供给就无从谈起,反之,没有供给,需求也无法实现。学生拥有何种教育需求,就会催生相应的教育供给,同样,供给侧提供何种质量的教育服务,决定了学生所能享受到的教育品质,同时,也能够创造出新的教育需求。现实中,存在着教育供给与教育需求不平衡的矛盾,主要表现为教育供给无法满足教育需求,这里的教育需求包括受教育者个体的教育需求和区域经济社会及行业企业的用人需求。

《国家教育事业发展"十三五"规划》提出,必须把教育的结构性改革作为主线,加快高中阶段教育普及进程,为此,要加强高中教育供给侧结构性改革,扩大优质教育资源供给,优化教育资源配置,提高高中教育供给质量和效率。首先,基于中国高中教育回报率呈下降趋势[②]的现实情况,针对普职结构性失衡问题(中等职业教育规模普遍萎缩、发展滞后),应进一步补齐短板,更加重视中等职业教育的发展,调整学位供给结构,大力提高中职学生的文化素养和职业技能。其次,提高基本公共教育服务的覆盖面和质量水平,全面提升基本公共教育的公平程度。2017年,国务院印发《"十三五"推进基本公共服务均等化规划》,将"基本公共教育"作为推进基本公共服务均等化的优先领域,并将高中阶段教育纳入其中。2018年,国务院办公厅

---

① 周海涛、朱玉成:《教育领域供给侧改革的几个关系》,《教育研究》2016年第12期。
② 王骏:《中国城镇高中教育和高等教育回报率的长期变动趋势——基于供给、需求和制度(SDI)框架的分析》,《山东高等教育》2016年第7期。

印发《基本公共服务领域中央与地方共同财政事权和支出责任划分改革方案》，将中等职业教育国家助学金、中等职业教育免学费补助、普通高中教育国家助学金、普通高中教育免学杂费补助等学生资助项目列为基本公共服务事项的内容，列入中央与地方共同财政事权范围。再次，全面提升教育治理水平，坚持依法治教、依法治校，完善制度保障，例如，建立高中阶段教育中央和地方政府的经费投入机制，设立全国普通高中和中等职业教育生均拨款和学费的最低标准，加大对中等职业教育的财政投入力度，确保教育经费配置更加合理有效。最后，坚持高中教育多样化发展原则，基于区域经济社会转型发展需求和高中阶段教育发展基础，不断推进区域性高中教育多样化办学制度建设，形成区域内及区域间高中教育多样化发展的良好生态。

从全国范围来看，教育投入对经济增长具有显著贡献。[①] 但分区域来看，刘新荣、占玲芳的研究发现，东部和中部地区的教育投入对经济增长率的贡献均不明显，而西部地区教育投入对经济增长率的贡献较为显著，教育投入结构对于经济增长的影响呈现倒"U"形。[②] 苏荟以西部地区部分省份1999—2016年的面板数据为样本，分析了中等职业教育经费投入对劳动生产率的影响，发现二者呈显著的正相关，加大西部地区中等职业教育经费投入，可以有效提升地区的劳动生产率。[③] 蔡文伯、赵志强对中等职业教育财政支出与减贫效果做了研究，认为中等职业教育对贫困缓解具有直接效应。经济发展水平越落后的地区，中等职业教育财政支出的减贫效果越显著，但是，随着城镇化水平的逐渐提高，中等职业教育财政支出减贫效应也处于边际递减状态。[④] 对中西部

[①] 陈建宝、戴平生的研究发现，教育经费每增加1个百分点，就能拉动GDP增长0.70个百分点。周英章、金戈的研究发现，教育投资增长1%，GDP增长0.979%。

[②] 刘新荣、占玲芳：《教育投入及其结构对中国经济增长的影响》，《教育与经济》2013年第3期。

[③] 苏荟、张继伟：《论中等职业教育经费投入与地区劳动生产率——以西部地区为例》，《职业技术教育》2018年第22期。

[④] 蔡文伯、赵志强：《中等职业教育财政支出减贫效应的空间溢出和门槛分析》，《职业技术教育——基于2008—2018年省际面板数据》2020年第28期。

地区，尤其是城镇化水平相对落后的省份，应进一步增加中等职业教育财政投入，并扩大中等职业教育规模。调研数据表明，中国中西部地区的中等职业教育财政投入严重不足。有研究者对重庆东南地区和西部地区调研发现，区县财政对中等职业教育财政拨款比例偏低，仅为2%—4%，而对普通高中教育财政拨款比例可达到15%以上。[①]

提高办学质量是全面普及高中阶段教育的重中之重，也是实现高质量普及的关键。影响学校办学质量的因素是多方面的，包括教育法治保障、社会条件支持、政府教育资源供给、学校教育教学自主权、学校管理效能、课程与教学满足学生发展的程度等。基于各地和学校在办学条件上的差异性，形成一个全国统一的办学质量要求是不切实际的，而可行的路径是制定一个全国性的高中教育办学质量标准体系，设置相关维度、结构和指标，允许各地区、学校在这一框架下，根据各自的发展现状设置具体的发展目标和质量评价指标。近几年，国家越来越重视高中办学质量评价的标准化建设，例如，2022年1月，教育部印发《普通高中学校办学质量评价指南》，把立德树人成效作为根本标准，坚持以学生全面培养全面发展为核心，构建了普通高中学校办学质量评价指标体系，将评价结果作为推动地方政府履行教育职责、考核和改进学校教育教学工作的有力抓手，促进普通高中内涵发展和质量提升。依此思路，还应制定"中等职业学校办学质量评价指南"，建立符合中等职业教育特点、适应区域经济发展和产业升级要求的中等职业学校办学质量评价标准，对中等职业学校的办学方向、课程教学、学校管理、人才培养等提出规范性要求。而如果从普职协调发展的角度来看，评价一个地区的高中教育发展水平，应将普通高中和中职类学校视为一个整体，不应视其为彼此相互分割的两个部分，即除了单独设计普通高中学校或中职类学校的办学质量评价标准之外，还应制定高中教育质量评价标准，从高中阶段教育整体发

[①] 程艳霞、李永梅：《普及高中阶段教育的历史逻辑与供给侧改革路径》，《中国教育学刊》2019年第2期。

展的层面对地方政府和学校的办学成效做出评价。

高中阶段学校办学质量评价的标准化，主要包括办学条件的标准化建设和办学成效的标准化考核两个方面。因此，国家应制定"高中阶段学校办学标准"，统一规范经费标准、学费标准、教学设施设备标准、学校建设标准；制定"高中阶段学校质量标准"，统筹考核区域内普通高中和中职类学校的办学质量，加强质量管理。通过上述两个标准，引导地方政府统筹区域内高中教育资源供给，促进普职协调发展，加强普职融通，为实现高质量普及高中阶段教育奠定基础。

鉴于当前中国高中阶段教育的城乡差别较为突出，县域高中阶段教育（县、县级市举办的普通高中和中等职业教育）的基础条件相对薄弱，教育质量有待提高，应进一步加强县域高中发展力度，促进高中阶段教育农村生源的合理分布和有序流动。与县域普通高中相比，县域职业高中在发展规模、财政投入、办学条件、校园文化、校园安全、学校管理、师资力量、办学质量、生源质量和毕业出路等多个方面，都处于更为不利的窘境，需要解决的矛盾和问题更为突出。因此，当前，增强县域职业高中作为类型教育的吸引力和社会认同度，就显得更为重要和迫切，对于推进农村高中教育高质量发展和实施乡村振兴战略具有重要作用。

总的来讲，中国高中阶段教育普及应由指向规模扩张而忽视教育质量的低标准普及，转为指向教育规模、结构、公平和质量兼顾的高标准普及，即坚持教育普及的全面质量观，包括入学机会平等的均衡质量，教育过程满足学生多方面潜能发展需要的公平质量，教育结果促进人终身学习和可持续发展的长效质量，教育投入与产出充分体现办学效益的高效质量，教育管理和保障充分激发办学活力的制度质量，教育影响浸润人身心和谐发展的文化质量，教育发展整体水平与其他区域相比较的相对质量，办学满足本地经济社会发展需要的绝对质量。

综合上述分析，全面普及高中阶段教育标准的指标体系如表 2-1 所示。

表 2-1　　　　　　　全面普及高中阶段教育标准指标体系

维度	指标	考查要点
规模	受教育群体规模	高中阶段教育毛入学率；非适龄人口接受高中阶段教育的比例；非适龄人口接受中等职业教育的比例
	办学规模	招生人数；在校生人数；教职工人数；专任教师人数；生师比；班额；学校数
结构	省域"普职比"	普职学校数量比例；普职招生人数比例；普职在校生人数比例；普职毕业生人数比例
	区（县）域"普职比"	普职招生人数比例
公平	区域公平	高中教育经费投入比例；高中生均公共财政预算公用经费；高中生均公共财政预算教育事业费；中等职业学校、普通高中学校均公用经费拨款标准；校舍面积；图书册数；固定资产总值
	城乡公平	城市与农村的高中阶段教育普及率；城市与农村的高中教育经费投入比例；城市与农村的高中生均公共财政预算公用经费比例；城市与农村的高中生均公共财政预算教育事业费比例；城市与农村的本科以上学历教师数比例；城市与农村的高级职称教师比例；中职类学校生源的城乡比例
	校际公平	生源配置的均衡化水平；专任教师配置的均衡化水平；办学条件的均衡化水平；学校多样化特色发展水平
	群体公平	为家庭经济困难学生、残疾学生、进城务工人员随迁子女、处于辍学边缘学生、边远地区女生等群体接受高中阶段教育提供相应的政策救助
质量	教育供给质量	高中教育财政投入机制；中等职业教育经费投入占高中阶段教育比例；高中教育财政支出效益；学位供给；高中阶段教育多样化办学制度
	学校办学质量	普通高中学校办学质量（县域普通高中学校办学质量）；中等职业学校办学质量（县域职业高中学校办学质量）；高中阶段教育质量

第三节　全面普及高中阶段教育的区域性标准

全国各地在全面普及高中阶段教育的条件、基础、面临的问题、达成目标和实施路径等诸多方面既有共性特点，也有个性差异，体现出明显的区域性特征。这里，"区域性"包括多个层面，它既指某一个省（自治区、直辖市），也指某一个区域，例如东北地区、西部地区、京津冀、长江经济带、粤港澳大湾区等，又可以指一个省域内的某一个市（区）。从政策实施层面来看，由于区域性特征的客观存在，在落实全面普及高中阶段教育工作中，如果采取全国"一刀切"的统一标准，必然是不可行的，应该采取"区域推进"的策略，即在国家有关教育政策的统一规范与协调下，制定区域性的高中阶段教育普及标准，要求各地参照相应标准，结合当地的实际情况，采取有针对性的实施策略，实现充分体现区域性特征的高标准普及。

一　全面普及高中阶段教育区域性标准的必要性

"区域推进"是相较于全国"一盘棋"式的"全域推进"而言的，主要指的是以省级行政区域为单位和责任主体，以实现全面普及本地高中阶段教育为目的，而开展的相关教育政策制定及实施等系列教育活动。而由于中国各省份的经济社会和教育发展程度与其所处的地理环境特点有着较为紧密的联系，这就决定了"区域推进"在显性层面上必然体现出一定的"地理"特征，即同在一个地理区域范围内的若干地区，因在普及高中阶段教育中的条件、问题、路径等方面通常会表现出较为相似的特点，而形成较为明显的"区域"特征。例如，区域层面（例如长三角、京津冀地区）的相关教育政策会影响区域内高中学校（普通高中和中等职业学校）的运行，也会影响到人员（生源）在区域内和学校间的流动；又如，因地理位置和经济发展水平而划分形成的东部地区、中部地区、西部地区、东北地区和农村地区、城市地区，都各自在全面普及高中阶段教育发展方面存在一定的共性特征，即形成一种共同的区域性特征，而在区域之间也会体现出明显的差异性特征。

事实上，中国在21世纪初开展的普及高中阶段教育坚持的就是"全域统筹，分区规划"的总体思路。2001年国务院印发《关于基础教育改革与发展的决定》，对"十五"时期普及高中阶段教育工作做了部署，在全国层面提出基本要求，即各地的高中阶段入学率达到60%左右，在基础上，按照"积极进取、实事求是、分区规划、分类指导"的原则，面向三类地区分别提出了具体的任务要求，即占全国人口的15%左右、未实现"两基"的贫困地区"适度发展高中阶段教育"；占全国人口的50%左右、已实现"两基"的农村地区"高中阶段教育有较大发展""支持已经普及九年义务教育的中西部农村地区发展高中阶段教育"；占全国人口35%左右的大中城市和经济发达地区"基本满足社会对高中阶段教育的需求""有步骤地普及高中阶段教育"。

当前，由于中国各地教育发展仍具有明显的区域性特征，再加上一个地区的经济社会发展水平与教育发展程度具有紧密关联，可想而知，到2035年，中国各地区普及高中阶段教育的实际成效依然会呈现出一定的差异性。因此，我们在正视这种差异性的客观存在和基于当前地区差异性的具体情况下，制定一个符合区域发展实际的普及高中阶段教育标准是非常必要的。我们可将经济和教育发展水平作为全面普及高中阶段教育区域性标准的划分依据，继而形成经济发达地区（省、市）与经济和教育欠发达地区（省、市）两个水平层次的标准，分别在普及的时间进程、重点人群、工作重心及相关指标达成上提出有针对性的具体要求，引导各地在2035年如期实现高中阶段教育的高质量普及。

全面普及高中阶段教育的区域性标准由维度、指标和考查要点及等级水平等三级指标构成，其中，可将某一个指标的考查要点细化为两个水平，即水平1主要针对经济和教育发达地区（省、市），水平2主要针对经济和教育欠发达地区（省、市），继而构成全面普及高中阶段教育区域性标准的"四维度二层次"框架结构。

二 维度一：高中阶段教育规模

指标一：受教育群体规模。

受教育群体规模的考查要点主要包括区域内高中阶段毛入学率和非适龄人口接受高中阶段教育的比例。经济和教育发达地区（省、市）已经具备了较好的普及基础，大部分省市现已满足"全面普及"的量化标准，即毛入学率达到或超过95%，而经济和教育欠发达地区（省市）仍有较大压力，一个较为可取的解决策略是在稳步扩张适龄人口群体的基础上，增加非适龄人口接受高中阶段教育的比例，以此提高区域整体的高中阶段毛入学率。基于上述分析，对考查要点的两个水平层次的描述如下。

水平1：高中阶段教育毛入学率，到2030年达到99%—100%；到2035年超过100%。非适龄人口接受高中阶段教育（指成人高中和中等职业教育）比例和非适龄人口接受中等职业教育比例均达到一定水平。

水平2：高中阶段教育毛入学率，到2030年达到95%，其中，非适龄人口接受高中阶段教育（指成人高中和中等职业教育）比例和非适龄人口接受中等职业教育比例均达到一定水平；高中阶段毛入学率，到2035年超过95%，其中，非适龄人口接受高中阶段教育比例和非适龄人口接受中等职业教育比例均达到一定水平（或在2030年的基础上有所减少）。

指标二：办学规模。

办学规模的考查要点主要包括学校数量规模、学生规模、教师规模和班级规模。学校数量规模在总体上应保持稳定，并能够根据学龄人口发展变化趋势做出相应调整，并使其在区域和城乡布局上更加完善。目前来看，中职类学校数量规模在总体上偏少，据一项研究发现，2020年，全国每百万人口中职类学校数均值为5.3所，其中，中部地区为6.6所，东部地区为4.3所，西部地区为5.6所，数量较多的前六个省份有吉林（10.1所）、山西（9.7所）、内蒙古（9.6所）、河北（8.1所）、湖南和甘肃（7.4所），数量较低的省份有北京（3.8所）、上海（3.6所）、西藏（3.6所）、广东（3.1所）、江苏（2.3所）；[①] 一所学校的学生规模必须符合国家的有关规定要求，在校生总数不能突破上限，每学年学校的招生人数应能满足当年学校所在区域内初中毕业生的学位需求。《"十四五"县域普通高中发展提升行动计划》提出"新建普通高中学校规模不得超过3000人"；衡量一所学校教师规模的指标是较为丰富的，包括本科及以上学历教师占比、高级职称教师占比、正高级职称教师占比、师范类院校毕业教师占比、重点院校毕业教师占比、县级及以上骨干教师占比和生师比等；班级规模包括学校总的班级数和班额两个方面，其中，班级数最多不能超过36个，班额最多不能超过55人，全面消除大班额的任务在各个地区均能得到有效落实，经济发达地区（省市）可尝试开展小班化教学。中等职业学校的在校学生人数不少于1000人，对班额数标准不做统一规定。对考查要点的两个水平层次的描述如下。

水平1：普通高中学校数量在总体上保持稳定，能够根据区域内学龄人口变化趋势灵活调整学校配置；学校在区域内、城乡间的布局合理；学生规模（班级数、班额）符合国家有关规定，班额控制在40—45人，每学年的招生人数能够完全满足区域内初中毕业生的学位需求；无大班额现象；尝试开展小班化教学；本科及以上学历教师占比、高级职称教师占比、正高级职称教师占比、师范类院校毕业教师占比、重点院校毕业教师占比、县级及以上骨干教师占比等均有明确的量化要求。普通高中专任教师占教职工比例不低于90%，生师比达到10∶1。制定本地中等职业学校教职工配备标准。中等职业学校生师比达到15∶1，具有高级专业技术职务教师占比达到30%，"双师型"教师占比达到85%，每百万人口中职类学校数不少于6

[①] 岳金凤、郝卓君：《中等职业教育高质量发展报告——基础与方向》，《职业技术教育》2021年第36期。

所，中等职业学校的在校学生人数不少于1000人。

水平2：普通高中学校数量在总体上能够基本保持稳定，能够根据区域内学龄人口变化趋势适度调整学校配置；学校在区域内、城乡间的布局相对较为合理；学生规模（班级数、班额）符合国家有关规定，班额控制在45—50人，每学年的招生人数能够基本满足区域内初中毕业生的学位需求；无大班额现象；本科及以上学历教师占比、高级职称教师占比、正高级职称教师占比、师范类院校毕业教师占比、重点院校毕业教师占比、县级及以上骨干教师占比等均有明确的量化要求，且可适当低于"水平1"的有关指标。普通高中专任教师占教职工比例不低于84%，生师比达到12∶1。制定本地中等职业学校教职工配备标准。中等职业学校生师比达到17∶1，具有高级专业技术职务教师占比达到25%，"双师型"教师占比达到80%，每百万人口中职类学校数不少于5所，中等职业学校的在校学生人数不少于1000人。

三 维度二：高中阶段教育结构

指标一：省域"普职比"。

省域"普职比"的考查要点主要包括普通高中与中等职业学校在学校数量、招生人数、在校生人数、毕业生人数等方面的比例，以及城市的"普职比"与县镇的"普职比"情况。中国目前高中阶段教育发展不协调的问题较为凸显，有的地区的"普职比"甚至达到8∶2、9∶1，这与高中阶段教育管理的责任政府层级较低有着紧密关系，必须进一步加强省级政府的统筹力度，从省域范围内对"普职比"进行科学规划，并大力推进农村高中阶段教育发展，实现普职整体协调发展和城乡协调发展。此外，由于省域面积较大，各地发展也不平衡，这就造成县域之间的高中阶段教育发展客观上存在着不平衡性，为了防止这种不平衡性的持续扩张，有必要对县域内的高中阶段教育"普职比"做出一个底线式的规定。基于上述分析，对考查要点的两个水平层次的描述如下。

水平1：省域内各市（区）在学校数量、招生人数、在校生人数、毕业生人数等四个方面的"普职比"底线要求为7∶3，城市的"普职比"与县镇的"普职比"基本保持一致。

水平2：省域内各市（区）在学校数量、招生人数、在校生人数、毕业生人数等四个方面的"普职比"底线要求为6∶4，城市的"普职比"和县镇的"普职比"差距逐步缩小。

指标二：区（县）域"普职比"。

区（县）域"普职比"的考查要点是区（县）域内普通高中学校和中等职业学校每年招生人数的比例。从区（县）域层面对"普职比"做出一个基本的规定，能够有效保障省域层面"普职比"的实现，为此，可将"招生人数"作为考查"普职比"的一个核心指标。基于上述分析，对考查要点的两个水平层次的描述如下。

水平1：区（县）域内每年招生人数的"普职比"底线要求为7∶3。
水平2：区（县）域内每年招生人数的"普职比"底线要求为6∶4。

四 维度三：高中阶段教育公平

指标一：区域公平。

区域公平指的是省域内市（区）之间高中教育资源（重点是教育经费）的公平配置。设置区域公平指标的目的在于考核高中教育管理的责任政府的履职尽职能力，督促省级政府和市（区）级政府高度重视高中教育发展，保障高中教育经费投入。考查要点主要包括各市（区）在高中教育经费投入比例、高中生均一般公共预算教育事业费支出、生均一般公共预算公用经费支出、生均教育经费指数等四个方面基本保持一致。这里，将普通高中的生均经费和中职类学校的生均经费统一核算，记名为高中生均经费和义务教育阶段生均经费，形成统一序列。此外，在生均一般公共预算教育事业费支出、生均一般公共预算公用经费支出两个方面，中等职业教育应逐步达到普通高中教育的2倍以上。基于上述分析，对考查要点的两个水平层次的描述如下。

水平1：省域内各市（区）在高中教育经费投入比例、高中生均一般公共预算教育事业费支出、生均一般公共预算公用经费支出、生均教育经费指数等四个方面基本保持一致。中等职业学校生均公用经费拨款标准逐步达到普通高中学校的2倍以上。

水平2：省域内各市（区）在高中教育经费投入比例、高中生均一般公共预算教育事业费支出、生均一般公共预算公用经费支出、生均教育经费指数等四个方面基本保持一致。中等职业学校生均公用经费拨款标准逐步达到普通高中学校的1.5倍以上。

指标二：城乡公平。

城乡公平指的是省域内市区与农村地区之间高中教育资源配置和教育普及情况。设置城乡公平指标的目的在于推进省域内高中阶段教育城乡协调发展，补足农村地区短板，促进农村高中教育快速发展。考查要点包括省域内高中阶段教育普及率的城乡比值、高中教育经费投入的城乡比例、高中生均一般公共预算公用经费支出的城乡比例、高中生均一般公共预算教育事业费支出的城乡比例、高中生均教育经费指数的城乡比例、本科以上学历教师数的城乡比例、高级职称教师数的城乡比例和城市中职类学校生源的城乡比例。当前城市的中职类学校生源以农村学生为主，无法吸纳足够的城市生源，这说明其对城市学生的吸引力不足，反映其在办学定位、专业设置、课程教学及管理等方面存在问题。设置"城市中职类学校生源的城乡比例"这个考查点，目的在于以"生源视角"揭示城市中职类学校在办学中存在的上述问题，进而能够促使其调整办学定位，提高办学质量，更好地服务于城市的初中毕业生，使其接受高质量的中等职业教育。基于上述分析，对考查要点的两个水平层次的描述如下。

水平1：省域内高中阶段教育普及率城市和农村的比例基本持平；高中教育经费投入的城乡比值逐年缩小，高中生均一般公共预算公用经费支出的城乡比值、高中生均一般公共预算教育事业费支出的城乡比值、高中生均教育经费指数城乡比值均达到1.0；本科以上学历教师数占比的城乡比值达到1.0，高级职称教师数占比的城乡比值达到

1.0，城市中职类学校生源的城乡比例达到 5∶5。

水平 2：省域内农村高中阶段教育普及率逐年增长；高中教育经费投入的城乡比值逐年缩小，高中生均一般公共预算公用经费支出的城乡比值、高中生均一般公共预算教育事业费支出的城乡比值、高中生均教育经费指数城乡比值均接近或达到 1.0；本科以上学历教师数占比的城乡比值接近 1.0，高级职称教师数占比的城乡比值接近 1.0，城市中职类学校生源的城乡比例达到 4∶6。

指标三：校际公平。

校际公平指的是省域内高中教育行政管理责任政府所辖的高中学校（含普通高中学校和中职类学校）之间的教育资源配置情况和学校的多样化发展水平。设置校际公平指标的目的在于缩小同类学校在发展过程中积淀形成的重点校、普通校和薄弱校之间的办学差距，以及强调中职类学校和普通高中因拥有同等地位而在现实性上应得到同等重视、具备同等保障等。此外，学校的多样化发展有利于促进校际公平，它是引导生源走向的的一个重要因素。考查要点包括优质普通高中指标生平均分配到初中的比例、普通高中办学条件的标准化、学校区（县）级及以上骨干教师占比的相对均衡化；中职类学校生源条件（学生的学业成绩、家庭教育背景等）的相对均衡性、学校办学条件的标准化、学校"双师型"教师占比的相对均衡化；学校的多样化发展水平。基于上述分析，对考查要点的两个水平层次的描述如下。

水平 1：优质普通高中指标生平均分配到初中的比例达到 80% 以上，普通高中办学条件实现标准化，校际间区（县）级及以上骨干教师占比相对均衡，普通高中学校多样化特色发展的鲜明度高。中职类学校生源条件相对均衡，学校办学条件实现标准化，校际间"双师型"教师占比相对均衡，学校的多样化发展的鲜明度高。

水平 2：优质普通高中指标生平均分配到初中的比例达到 60% 以上，普通高中办学条件基本实现标准化，校际间区（县）级及以上骨干教师占比较为均衡，普通高中学校多样化特色发展的鲜明度较高。中职类学校生源条件较为均衡，学校办学条件基本实现标准化，校际间"双师型"教师占比较为均衡，学校的多样化发展的鲜明度较高。

指标四：群体公平。

群体公平指的是省域内不同受教育群体之间能够享受到相对公平的教育服务，以获得适合自身特点的个性化发展。每一个学生所受到的教育都应该是全面的、综合的，除了学校教育之外，还包括家庭教育和社会教育。因此，促进群体公平，从根本上需要构建一个学校、家庭、社会协同共育的育人机制。如果从教育政策的视角来看，则需要重点关注两类人群，即对受教育弱势群体实施补偿式教育和对资优生（拔尖创新人才）实施个性化教育。考查要点包括完善高中阶段教育学生发展指导制度，形成家校社协同育人机制，为保障受教育弱势群体而制定的教育政策和提供的社会资助，为培养拔尖创新人才而在高中阶段教育所实施的制度创新等。基于上述分析，对考查要点的两个水平层次的描述如下。

水平1：省域内高中阶段教育学生发展指导制度更加完善，家校社协同育人机制作用发挥得更加有力；全面实施家庭经济困难残疾学生高中阶段免费教育；进一步完善进城务工人员随迁子女在流入地参加中考制度，保障其与本地居民享有同等受教育权利；为家庭经济困难学生、处于辍学边缘学生等群体接受高中阶段教育提供相应的政策救助；建立高中阶段教育拔尖创新人才培养制度。

水平2：省域内高中阶段教育学生发展指导制度更加完善，家校社协同育人机制作用发挥得更加有力；逐步实施家庭经济困难残疾学生高中阶段免费教育；完善进城务工人员随迁子女在流入地参加中考制度，保障其与本地居民享有同等受教育权利；为家庭经济困难学生、处于辍学边缘学生、边远地区女生等群体接受高中阶段教育提供相应的政策救助；建立高中阶段教育拔尖创新人才培养制度。

五 维度四：高中阶段教育质量

指标一：教育供给质量。

教育供给质量指的是省域内高中阶段的教育保障服务于学生发展

所能达到的水平。其中,学位、经费和办学方式是三项重要的保障内容。设置教育供给质量指标的目的在于引导地方政府加强对高中阶段教育的制度保障,完善体制机制建设,包括根据人口发展规模和趋势及时调整高中学位供给、健全高中阶段教育投入及保障机制、实施高中阶段教育多样化办学制度等。考查要点包括健全省域内高中教育财政投入机制,提高中等职业教育经费占高中阶段教育经费投入比例;制定省域内普通高中和中等职业教育生均拨款标准、学费标准及动态调整机制;规定普通高中和中等职业学校的生均一般公共预算教育事业费支出、生均一般公共预算公用经费支出、生均教育经费指数;强调高中教育财政支出效益,避免出现政府经费投入过剩和投入不足的问题,充分发挥教育经费的使用效益;实施高中教育多样化办学制度,促进普职融通;制定区域性高中阶段教育学位供给制度。基于上述分析,对考查要点的两个水平层次的描述如下。

水平1:高中教育财政投入体制更加完善,中等职业教育财政投入在高中阶段教育的占比达到50%以上;制定普通高中和中等职业教育生均拨款标准和学费标准;对普通高中和中等职业学校的生均一般公共预算教育事业费支出、生均一般公共预算公用经费支出、生均教育经费指数等做出明确规定;高中教育财政支出效益显著;坚持普职协调发展,促进普职融通,在省域范围内实施和推广较为成熟的普通高中多样化办学制度;建立区域性高中教育学位供给制度。

水平2:高中教育财政投入体制逐渐完善,中等职业教育财政投入在高中阶段教育的占比达到30%以上;制定普通高中和中等职业教育生均拨款标准和学费标准(可低于"水平1");对普通高中和中等职业学校的生均一般公共预算教育事业费支出、生均一般公共预算公用经费支出、生均教育经费指数等做出明确规定(可低于"水平1");高中教育财政支出效益较为明显;坚持普职协调发展,探索实施区域性普通高中多样化办学制度;制定区域性高中教育学位供给制度。

指标二:学校办学质量。

学校办学质量指的是省域内高中(普通高中学校和中等职业学

校）学校教育具备一定的质量水平，使学生通过接受教育，在升学、就业、社会生活和职业发展等诸多方面获得素养和能力的全面提升。设置学校办学质量指标的目的是引领地方政府全面贯彻党的教育方针，健全立德树人落实机制，深化高中教育综合改革，促进普职协调发展，全面提高学校办学质量。考查要点包括普通高中学校办学质量、中等职业学校办学质量、省域内高中阶段教育质量，以及县域普通高中学校办学质量和县域职业高中学校办学质量。基于上述分析，对考查要点的两个水平层次的描述如下。

水平1：省域内高中教育和学校办学质量标准体系健全，包括制定省域内高中教育质量评价标准、高中阶段学校办学标准、普通高中学校办学质量评价标准、中等职业学校办学质量评价标准、县域普通高中学校办学质量评价标准等。

水平2：省域内高中教育和学校办学质量标准体系基本健全，包括制定省域内高中教育质量评价标准、高中阶段学校办学标准、普通高中学校办学质量评价标准、中等职业学校办学质量评价标准、县域普通高中学校办学质量评价标准等（上述标准中的一些指标的设计可适当低于"水平1"）。

全面普及高中阶段教育区域性标准，对中国各地高中阶段教育发展的规模、结构、公平、质量提出了基本要求，对于规范和引领各地普通高中教育和中等职业教育的健康发展以及二者的协调发展都具有重要作用。就发展普通高中教育而言，地方政府可以以"区域性标准"为参照和指导，坚持"满足学生个性化发展的教育质量观"，服务于不同家庭背景、不同资质、不同潜质学生的个性化的普通高中教育需求，以加强普通高中多样化办学制度建设为抓手，推动不同学校形成各自的发展优势，逐步从分层办学走向分类办学，构建区域内多样化办学类型，这是区域性全面普及高中阶段教育的重要任务，也是构建区域内普通高中多样化有特色发展格局的根本路径。

第三章　普通高中多样化办学制度的多维度价值分析

制度建设是中国建设高质量教育体系，实现教育治理体系和治理能力现代化的一个关键环节。普通高中多样化办学制度，顺应高中教育发展趋势，涉及人民群众的根本利益，必须以其丰富的内涵和多元化的价值理念回应人民群众多方面的教育需求，彰显制度功能。

第一节　公平价值

新时代背景下，我们坚持以人民为中心的发展思想，将维护社会公平正义，保障人民平等参与、平等发展的权利提升到一个新的高度，这也成为教育制度必须遵循的基本理念。由此，弘扬公平价值已经成为教育制度建设的一个重要价值取向，坚守公平原则成为教育制度安排的一项基本原则，制度公平正逐步成为人们考量和评价教育制度科学性、合理性的一个重要标尺。

一　制度及教育制度公平

在《辞海》中，制度的定义是：（1）要求成员共同遵守的、按一定程序办事的规程或行动准则。如：工作制度、学习制度；（2）在一定的历史条件下形成的政治、经济、文化等各方面的体系，如社会主义制度。制度在本质上是历史范畴、关系范畴和规范范畴的统一体，它是在特定历史条件下用于调整人与人之间关系和规范人的行为的模式和准则。

公平正义是现代人类社会的共同价值追求，是衡量现代社会文明与进步的重要尺度，也是社会各种制度设计应该遵循的一个基本价值规范。作为宏观和中观教育制度的供给方，中央和地方各级政府在制度设计时，必须将公平价值置于制度理念的首位，追求公平基础之上的高质量教育发展。那么，什么样的教育制度才算是公平的呢？教育制度公平，应以是否有利于促进全体学生的全面发展、是否有利于开发每一个学生的发展潜能、是否有利于保障资优生和处境不利学生都能够获得最适合的教育等三个方面作为评价标准。总的来讲，衡量教育制度是否公平的一个基本判断原则是教育制度满足个体教育需求的程度。在一定的时代背景条件下，能够最大限度地满足个体教育需求的教育制度就是公平的，而与那些满足个体教育需求相背的制度安排就是不公平的。

这里需要强调指出的是，首先，制度服务于全体人民的发展，它必须对全体人民有利，而不能只是对一部分人有利，更不能形成对一部分人发展的阻碍。其次，制度具有一定的权威性，在一定范围内，它是凌驾于任何一个人之上的权威，人们不能无视制度，更不能僭越制度。制度所规约的对象必须无一例外地遵守和执行制度。最后，制度体现一定的伦理性。制度不是对某些人的"施舍"和"救济"，它是社会文明进步的体现，它必须体现对每一个人的人格尊严和权利的尊重，这是制度公平价值的核心要义。

二 普通高中多样化办学制度的公平价值要素

普通高中多样化办学制度的公平价值，指的是接受普通高中教育的学生在受教育机会、受教育过程和受教育结果等各个方面都能公平和平等享受公共教育资源，其人格尊严和受教育权利都能得到公平和平等的对待，并能自由选择和接受适合其个性化发展的普通高中学校教育。

在全面普及高中阶段教育的时代背景下，凡是顺利完成义务教育的学生都有机会接受高中阶段教育。其中，大部分学生仍然需要通过中考这个环节实现升学，也有一些学生可以直接采取报名登记的方式升学。中考作为高利害考试的性质势必被削弱，它的"强选拔性"功能式微，即由原来偏好于以纸笔考试分数为标准，注重对潜在的学术型人才的甄别和挑选，逐渐转换为以核心素养能力的考察为标准，面向每一个学生的个性化发展潜能和未来发展趋势，为其提供科学依据和个性化服务。就普通高中学校而言，一方面，区域内学校办学类型的多样化和学校内部人才培养模式的多样化，能够为每一个学生的发展创造更为适宜的教育；另一方面，普通高中学校的学生素养层次的多元化以及学生个性化教育需求的丰富性、多样化和变动性，在学校提供的教育服务与学生的教育需求二者之间形成了一种张力。普通高中多样化办学制度公平，从根本上来说，就是基于这种张力而构建形成的一种动态化的教育供需平衡关系。多样化的办学类型既能不断提升普通高中的教育质量，又能不断激发每一个学生的发展潜能，并形成优质学校教育服务与学生教育需求的良性互动。

在提升普通高中教育质量，促进教育公平方面，国家相继出台了多部政策文件，关注重点地区和重点人群，紧盯薄弱环节，不断完善高中教育资助体系，提升高中教育供给能力，保障学生的受教育权利。2010年，财政部、教育部印发《关于建立普通高中家庭经济困难学生国家资助制度的意见》，建立普通高中家庭经济困难学生国家资助制度，资助面约占全国普通高中在校生总数的20%，其中东部地区为10%、中部地区为20%、西部地区为30%，国家助学金平均资助标准为每生每年1500元，2015年又将该标准提高到每生每年2000元。2015年党的十八届五中全会进一步提出，率先从建档立卡的家庭经济困难学生入手实施普通高中免除学杂费，实现家庭经济困难学生资助全覆盖。2016年，国务院办公厅印发《关于加快中西部教育发展的指导意见》，大力支持中西部经济社会发展相对滞后地区加快普及高中阶段教育，统筹普通高中和中职教育协调发展，优化学校布局，改善办学条件，提高办学质量，办好乡村高中，加快改善乡村高中办学条件，整体提升乡村高中办学水平。文件指出，在没有普通高中的县新建、改扩建一批普通高中学校，并强调人口5万以上或初中在校生2000人以上的县，建设一所高中，人口少于5万人且初中在校生较少的县，可建设一所完全中学，或与其他县联办、合办一所普通高中。在加大学生资助力度方面，推广"9+3"免费教育模式，重点支持集中连片特困地区建档立卡的家庭经济困难初中毕业生，到省内经济发达地区和东西协作对口帮扶省份接受中等职业教育。2017年，教育部、国家发展和改革委员会等四部门印发的《高中阶段教育普及攻坚计划（2017—2020年）》，又将免除学杂费政策的对象进一步扩大为非建档立卡的家庭经济困难残疾学生、农村低保家庭学生、农村特困救助供养学生。高中阶段教育的弱势群体主要为集中在边远山区、经济欠发达农村及城镇中的困难家庭子女，他们的家庭无法独立承担高中教育高额的教育成本，他们必须得到政府和社会的资助，才能顺利完成高中学业，尽可能实现生活质量的改善，以扭转自身及其家庭的不利处境。上述政策的大力实施，为那些可能因家庭经济困难而放弃学业的学生提供了制度保障，对于减轻贫困家庭经济负担、促进教育公平和维护社会正义具有重大意义。

第二节　文化价值

文化是人类的创造品，是"人与人之间共同生活的产物"，[1] 是一个共同体内人们集体想象的产物，表达了特定群体中的人们，对某种观念或行为的一种具有一定普遍性的认同。教育制度文化是人们借助制度处理人与人之间的关系，协调人与人之间的利益，是整个教育组织及其成员关于制度的价值认同。

---

[1] 陈序经：《文化学概观》，岳麓书社2010年版，第237页。

一 教育制度的文化立意

"文化建立在特定文明下人与人之间的关系上",[①] 是人类思维的一个组成部分而不是其补充。[②] 文化是一种集体想象。因为通常来说,一个集体中的每一个成员不可能都彼此熟悉,有的甚至从来没碰过面,也没听说过,然而,"他们相互联结的意向却活在每一位成员的心中",[③] 这就是文化的力量、认同的力量。这里,认同不只是人的一种主观体验,它还是社会性有组织化的体验,它是动态的、能生产的过程,即认同产生社会化能量,这些能量维持了身份和共同体之间的相互构成。[④]

制度能否得到遵守,通常有三个方面的影响因素,即权力强制、意识控制和公民认同。但是,随着社会进步,社会关系和信息获取趋于对称,权力强制和意识控制能发挥作用的空间将不断减小,[⑤] 而公民认同将发挥越来越重要的作用。与公民认同相区别的是,作为"上层"教育制度的实施主体,也是教育供给侧结构性改革的实施主体——地方政府,其对教育制度的认同度,对制度得到有效遵守和切实执行的程度将发挥非常重要的作用。事实上,一些"上层"教育制度之所以未能产生理想的效果,其中一个不可忽视的原因在于,该制度未能反映地方政府的实际需要,其在某种程度上也不具备制度执行能力,继而地方政府不会真正认可该制度,因此自然不会切实履行制度的规定。例如,区县级政府通常作为制度的执行者,其制度的实施效果如何,是由政府的制度执行能力、制度阻力的排除和对制度价

[①] [法]克洛德·列维-斯特劳斯:《面对现代世界问题的人类学》,栾曦译,中国人民大学出版社2017年版,第77页。
[②] [美]克利福德·格尔茨:《文化的解释》,韩莉译,译林出版社2014年版,第95页。
[③] [美]本尼迪克特·安德森:《想象的共同体:民族主义的起源与散布》,吴叡人译,上海人民出版社2016年版,第6页。
[④] [美]埃蒂纳·温格:《实践共同体:学习、意义和身份》,李茂荣等译,江西人民出版社2018年版,第181页。
[⑤] 王结发:《论制度认同》,《兰州学刊》2009年第12期。

值的认识等多个因素决定的。如果地方政府既是一项教育制度的设计者，同时也是执行者，那么，制度的实施效果将最终取决于政府对制度的科学设计和制度本身蕴含的价值追求能够反映全体受教育者意愿和诉求的程度。

教育制度从根本意义上来说，是对教育活动中人们之间相互关系和行为方式的一种带有强制性特征的规约，它的目的在于服务于人的个体发展和培养特定社会所需要的人。人既是教育制度的设计者、执行者，同时，也是教育制度所针对的主体。

教育制度文化是一个关系性概念，存在于制度威权与人们思想之间的结构性张力之中。[①] 它主要包括两个层面的内容，一是人们对教育制度本身所蕴含的价值理念的理解和认同，例如自由、平等、公平、效率、人文等都是人们所共同追求的具有普世意义的价值理念；二是人们对教育制度的认同度。显然，一种教育制度的社会认同度越高，而且，这种社会认同在一定程度上能够与"官方教育认同"[②] 保持一致，其实际所发挥的作用越有效，越具有更高的文化价值。人们对教育制度理解、认识和认同的程度，以及在此基础上对教育制度的执行方式，反映了教育制度本身所蕴含的文化价值。也就是说，如果一种教育制度能够得到广泛的社会认同，那么，说明该教育制度体现了较高的文化价值。反之，我们就可以认为该教育制度缺乏一定的文化价值。因此，普通高中多样化办学制度的文化价值的内涵包括两个层面，一是该制度本身所传达了何种价值理念，二是人们对该制度的价值认同的程度。对普通高中多样化办学制度进行文化价值的考量，就是从社会认同的角度对普通高中多样化办学制度价值的一种认知评价和主观倾向，制度本身的价值意蕴和人们对制度价值的体认，构成了该"考量"过程的两个基本要素。

[①] [英]迈克尔·波兰尼：《个人知识：朝向后批判哲学》，徐陶译，上海人民出版社2017年版，第252页。

[②] [英]巴兹尔·伯恩斯坦：《教育、符号控制与认同》，王小凤等译，中国人民大学出版社2016年版，第68页。

二 普通高中多样化办学制度的文化价值要素

立德树人是教育的根本任务,也是普通高中多样化办学制度所要遵循的首要价值。立德树人是"立育人之德"和"树有德之人"的有机统一,是教育培养人的个体性素养和社会性素养的有机统一。它是对中国传统教育思想的传承与发展,是中国特色社会主义教育的本质体现,是新时代贯彻党的教育方针的必然要求。普通高中多样化办学制度,必须遵循党的教育方针,落实立德树人根本任务,发展素质教育,培养德智体美劳全面发展的社会主义建设者和接班人,培养担当民族复兴大任的时代新人;必须服务于中国普通高中教育基本任务的实现,即促进学生全面而有个性的发展,为学生适应社会生活、高等教育和职业发展作准备,为学生的终身发展奠定基础,继而为学生享有幸福美好的生活提供更为适合的教育;必须遵循为党育人、为国育才使命,从普通高中的办学方向、办学目标、办学模式等多个层面做出相应的制度性规定,彻底扭转唯分数育人的顽瘴痼疾和片面教育质量观,坚持正确的办学方向,确立科学的办学目标,创新多元的办学模式。

办好人民满意的教育是普通高中多样化办学制度的价值归宿。进入新时代,中国社会的主要矛盾已经转化为人民日益增长的美好生活需要和不平衡不充分的发展之间的矛盾,而基础教育发展的主要矛盾也已转化为人们对子女教育的日益重视和高标准要求与优质教育资源供给不平衡不充分不均衡之间的矛盾。教育是党之大计、国之大计,办好人民满意的教育,是教育改革与发展的最终落脚点。实现基础教育高质量发展,必须坚持以人民为中心发展教育,加强基础教育供给侧结构性改革,将发展成果惠及全体人民。教育制度价值的主体是人,因此,人的需要是制度的价值尺度。普通高中多样化办学制度的实施,目的在于通过深化办学体制和教育管理改革,使教育更加适合激发和培养每一个学生的发展潜能,不断满足人民群众对优质普通高中教育的需要,这本身就是办好人民满意的教育的一项重要举措。

多样化是普通高中多样化办学制度的本体价值。在较为宽泛的意义上，普通高中多样化办学制度主要包括管理体制多样化、办学体制多样化、办学类型多样化和培养模式多样化四个方面的内容。第一，在普通高中管理体制多样化方面，应突破"以县为主"的单一管理模式，根据各地经济社会和教育发展实际，实行"以地（市）为主"和"以县为主"双重管理模式，强化教育经费投入保障，加强省级政府的统筹力度。此外，应注重发挥教育评价功能，制定普通高中建设的若干标准，以标准化评价促进普通高中的科学管理和高质量发展。第二，在普通高中办学体制多样化方面，基于普通高中的准公共产品的属性，应突出公办普通高中教育的主体地位和价值，在保证具备较高办学质量的情况下，吸引社会资本投资普通高中教育，适度发展少量民办普通高中教育，进一步满足人民群众的多样化需求。第三，在普通高中办学类型多样化方面，应彻底扭转普通高中千校一面"同质化"发展现状，大力开展学术高中、学科特色高中、综合高中等多样化办学试验，更大程度上满足学生的多样化潜能发展的需要。第四，在培养模式多样化方面，应突出学校课程体系的特色化、教学管理的科学化和学生发展指导和评价的多元化，形成学校内涵发展的卓越品质，促进普通高中的特色化发展。

第三节 制度价值

普通高中多样化办学制度的制度价值包括本体性价值和功能性价值两个层面。如果把地方政府作为制度设计者，实现普通高中多样化办学制度的制度价值，要求地方政府从服务于"学生全面而有个性的发展"的角度出发，遵循普通高中教育的本质内涵、根本特征和基本任务，充分重视和吸收地方教育行政部门、学校、学生及其他相关利益主体的诉求，界定政府、学校、学生及其他利益主体之间的权责利关系，对高中教育资源配置规则作出调整，从而保障和规范普通高中学校能够适应时代的需要，实现科学发展。

一　教育制度设计

"制度是社会生活中较持久的特性",[①] 指"以法度、规范、习惯为核心,依一定的程序由社会性组织来颁布和实施的一整套规范体系和社会运行机制的总和",[②] 它通过对组织（人员）权利义务关系的界定,建构一个相对稳定的关系结构和互动模式,为实现组织目标提供保障。一个好制度的典型特征在于它能够使这种外在的社会规范得到内化,也就是说,人们会把规范视作本身就值得追求的偏好,而不是行为的约束或者某个目的的工具性手段。[③] 通过制度协调的各利益群体关系通常包括制度的供给方（例如政府）和需求方（例如学校）之间的关系、平行供给方之间的关系（例如学校与学校之间的关系）以及供给方与上层组织之间的关系（例如学校与政府之间的关系）等。制度设计就是对上级有关政策、制度的落实,以及对本层级组织、人员等各行为主体之间工作方式和利益配置的规范过程。针对同一个教育政策或制度,不同主体可以依据自身实际,采取多样化的制度设计。

在教育领域,教育制度被用以规范各级各类教育主体之间的权责利关系,这些教育主体包括政府、社会、学校、教师、学生、家长等多个维度。教育制度包括国家、地方和学校三个层级。其中,地方层级又可根据行政区域划分为省级、市（地）级和区（县）级三个级别。此外,中国还存在根据区域和城乡划分的教育制度,例如国家会专门为中西部地区和农村地区制定相关的教育制度。

教育制度设计就是相关利益主体（通常是政府、教育行政部门和学校）依据上级或本层级的教育政策和教育制度,结合自身的利益诉

[①] ［英］安东尼·吉登斯：《社会的构成：结构化理论纲要》,李康、李猛译,中国人民大学出版社2016年版,第25页。
[②] 倪愫襄：《制度伦理研究》,人民出版社2008年版,第5页。
[③] ［美］塞缪尔·鲍尔斯、赫伯特·金迪斯：《合作的物种：人类的互惠性及其演化》,张弘译,浙江大学出版社2015年版,第231页。

求，做出具体化的制度安排的过程。就地方层级而言，根据国家教育政策和教育制度，进行地方教育制度创新，对于解决地方教育实际问题，推动地方学校的整体发展和促进学生的全面发展具有重要价值。地方教育制度创新要"以学生为中心"，把学生受益与否、受益多少作为衡量制度创新成效的根本尺度。①

二 普通高中多样化办学制度的制度价值要素

普通高中多样化办学制度的本体性价值指的是该制度对于教育主体之间权责利关系界定的明确性、合理性，以及对于教育资源配置所能发挥作用的有效性。例如，就区域性普通高中多样化办学制度而言，其本体性价值，一方面，表现为各级政府［包括省级、地（市）级和区（县）级政府］之间的关系、政府与学校的关系、学校与学校之间的关系、学校与家庭和学生之间的关系等；另一方面，表现为政府在普通高中教育资源配置上形成的数量、结构、机制等方面所发挥的效能。功能性价值指的是相较于之前的普通高中办学制度以及其他相关制度，现行制度的优势和特点所在，即秉承了哪些先进的理念、解决了哪些现实的突出问题、有哪些重要的创新举措等。相较而言，本体性价值着重从学理层面强调了制度设计的科学性，即该制度对之前相关制度的适应性调整和创新性改革，而功能性价值着重从实用层面强调了制度实施的有效性，即该制度体现当地普通高中教育发展的实际和取得的成效。

制度的本体性价值和功能性价值的实现，需具备一定的条件。第一，与已有制度和其他相关制度形成有机联系。制度设计的过程实质上是对相关主体的权责利关系做出调整，进而建构形成更为有效的组织和工作机制，以实现制度目标的过程。因此，新的制度设计既不能完全脱离之前的制度，又要与其他相关制度具有一定的内在联系，将制度设计的继承性与创新性相统一。第二，制度设计者和制度实施者

---

① 褚宏启：《地方教育制度创新及其重心》，《中小学管理》2020 年第 7 期。

要对制度达成一致的认同。制度要想取得预期的效果，这在一定程度上依赖于制度实施者对制度本质的深刻领会，与制度的制定者形成共识，并坚决按照制度要求去执行。通常来说，制度设计部门是制度实施部门的上级组织，由于双方的地位、利益和权责关系的不对等，其对于制度的认识存在着某种"天然"的隔阂，甚至错位，这将对制度的有效实施造成阻碍。因此，充分吸收制度实施部门的合理诉求，是制度得以被有效执行的一个必要条件。第三，制度本身必须具备较强的自我矫正和更新的能力。也就是说，制度不是一成不变、不可更改的一种固化模式，而应具有一定的弹性空间。因此，制度设计者要统筹考虑制度实施的现实性、可能性和不可预见性，为拓展制度实施空间创造更为充裕的条件。

第四节　教育价值

制度通过自身的不断更新和完善，逐步减少了一个群体或组织中人们思维方式和行为习惯中的不确定性，使其更加趋于理性，以符合制度的规定。因此，制度是特定群体或组织中人们思想观念、思维方式和行为习惯逐渐孕育、演化和发展的结果，同时又会随着人们的思想观念、思维方式和行为习惯的改变而改变，并在此过程中，对人们的认知、情感和行为表现产生教育影响。

一　制度的教育价值

第一，制度对人的思维方式具有教育价值。人的思维方式实质上指的是看待事物的角度、方式和方法。人们思维方式各有差异，对同一个事物的认识随之形成了不同的观点，表现出不同的态度和行为方式。而制度的作用之一，就是使一个群体或组织中的全体成员形成一种共同的"制度思维"，并对人们已有的思维方式进行优化和培育，引导人们自觉按照制度的规定看待事物、处理问题，而且人们普遍会认为这种思维方式是正确的、合理的。当普遍接受和掌握了这种思维

第三章　普通高中多样化办学制度的多维度价值分析

方式之后，人们就能够运用"制度思维"较为轻松地去认识、思考、分析和处理遇到的一些棘手和复杂的问题。可以说，"制度思维"减少了特定群体或组织中的人们在沟通上所耗费的多种思维碰撞的成本，其中包括语言沟通和人际沟通的成本，继而极大地提升了制度运转的效率和效能。与此同时，"制度思维"也会在一定程度上固化人们的思维，使人们不能根据现实情况的发展变化而及时调整和改变自己的思维方式，进而可能造成人们在精神上的消耗和物质利益上的损失，并影响制度的有效运行，这也使得已有制度的局限性越发凸显，形成了制度的僵化与形势的变化二者之间的鲜明对照。此时，人们必须根据形势的变化，对制度做出适当的改进，以更加适应一个群体或组织持续健康发展的需要。人们不断对制度进行改革的过程，也是人们的思维方式不断更新和优化的过程，二者相互影响、彼此赋能，实现共生发展。

第二，制度对人的行为方式具有教育价值。"被一个集体的大部分成员所共享的价值和规范构成了对他们中每个人的外在结构约束，他必须适应这种约束。"[①] 从外在形式上来看，制度是以正当、公平、创新、发展、效率为基本理念，以激励和惩罚为主要手段，旨在改变人的行为的逻辑体系。人们制定制度的目的，是通过规定一系列规则来确定特定的社会秩序，告诉人们能够、应该、必须做什么，或是相反，以此在特定群体或组织中建构一种行为模式和互动框架，并成为人们生活方式的一个重要组成部分。就制度本身而言，它能够强化人们对某些行为的倾向，不论这种行为倾向是好的还是坏的。一个好制度，能够激发人们积极做好事的倾向，而一个坏制度，则有可能会让一个好人心怀坦然地去做坏事。选择，作为一种人的理性行为，其本身就是人的行为方式的一种体现。如果制度具有一定的选择性，那么人们通常会尊崇那些能够增加自身福祉的制度，而背弃那些可能会对

---

① ［美］彼得·M. 布劳：《社会生活中的交换与权力》，李国武译，商务印书馆2016年版，第399页。

自身的短期或长久利益造成损失的制度。制度通过引导人们采取何种理性选择和强化人们采取某种制度所倡导的行动，继而在潜移默化中以"鼓励""限制""允许""禁止"等措施，影响人的行为选择策略和行为偏好，并使其更加趋于稳定。与此同时，人们长期以来表现出的较为稳定的行为偏好及其效果，在一定程度上验证了制度设计的科学性，继而对于矫正制度设计中存在的某些偏差产生积极作用。

第三，制度对人的价值观念具有教育价值。不同的制度可以秉持同一个价值观念，例如，中国在基础教育、职业教育和高等教育领域中的制度设计都要把立德树人作为根本任务，而同一种类型的制度也可以秉持不同的价值观念，例如，不同的学校在学校管理制度的理念设计上，有的更加强调约束服从，有的更加注重人本服务。在规范的层面上，制度对人们除了具有行为规范的作用，还具有价值规范的作用。而在现实性上，制度本身所倡导的价值观念与人们固有的价值观念可能存在不一致，此时，制度对人的价值观念的教育价值就更为凸显了。人们必须根据制度的要求，转变或更新已有的价值观念，乃至于接受一种新的价值观念。

观念是行动的先导。在外显的行为规则背后，制度必然有其遵循和倡导的某种价值观念，需要得到人们的广泛认同，以此，可以为人们做出相关行为的正当性提供价值依据。此时，价值观念的正当性如何，是制度能否有效运行的一个先决条件。而与此同时，行为规则与价值观念是否具有内在一致性，即行为规则的正当性如何，也是制度能否取得实效的一个重要条件。例如，有的学校制定的考试管理条例中规定："监考老师每抓住一例学生考试作弊，可以获得100元的奖励。"校方原以为这样的制度规定可以刺激教师抓学生考试作弊违纪的积极性，但结果完全相反，不但没有教师向学校申报领取奖金，作弊现象反而增加了。究其原因，这样的奖励规定，在客观上已经使教师对学生正常的教育管理职能异化为抓学生考试作弊就是为了得到高额的奖金。可以说，人们对制度的认同、遵守和执行，取决于价值观念的正当性，以及在此基础上行为规则与价值观念的一致性。

二 普通高中多样化办学制度的教育价值要素

普通高中多样化办学制度的教育价值集中表现在三个方面。第一，在普通高中多样化办学实践中，我们应秉持什么样的价值观念，才能促进普通高中教育实现多样化有特色发展。从全面普及高中阶段教育的角度来讲，必须坚持普职协调发展理念，实现普通高中教育和中等职业教育的横向融通。就普通高中教育内部而言，应坚持多样化、有特色、可选择等价值准则，以普通高中的多样化办学类型满足每一个学生多元化的教育需求。第二，如何科学设计普通高中多样化办学制度。普通高中多样化办学制度要切实反映和有效解决当地高中阶段教育发展中的突出矛盾，得到人们的普遍认可，并引导人们形成正确认识普通高中教育的"制度思维"。第三，如何有效激发行为主体（普通高中学校）积极开展多样化办学的探索实践，并确保其走在正确的轨道上。普通高中多样化办学制度的实施效果在很大程度上取决于制度提出的激励和保障措施的吸引力，以及普通高中学校能否切实响应制度要求，真正采取行动，推进学校变革。

第四章　普通高中多样化办学制度的政策演进

普通高中多样化办学制度是普通高中多样化发展相关政策的衍生物，是确保政策落实的有效举措，同时，也是推进普通高中改革与发展的重要路径。总的来说，中国普通高中多样化办学制度始于确立"重点中学"，历经建设"示范性高中"，推动"普高中多样化发展"和形成"多样化有特色发展格局"等几个重要的政策实施阶段，其间，包括改进"薄弱高中"和振兴"县中"两个有针对性的政策措施。政策演进和制度创新突出问题导向，强化规划意识，体现深化普通高中育人方式改革的行动逻辑，逐步由分层办学同质化发展转向分类办学多样化发展。

第一节　确立"重点中学"

重点中学在师资力量、生源实力、教学设备和学校管理水平等方面拥有天然优势，因而占据了中学教育的制高点，但是，重点中学的"唯高升学率"的顽瘴痼疾始终被人诟病，无法彻底摆脱"应试教育"传统模式的困扰，"学校极为僵化地执着于在一个狭隘的智能范围内搞测验"。[1] 重点中学制度作为一种教育文化现象已经广泛而深

---

[1] ［美］柯尔斯滕·奥尔森：《学校会伤人》，孙玫璐译，华东师范大学出版社2014年版，第112页。

刻地存在于社会之中，相比于正面评价而言，人们对它的负面评价越来越多。

一 重点中学制度的沿革

中国重点中学制度由来已久，最早可以追溯到中华人民共和国成立之初。在当时，针对人口众多、经济落后、教育资源薄弱且不充分、不平衡的现实情况，中华人民共和国教育一个紧要任务就是为迅速实现工业化和建设强大的国防培养和输送人才。这必然对中学教育提出了更高的要求。1953年5月，毛泽东同志在中共中央政治局会议上做出了要办重点中学的重要指示，同年6月，教育部出台《关于有重点地办好一些中学和师范学校的意见》，全国共批准重点中学194所，占当时全国中学总数的4.4%。同年9月，周恩来同志在一届人大一次会议所作的《政府工作报告》指出"中小学教育已有很大的发展，今后应当着重质量的提高"。[1] 同年11月，政务院颁发《关于整顿和改进小学教育的指示》，指出"由于我国经济发展不平衡，小学教育的发展也不平衡……如果要求全国小学整齐划一，那是做不到的。今后应首先着重办好城市小学、工矿区小学、乡村完全小学和中心小学"。由此，中小学重点学校制度已从国家政策层面得以确立，继而推动了中学精英教育体制的形成。

1958—1960年，全国学校数量猛增，但教育质量却大幅下滑。1959年，周恩来总理在二届全国人大一次会议上说："在各级全日制的学校中，应该把提高教学质量作为一个经常的基本任务，而且首先集中较大力量办好一批重点学校，以便为国家培养更高质量的专门人才，迅速促进我国科学文化事业的提高。"[2] 在对"大跃进"期间教

---

[1] 中共中央文献研究室编：《建国以来重要文献选编》第5册，中央文献出版社1993年版，第605页。

[2] 王爱云：《中华人民共和国历史视野中的重点学校》，2015年12月29日，http://www.hprc.org.cn/gsyj/yjjg/zggsyjxh_1/gsnhlw_1/d14jgsxsnh/201512/t20151229_365116.html，最后浏览日期：2022年3月18日。

育冒进政策的深刻反思之后,1962年全国教育工作会议提出压缩中小学校规模,集中力量办好一批重点学校。同年12月,教育部颁发《关于有重点地办好一批全日制中、小学校的通知》,要求各地在中小学校中选定一批重点中小学,这些学校在数量、规模上与高一级学校的招生保持适当比例,其中,高中应全部包括在这类学校内,与高一级学校形成"小宝塔"结构,并集中精力办好一批"拔尖"学校。"1963年,全国27个省、市、自治区确定的重点中学共487所,占公办中学的3.1%。"[1]重点中学的主要功能是为高等学校输送合格新生,以与高等教育的需要配套。

"文化大革命"期间,国家经济建设陷于停滞,家庭出身和阶级成分成为受教育的先决条件,重点中小学校制度也被搁置。粉碎"四人帮"之后,邓小平同志也多次谈及要办重点学校,尽快培养一流水平的科学技术专家:"我们实现现代化,关键是科学技术要能上去,发展科学技术,不抓教育不行。"[2]"科学技术人才的培养,基础在教育。"[3]"抓科技必须同时抓教育。从小学抓起,一直到中学、大学。""办教育要两条腿走路,既注意普及,又注意提高。要办重点小学、重点中学、重点大学。要经过严格考试,把最优秀的人集中在重点中学和大学。"[4]"不抓科学、教育,四个现代化就没有希望,就成为一句空话。"[5]1978年1月,教育部重建重点学校制度,下发《关于办好一批重点中小学的试行方案》(以下简称《试行方案》)的通知,指出:"切实办好一批重点中小学,以提高中小学的教育质量。"《试行方案》提出"大中城市,可在市和区县两级举办重点学校。市办好一批重点中小学;区县可办两三所重点中学,五六所重点小学。各省、市、自治区,可在省、地市、县三级举办重点学校。省和地市两

---

[1] 姚宏杰:《提升教育质量的执着追求》,《中国教育报》2019年9月25日第1版。
[2] 《邓小平文选》第2卷,人民出版社1994年版,第40页。
[3] 《邓小平文选》第2卷,人民出版社1994年版,第95页。
[4] 《邓小平文选》第2卷,人民出版社1994年版,第40页。
[5] 《邓小平文选》第2卷,人民出版社1994年版,第68页。

级可各自办好一批重点中小学；县可办好两到三所重点中学，五六所重点小学。教育部也要办好一批重点中学和重点小学"。① 《试行方案》确定了由教育部办的重点中学和重点小学共20所，分别是北京景山学校、北京新华小学、天津南开中学、天津同义大街小学、上海师大二附中、上海实验小学、山西昔阳大寨学校、山西交城县城内七年制学校、黑龙江大庆铁人学校、江西共大总校附属七三〇学校、河北束鹿县辛集中学、陕西延安中学、陕西延安杨家湾小学、广东梅县东山中学、河南尉氏三中（原长葛三中）、吉林延吉市六中、吉林哲盟科左后旗甘旗卡育红小学、湖南长沙第一师范学校、湖南长沙一师附小、山东梁堤头农业中学。

　　党的十一届三中全会以后，中国进入了改革开放和社会主义现代化建设的新时期，高中就学人数得到了大幅增长，已由中华人民共和国成立初期的20余万人增加到了1979年的1400万人，② 高中教育质量亟待提高，由此，重点中学制度再次引起重视。1980年8月4日，教育部在哈尔滨召开了自中华人民共和国成立以来第一次全国重点中学工作会议，目的是更好贯彻党中央关于办好重点学校的指示，尽快提高教育质量，适应社会主义现代化建设的需要。会议指出，办好重点中学，对于提高教育质量具有重要的战略意义，是一项为实现"四化"培养人才的重要战略举措。会议进一步明确了重点中学的任务，指出重点中学仍然属于普通中学性质，其任务是要为高等院校培养输送合格新生，又要为各行各业培养优良的劳动后备力量。相比于一般中学，重点中学要办得更好些，培养的学生质量更高些。③ 之后，湖南、江西、云南、四川、天津等一些省市也相继召开了重点中学工作会议。1980年10月，教育部颁发《关于分期分批办好重点中学的决

---

① 转引自项贤明《七十年来我国两轮"减负"教育改革的历史透视》，《华东师范大学学报》（教育科学版）2019年第5期。

② 转引自[美]吉尔伯特·罗兹曼《中国的现代化》，国家社会科学基金"比较现代化"课题组译，江苏人民出版社2003年版，第367页。

③ 张承先：《贯彻全面发展方针　提高教育质量——在全国重点中学工作会议上的讲话（摘要）》，《人民教育》1980年第9期。

定》(以下简称《决定》)。《决定》认为,重点中学是中学教育的骨干。办好重点中学是迅速提高中学教育质量的一项战略举措,对于更快更好地培养人才,总结、积累经验起示范作用,要在师资、经费、硬件和生源等方面向重点中学倾斜。《决定》指出,重点中学担负着双重任务,既要为高等院校输送合格新生,又要为社会培养优良劳动后备力量。《决定》对办好重点中学提出了基本要求,即模范地贯彻执行全面发展的方针,按照教育规律办事,培养的学生质量要高。《决定》要求教育部门和学校要努力把首批重点中学办成全国、全省、全地区第一流的、高质量的、有特色的、有良好校风的学校。以该《决定》的发布为标志,重点中学制度得以被重新确立。"到1981年,全国共有重点中学4016所,占当时全部中学的3.8%。"[1]

二 重点中学制度的反思

在地方政府大力开办重点中学的同时,也伴随对是否开办重点中学的热烈讨论。四川省在1981年12月召开了全省重点中学工作会议。会议对于开办重点中学进一步统一了思想,提出重点中学不但要继续办下去,而且要下决心办好。有数据显示,1981年四川省重点中学应届毕业生,只占全省高中应届毕业生总数的22%,却占全省高考录取总数的70%左右。[2]

重点中学由于在师资、生源和学校管理等方面具有相对优势,因而能够保持较高的升学率,这也容易导致被人们诟病单纯追求升学率。在四川省召开的全省重点中学工作会议上,重庆三中、成都七中等十五所重点学校代表分享经验,在推进重点学校的发展方面提出了"五个必须"的经验教训,即办好重点学校必须有一个明确的办学指导思想;必须面向全体学生;必须注意加强"双基",培养能力,发展智力;必须加强初中教育,高初中一起抓;必须抓好起始年级,毕

---

[1] 朱家存:《教育均衡发展政策研究》,中国社会科学出版社2003年版,第92页。
[2] 《四川教育》记者:《坚定不移地办好重点中学——四川省重点中学工作会议侧记》,《人民教育》1982年第3期。

业班和其他年级一起抓。① 总之，人们已经意识到，重点中学必须在全面贯彻党的教育方针上做得更实、更好，为其他中学做出表率。例如，20世纪80年代初，上海、辽宁、湖南、北京、山东、太原、桂林等地的一批重点中学在招生时更加注重学生的体质状况，加试体育，这引起了学校、学生、家长和社会其他方面对学校体育工作和学生身体素质的关注。浙江省在1982年对17所重点中学的两万名学生做了体质调查，结果显示，浙江省重点中学学生的形态、机能和素质水平在全国13个省区市中处于中等水平，建议教育行政部门要重视学生健康，重视学生的体质调查研究。② 此后，一些体育院校、重点中学相继开展了有关研究。例如，北京体育学院和北京师大二附中合作开展了对重点中学高中学生生理指标、身体素质的测评。③

由于国家对重点中学的办学行为缺乏制度性规范，一些重点中学在办学过程中并没有发挥应有的示范和实验作用，一些地方教育行政部门开始关注对重点学校办学行为的审查，以增强其全面贯彻教育方针、按教育规律办学的重视程度。例如，四川省教育厅提出，重点学校不能实行"终身制"，并从办学指导思想、领导班子、教师队伍、校舍设备、学校管理、教学改革和教育科研、初高中教育质量和如何带动一般中学等八个方面，对重点中学进行审查，对办学条件和教育质量长期上不去的，要调整为一般中学；一般中学办得好，符合重点中学要求的，调整为重点中学。④

重点中学制度的实施，在短期内产生了人才培养的集聚效应，为国家经济社会建设培养了一大批各个领域的优秀人才，这是无可质疑

---

① 《四川教育》记者：《坚定不移地办好重点中学——四川省重点中学工作会议侧记》，《四川教育》1982年第3期。
② 葛根法、何庆林、姚正培、李翅鹏、陈德明：《浙江省十七所重点中学学生体质调查报告》，《体育研究》1983年第2期。
③ 章瑞麟、贾六本：《三十九所重点中学体育调查报告》，《江西师范大学学报》（自然科学版）1985年第3期。
④ 《重点学校不能实行"终身制"——四川省教育厅决定审查首批重点中学》，《教育科研参考资料》1985年第S2期。

的。但是,由于重点中学对一般学校的示范带动作用并不明显,以及因实施重点中学制度而产生的新的教育发展的不均衡、不平等问题越发突出,人们对重点中学制度开展了更为深入的讨论,其中不乏质疑之声。例如,有人认为,重点中学偏重于追求高升学率,走向了升学教育死胡同,严重违背了党的教育方针,违背教育教学规律,造成了中学教育的严重恶性循环。[1]

也有研究者对重点学校制度持赞成意见,认为开设重点中学是世界范围内的普遍现象,尤其是像美国、英国、日本等发达国家都在举办重点中学。重点中学实施择优录取的选拔机制,这就决定了重点中学生源的智力、能力资质在同龄人群中处于优势地位,有助于资优学生的发展。就重点中学的任务而言,有人认为重点中学承担以升学为主的任务具有一定的必要性和正当性,"重点中学是教育分工在普通中学教育内部具体化的一种表现,根本目的是为了更好地完成双重任务。我们要办重点中学,而且要办世界一流的重点中学,为国家建设培养拔尖人才"。[2]

社会上对是否继续举办重点中学说法不一,"重点中学"也一度成为一个非常敏感的词汇,但是,地方政府对于重点中学的举办,在态度上都较为积极,即"重点中学要重点办好"。政府除了在经费、师资、设备等方面对重点中学给予大力支持外,还通过举办重点中学校长研讨班,开展专题研讨会等多种形式,促进重点中学的建设和发展。与此同时,重点中学自身的办学动力也得以被激发,通过加强校领导班子建设,完善教学管理、后勤管理,以及开展初高中脱钩,不断提高办学质量。例如,上海市在部分重点中学开展了高初中脱钩试点,带来了教育生态的新变化,在一定程度上缓解了小学、初中和高中各阶段的"升学率"焦虑,更加有利于学校全面贯彻党的教育方针,按照教育规律办教育。[3]

---

[1] 綫国禧、李曜明:《重点中学办学模式的探索与思考》,《教育理论与实践》1988年第2期。
[2] 傅禄建:《关于重点中学发展的理论思考》,《上海教育科研》1995年第1期。
[3] 嵇鸿群:《重点中学高初中脱钩后带来的新气象》,《上海人大月刊》1990年第2期。

第四章　普通高中多样化办学制度的政策演进

重点高中培养的学生中有一大部分能够升入更高一级学校,但毕竟有一部分学生无法升学,他们在毕业后要就业或回乡务农。在一些重点高中,学校的办学者已经意识到这个问题的重要性,重视开展职业技术教育,在办学场所和设备、办学形式、师资配备、专业设置、课程设置、教学管理、培养目标、毕业分配及待遇上进行总体架构和系统化设计,改革教育教学体制,探索高中阶段职业技术教育的新途径,实施高三分流和高中后职业技术教育一条龙的办学体系。例如,吉林省松原市扶余区三中在这方面形成了较为系统化的办学思路,进行了卓有成效的探索和实验,办学者对于在重点高中办职业教育的意义、普通教育职业技术教育的关系等方面形成的理论认识颇有深度。[①]办学者认为,职业技术教育是普通教育的补充、发展和完善。在高中阶段进行职业技术教育,重要的是培养没有升入上级学校的那部分学生的职业知识和技术技能,使他们通过培训成为合格的劳动者。

重点中学制度的实施,是国家对有限教育资源投入与优秀人才的迫切需求二者进行权衡的结果,它在一定种程度上提高了中学教育质量,满足了国家发展建设对人才的现实需求,但也进一步拉大了全国各区域间和区域内校际间的办学差距。正如张承先在《关于办重点中学的回顾与前瞻》一文中指出"一些重点中学背离了原来小平同志倡导办重点中学的宗旨,不注意全面贯彻党的教育方针,不按教育规律办事,单纯应付升学考试。……允许择校生高收费,继而发展到'一校两制',办'校中校'、'校中班'……这样搞得结果负面效应很大"。[②]

1993年,中共中央、国务院印发《中国教育改革和发展纲要》,没有提及重点中学,只是提到了普通中学要分别不同情况,适当开设职业技术教育课程。1994年,《国务院关于〈中国教育改革和发展纲要〉的实施意见》提出"每个县要面向全县重点办好一两所中学。全国重点建设1000所左右实验性、示范性的高中"。此后,国家不再

---

① 松原市扶余区三中:《试谈重点中学的职业技术教育功能》,《吉林教育科学》1994年第7期。

② 张承先:《关于办重点中学的回顾与前瞻》,《中国教育学刊》1997年第2期。

以重点中学（重点高中）的名义开展学校建设，至此，中国普通高中也进入了"示范校"建设时期。

第二节　建设"示范性高中"

示范性普通高中虽然隐去了"重点高中"的文化符号，但实际上，它依然被政府视为"重点工程"，施以"重点投入""重点建设""重点发展"，也在社会上得到了"重点关注"。发挥"示范性"是示范性普通高中建设的初心，而"示范性"发挥得如何，却成为人们讨论的焦点。

一　示范性高中的提出

在《中国教育改革和发展纲要》颁发之后，国家教育委员会于1995年5月10日—13日，在江苏省张家港市召开了全国普通高级中学教育工作会议，这是改革开放以来中国召开的第一次关于普通高中教育的重要会议。会议讨论了《关于加强薄弱普通高级中学建设的十项措施》《关于大力办好普通高中的若干意见》《关于评估验收1000所左右示范性普通高级中学的通知》等文件。会议明确提出了普通高中的任务是"双重任务"和"两个侧重"，即普通高中承担着为高等学校培养新生和为社会各行各业培养高素质劳动后备力量，有侧重地对学生实施升学预备教育或就业预备教育的任务。这是对普通高中功能任务的最新表述，它将对普通高中发展，尤其是示范性高中建设起到重要的指导作用。时任教育部副部长柳斌做了总结讲话，他认为示范性高中要创全面发展之优，示素质教育之范，其示范作用应当体现在"两个全面"上，即全面贯彻教育方针、全面提高学生素质。在示范性高中的认定标准上，不再把升学率作为一个必不可少的指标，其他多种办学模式的普通高中只要具备相应的条件，都可以申报评估示范性高中。[①]

---

① 柳斌：《在全国普通高级中学教育工作会议上的总结讲话》，《课程・教材・教法》1995年第10期。

第四章 普通高中多样化办学制度的政策演进

在全国普通高级中学教育工作会议之后,国家教育委员会于1995年7月正式发布了《关于评估验收1000所左右示范性普通高级中学的通知》和《示范性普通高级中学评估验收标准(试行)》。两份文件对示范性高中的界定是一致的,指出示范性高中是指全面贯彻教育方针,模范执行教育法律、法规和有关政策,办学思想端正,积极开展教育教学改革,教师素质和办学条件好,管理水平和教育质量高,办学有特色,学生德智体全面发展,社会和高等院校对其毕业生评价较好,有较长的办学历史,在省(自治区、直辖市)内外有较高声誉的普通高级中学。文件还特别强调,示范性高中在学校类型上是多样化的,大致包括四种类型,即侧重升学预备教育的普通高中(也就是重点高中),还包括实行分流教育的高中(也就是综合高中)、侧重就业预备教育的高中和特色高中。示范性高中不搞"终身制",而是实行定期复查机制,对于办学问题较多,达不到有关标准要求的,取消其示范性高中的称号。

各地经济社会文化发展状况的不平衡性较为明显,因而在普通高中教育发展方面也存在着一定的差异性。因此,示范性高中的评估验收在保持全国相对一致的基础上,也必须照顾到当时当地高中教育发展的特殊性。有研究者对国家示范性高中评估标准做了研究,认为其有三大特色,即强调评价的发展性、重视自我评价、评价方案的制定注意中国国情和地方特色的结合,与此同时,也指出了中国示范性高中评估的不足,即评估的行政化倾向造成评估主体的单一性、价值取向的偏颇造成对多重主体价值取向的忽视、办学条件指标所占比重过大而学校效能评估指标不足。[①] 各地在参考借鉴国家教育委员会制定的《示范性普通高级中学评估验收标准(试行)》的基础上,探索和制定了当地的示范性高中评估标准。

按照有关文件要求,国家教育委员会将于1997年前后开展示

[①] 应俊峰、安桂清:《从美国优秀高中的识别看我国示范性高中的评估》,《教育发展研究》2000年第7期。

性高中的评估验收。对此，全国各地高度重视，积极开展示范性高中建设，制定出台本省（市）示范性高中建设标准，加强对普通高中创建示范性高中的组织、管理和引导。拟申报学校制定《示范性高中发展规划》，积极开展创建工作。

1999年，教育部印发《关于积极推进高中阶段教育事业发展的若干意见》，指出"加强示范性高中的建设，扩大示范性高中的招生规模，努力满足人民群众对高质量高中阶段教育的需求"，旨在进一步推动全国示范性高中建设。在创建学校中，老牌重点高中拥有较为雄厚的发展基础，有着更为强烈的创建动机，其创建目标通常锁定在创办"全国千所名校"上。上海市在1999年开展了第一批实验性示范性高中规划的评审工作，首批申报的16所高中学校都是侧重升学预备的重点高中，包括市重点14所、区重点2所。[①] 事实上，参评学校的类型过于单一，示范性高中创建演化为老牌重点高中的"竞技场"，其他类型的普通高中很难参与其中，这种现象不是个案，它在全国各地都具有一定的普遍性，这也成为人们对"示范性普通高中"创建构成质疑的一个重要因素。

1999年6月，中共中央、国务院作出《关于深化教育改革全面推进素质教育的决定》，提出培养适应21世纪现代化建设需要的社会主义新人，吹响了各级各类教育实施素质教育的响亮号角。普通高中必须实现两个转轨，一是由应试教育向素质教育转轨，二是由重数量、重外延、低效率向重质量、重内涵、重效益转轨，而示范性高中建设在促进普通高中教育以及整个基础教育向着素质教育方向发展上具有积极作用。2001年，国务院印发《关于基础教育改革与发展的决定》，提出"各地要建设一批实施素质教育的示范性普通高中。有条件的普通高中可与高等学校合作，探索创新人才培养的途径"。2004年，教育部印发《2003—2007年教育振兴行动计划》，指出

---

① 应俊峰、安桂清：《上海市首批实验性示范性高中规划评审情况简介》，《教育发展研究》2000年第10期。

"多种形式积极发展普通高中教育，扩大规模，提高质量"。特别指出"加大对农村高中发展的支持力度，引导示范性高中建设，加快基础薄弱校建设，扩大高中优质教育资源供给能力"。上述政策文件的精神要义，说明示范性高中应始终站在高中教育改革和发展前沿，在实施素质教育、提高教育质量上有所创新和突破，能够对其他高中学校发挥引领和示范作用。值得一提的是，重视教育科研的引领作用，树立科研兴教、科研兴校的发展战略，这已经成为教育行政部门和示范性高中创建学校的一个普遍共识。例如，时任黑龙江省教育委员会副主任、教育学会会长孟凡杰在创建示范性高中的一次会议上，要求普通高中学校要抓好"科研兴校"，建立"科研兴校"组织，不断提高学校领导班组和教师的科研素质，对教师提出教育科研的新要求，为教师创造教育科研的机会。[①]

二 示范性高中的区域性探索及反思

随着地方政府和学校在创建示范性高中上热情高涨，对示范性高中政策的质疑之声也不绝于耳。很多人认为示范性高中政策在实施过程中变味走样了，已经成了重点高中的翻版。有研究者从推行示范性高中评估的目的假设、实现机制、建设过程及实施效果等角度，对示范性高中提出了质疑，认为示范性高中造成了优质教育资源高度集聚，破坏了教育公平，使普通高中学校发展的两极分化更为凸显，示范性高中的实施在某种程度上是传统计划经济思维模式在教育领域的延伸与残留。[②]

出于多种原因，教育部始终没有公布"全国千所示范性普通高中"名单，而地方政府对示范性高中建设的评估验收工作则非常重视，"各地都在以非'重点高中'之名，行'重点高中'之实"。[③]

[①] 《总结教育科研成果交流教育科研经验进一步提高理论研究水平加速创建示范性高中步伐——黑龙江省重点中学研究专业委员会第四次年会侧记》，《黑龙江教育》1997年第Z1期。

[②] 王海英：《示范性高中政策质疑》，《中小学管理》2005年第4期。

[③] 刘世清、苏苗苗、胡美娜：《从重点/示范到多样化：普通高中发展的价值转型与政策选择》，《华东师范大学学报》（教育科学版）2013年第1期。

2002年，北京市教育委员会发布《关于认定首批北京市示范性普通高中的通知》，评出首批14所"北京市示范性普通高中"，包括中国人民大学附属中学、北京师范大学附属实验中学、北京市第四中学、北京师范大学附属中学、北京市第十二中学、北京师范大学第二附属中学、北京市汇文中学、首都师范大学附属中学、北京市第十五中学、通州区潞河中学、顺义区牛栏山第一中学、大兴区黄村第一中学、陈经纶中学、清华大学附属中学。截至2014年，北京市分5批次共计认定83所普通高中为"示范性普通高中"。

1999年，上海市启动"实验性示范性高中建设工程"，在2004年，上海市命名了首批28所"上海市实验性示范性高中"。这28所学校是上海中学、复旦大学附属中学、上海交通大学附属中学、华东师范大学第二附属中学、上海师范大学附属中学、大同中学、格致中学、上海外国语大学附属大境中学、向明中学、位育高级中学、延安中学、上海第三女子中学、育才中学、市西中学、曹杨二中、晋元高级中学、市北中学、新中高级中学、复兴高级中学、华东师范大学第一附属中学、控江中学、杨浦高级中学、七宝中学、行知中学、嘉定区第一种中学、进才中学、建平中学、松江区第二中学。上海市强调，从市重点高中到市实验性示范性高中，关键是办学理念的变化，更加突出现代教育实践中的探索性和引领性，激发学校实施"自下而上"的制度创新、教育创新。实验性示范性高中不是终身制称号，试行年检制度，以保证质量和促进办学水平的提高。

2000年，天津市启动建设示范性高中战略，利用5年时间，在全市分两批建设51所示范性普通高中。2003年，第一批31所示范性高中全部建成，包括天津市南开中学、第一中学、耀华中学、新华中学、实验中学、天津外国语学校、天津中学、复兴中学、第二南开中学、北师大天津附中、第四中学、第二中学、第七中学、第四十五中学、第四十三中学、第三中学、塘沽第一中学、汉沽第一中学、大港第一中学、东丽一百中、杨柳青第一中学、咸水沽第一中学、北辰四十七中、蓟县第一中学、杨村第一中学、芦台第一中学、静海县第一中学、大港油田实验中学、开发区第一中学、万盛高级中学、盲人学校,其中天津万盛高级中学是一所市民办高中。示范性高中的占地面积、建筑面积大幅度扩大,校均占地面积达 80 亩,校均建筑面积达 4.5 万平方米;学校规模由原来 18—24 个班,扩大到 36—48 个班,最多的达到 60 个班。在校生人数将由原来的 3 万人增至 6 万多人。每个学校班级容量都控制在 50 人以内,高标准校园网人机比高达 6∶1,总投入 25 亿元。全市 70% 以上的普通高中新生能够接受优质高中教育。2005 年,第二批 20 所示范性高中建成。通过建设示范性高中,天津市积累了丰富的办学经验和育人经验,提升了办学水平,产生了良好的社会效应和较强的影响力,在整体上显著增强了本市优质高中与其他教育发达省市的竞争力。

广东省持续开展国家级示范性普通高中的建设工作。2002 年,广东省教育厅印发《关于启动"1521"工程建设示范性普通高中的通知》,提出"十五"时期在建设 200 所省一级普通高中的基础上,建设 100 所国家级示范性普通高中(统称"1521"工程),印发了《关于建立广东省国家级示范性普通高级中学督导验收制度的通知》。2004 年,制定了《广东省国家级示范性普通高中督导验收办法(试行)》。2008 年 4 月,广东省教育厅批准包括广东实验中学在内的 94 所学校为第一批国家级示范性普通高中,同年 11 月,又批准了包括广州市第十六中学在内的 35 所学校为第二批国家级示范性普通高中。

四川省的示范性普通高中建设也在持续开展。四川省最早将示范性普通高中分为国家级和省级两个档次,并在 1998 年和 2002 年分别出台了《四川省国家级示范性普通高中评估细则(试行)》和《四川省示范性普通高中评估细则》,开展了国家级和省级示范性普通高中的评估验收。2012 年 9 月,四川省教育厅印发《四川省示范性普通高中管理办法(试行)》,以进一步加强和改进示范性普通高中的建设与管理,提出在 2013 年 8 月底前,对现国家级示范性普通高中和省级示范性普通高中进行确认,经学校自查、经省教育厅、市(州)

复核，并对部分学校进行抽查，达到规定要求的，由省教育厅命名并授牌为"四川省一级示范性普通高中""四川省二级示范性普通高中"。截至2020年，四川省教育厅共计认定105所省一级示范性普通高中和132所省二级示范性普通高中。

客观来说，一方面，各地兴起的示范性高中建设，促进了普通高中教育质量的大幅提升，在一定程度上满足了人民群众（包括农村地区）对优质普通高中教育资源的迫切需求。例如，21世纪初，江苏省省级以上示范性普通高中占高中总数的36.8%，全省示范性高中招生数占普通高中招生总数的65.1%；[1] 2015年，广西投入10亿元实现了示范性普通高中县县全覆盖；[2] 据报道，2002年，广州初中毕业生能升入普通高中的不到一半，而大学录取率则高达82%，高中毕业生升学率远高于初中毕业生升学率。[3] 另一方面，在国家和各地制定的示范性普通高中评估验收标准中，办学条件及规模是一个重要指标，这就要求学校在校区建设、专用教室、图书馆、教学仪器设备、教师配备及培训等方面，投入大量资金和人力物力。因此，是否能提供充足的经费保障就成为示范性普通高中建设的一个现实问题。以广州市为例。广州市创建首批24所示范性普通高中的总投资达23.11亿元，[4] 或许，对于像广州市这样经济发展实力较强的地方，投资建设示范性高中不存在经费保障不到位的情况，但是，对于那些经济实力较弱的地区，这类问题就尤为凸显了。有研究者指出，广西大部分示范性高中处于高额负债状态，严重制约了示范性高中的内涵发展和可持续发展。[5]

---

[1] 周稽裘：《以改革创新为动力 加快高中教育发展》，《人民教育》2004年第11期。
[2] 《广西投入10亿元实现示范性普通高中县县全覆盖》，《云南教育》（视界综合版）2015年第1期。
[3] 《示范高中在广州惹争议》，2003年2月21日，http://edu.southcn.com/kejiaobest/200302210908.htm，最后浏览日期：2022年6月9日。
[4] 《广州：24所示范性高中两年内完工》，2003年9月22日，https://news.sina.com.cn/c/2003-09-22/0857795891s.shtml，最后浏览日期：2021年4月18日。
[5] 李露、黄建辉：《示范性普通高中高额负债问题探析——以广西为例》，《2008年中国教育经济学年会会议论文集》2008年10月。

第三节　改进"薄弱高中"

党的十一届三中全会前，确立于20世纪60年代的重点学校制度在经历了"文化大革命"十年的长期搁置后被重新提出。重点学校制度的重新确立，进一步满足了国家发展建设对人才的迫切需求，却在客观上造成教育资源配置在区域间、城乡间和校际间的不均衡性凸显，进而形成了优质高中和薄弱高中的鲜明对照，学校之间的办学差距被人为拉大，致使薄弱高中问题在区域、城市和农村三个层面逐渐显现。

一　薄弱学校问题的产生

20世纪90年代，薄弱学校问题在一些大中城市表现尤为凸显。这些城市普遍存在的重点学校由于在生源、师资、管理和办学条件等方面具备明显优势，而且自身的"造血功能"强大，更容易吸引社会优质资源充实和助推其发展，进而造成与薄弱高中的发展差距越拉越大，形成了校际间严重的两极分化。据统计，当时薄弱学校在大中城市所占比例在"20%—30%，有的甚至达到40%以上"。[1] 大中城市薄弱学校的普遍存在在某种程度上进一步加剧了择校高收费乱收费问题。为了扭转这种状况，中央和地方政府积极采取措施以解决薄弱高中难题。1995年6月8日，国家教育委员会印发《关于大力办好普通高级中学的若干意见》，提出"要大力加强薄弱高中建设"，随后，印发了《加强薄弱普通高级中学建设十项措施的通知（试行）》，要求薄弱高中自身要解放思想，摆脱升学率束缚，把办学方向从单纯面向升学转到侧重为社会培养高素质劳动后备力量的轨道上来。之后，各地积极开展了改进薄弱高中（以下简称"改薄"）工作。例如，北京市在1996年制定了《加强基础薄弱学校建设工作管理办法

---

[1] 曾天山：《我国择校问题的背景分析》，《教育研究与实验》1998年第3期。

(试行)》，开始重点推动基础薄弱学校建设；天津市在1997年开展了全市"治理薄弱学校"的调查研究；在对原有薄弱学校改造取得成就的基础上，上海市于1995年又启动了新一轮"薄弱学校更新工程"。上海市的主要做法可归结为七个字："促""转""并""联""撤""建""办"。"'促'就是对有一定发展潜力和实力的薄弱高中，采取'倾斜'、'加强'等措施，促使其充分利用自身力量获得完善和提高；'转'是指对薄弱高中实行转制，进行办学机制即转换实验；'并'是以办学效果好的学校兼并另一所薄弱学校；'联'是指学校之间联合办学，相互扶持、质量低下的学校予以关闭，对其师生和资源实施分流；'建'就是通过改建、扩建、新建等措施，建设新型学校；'办'是指通过'重点学校'承办分校的方式来消除薄弱高中，实施优质教育资源的放大。"[①]

在这个阶段，"改薄"工作的政府主体责任得以确立，政府对此工作的重视程度不断提高，将其作为基础教育工作中的一项紧迫任务。由于优质教育资源优势明显，但从总量上来说仍较为短缺，再加上配置不均衡等因素，薄弱高中问题首先在中国部分经济发达地区、大中城市显现，这些地区也就成为"改薄"的重点区域。进入21世纪，国家对发展农村高中教育予以高度重视，由此，农村地区的"改薄"工作逐渐进入政府视野。"改薄"的主要任务是加强对薄弱高中的调查研究，加大薄弱高中建设投入，改善薄弱高中办学条件，加强薄弱高中的领导班子建设和师资队伍建设，提高薄弱高中的教育质量。在中央和地方各级政府的共同努力下，"改薄"工作取得了显著成效，部分地区积累了先进经验，一些大中型城市的薄弱高中问题得以有效缓解，特别是薄弱高中的办学条件得以明显改善。

虽然政府加大了对各个层面薄弱高中的建设力度，但与此同时，并没有对那些优质高中业已形成的资源优势进行干预（例如，对一些

---

① 吴子健：《改造薄弱学校的实践与思考——上海市建青实验学校"带校"管理经验研究》，《上海教育科研》2001年第5期。

优质公立学校存在的超标准建设、优质师资聚集等问题，政府尚未采取有效的政策措施予以引导），进而形成的结果是"优者更优，弱者亦弱"，即薄弱高中和优质高中在办学水平和教育质量上的差距仍较为明显。因此，如何突破制度樊篱，消解因优质教育资源集聚而产生的"优者更优"现象，切实缩小优质高中与薄弱高中的发展差距，这是"改薄"亟待解决的一个重要问题。

二 改进"薄弱高中"的制度化探索及反思

一些经济和教育发达地区对农村"改薄"工作进行了制度化探索。在这方面，上海市做出了有益尝试。为了推进"新郊区新农村教育改革与发展"，2006年，上海市教育委员会制定了《关于推进新郊区新农村教育改革和发展的若干意见》，提出了一项以委托管理形式推进农村教育的制度性举措，即以市区办学水平和质量较高的学校或教育中介机构对口支援和管理郊区薄弱学校。例如，上海的松隐中学委托给上海市建青实验学校进行管理，浦东新区政府委托上海成功教育管理咨询中心管理东沟中学等薄弱高中。2009年，上海市启动了第二轮托管工作，"实施委托管理的农村薄弱高中达到43所，教育专业机构或品牌学校（支援机构）从19个增加至37个"。[1] 在这个阶段，国家也从宏观政策的视角加强了"改薄"的建设力度。例如《教育规划纲要》指出："支持教育基础薄弱地区改扩建、新建一批高中阶段学校""加快发展残疾人高中阶段教育""扩大普通高中及中等职业学校在办学模式、育人方式、资源配置、人事管理、合作办学、社区服务等方面的自主权""加快民族地区高中阶段教育发展，启动内地中职班，支持教育基础薄弱县改扩建、新建一批普通高中和中等职业学校"。2021年，教育部、国家发展和改革委员会、公安部等九部门印发《"十四五"县域普通高中发展提升行动计划》，对改

---

[1] 张建：《薄弱学校委托管理：动因、价值与深化策略——基于社会资本的视角》，《教育发展研究》2013年第20期。

进薄弱县中作出了系统部署，提出在2025年基本改善薄弱县中办学条件和基本实现学校建设标准化的建设目标，具体举措包括全面化解薄弱县中大班额，严禁发达大区、城区学校到薄弱县中挖抢优秀校长和教师，开展多种形式的薄弱县中托管帮扶，开展区域内优质普通高中与薄弱县中联合办学、对口支援，每所优质普通高中至少托管帮扶1所薄弱县中，等等。

在"改薄"工作取得明显成效的同时，也存在较为突出的问题，这表现为：虽然区域内校际之间的办学条件达到了基本均衡，薄弱高中的"生存性薄弱"状况得以明显改善，优质高中和薄弱高中的办学差距有所缩小，但由于我们没有从薄弱高中内生机制的角度来思考薄弱高中的改进，由此造成的结果是，一些学校由于自身的办学体制僵化、教育思想落后、管理理念陈旧、师资力量薄弱，致使其在解决"生存性薄弱"问题之后又面临"发展性薄弱"的难题，表现为学校发展活力不足，教育教学质量得不到稳定提高，社会声望仍然较低，其与优质高中的发展差距客观上存在被"人为"拉大的可能性。

偏远地区的农村仍是一个明显的短板。由于这些地区的薄弱高中仍以"生存性薄弱"为主，国家着重加大了对这些地区高中教育经费投入力度，以显著改善其办学条件。在解决"生存性薄弱"问题的同时，一些学校的"发展性薄弱"问题日益凸显。正如有研究者指出，"硬件改造虽然在一定程度上提高了办学条件，促进了教育质量的提升，但是距离民众对'好'学校的评价标准还有一定的距离。与以前校园环境差、设施设备落后等薄弱高中的特征不同，滞后的教育理念、低层次的管理水平、因循守旧的课堂、无效的教学效益以及低下的社会声望，已经成为薄弱高中新的表征。[①]

解决"发展性薄弱"问题，单靠为薄弱高中输入各种"硬件"资源显然是不行的，唯有实施城乡统筹性改革，加强优质"软件"

---

① 晋银峰：《我国薄弱学校改革发展三十年》，《课程·教材·教法》2015年第10期。

资源的外部输入和内生发展,才能使其真正摆脱薄弱困境。2015年6月,国务院办公厅印发《乡村教师支持计划(2015—2020年)》,加强乡村教师队伍建设,推动城乡优秀教师向乡村学校流动。各地积极以教师队伍建设为抓手,加快优质教育资源向薄弱高中倾斜。

回顾中国改进薄弱高中的发展历程,带给我们的启示有如下三个方面。

第一,我们应充分认识到"改薄"工作具有长期性和持续性。党的十九大指出,中国社会主要矛盾已经转化为人民日益增长的美好生活需要和不平衡不充分发展之间的矛盾。中国高中教育在东部、中部和西部区域间、城市和农村间的发展不平衡不充分仍较为突出,薄弱高中是中国高中教育发展不平衡、不充分的产物,这就从根本上决定了中国"改薄"工作需要经历长期的时间。另外,薄弱高中始终是一个相对的(与优质高中相对照)和动态的(在不同的时间阶段,薄弱高中的表现和"改薄"任务都会有所不同)概念。这就意味着"改薄"工作具有持续性,尤其是解决"发展性薄弱"问题的难度更大、任务更为艰巨,需要持续推进。

第二,我们应遵循"区域性推进"和"个体化聚焦"相结合的"改薄"总体思路。回顾中国"改薄"历程,我们不难发现,"改薄"具有明显的"区域性推进"的特点,即随着薄弱高中问题的产生以及政府对薄弱高中问题的日益重视,"改薄"的区域中心在不断下移,由最初的大中城市到之后的县域城镇、农村,再到后来的农村贫困地区、特困地区。今后一段时期,中国经济和教育发展欠发达的偏远农村地区的部分高中学校仍将处于"生存性薄弱"与"发展性薄弱"的双重困境之中,这些地区仍是"改薄"的重点区域。此外,我们要将"改薄"工作与经济发展相对滞后地区的教育精准扶贫有机结合,进一步加大"改薄"力度,聚焦"改薄"对象,真正让"改薄"成果惠及每一个学生。

第三,我们应运用"输入式"和"内生式"相结合的"改薄"基本策略。薄弱高中从总体上可以概括为"生存性薄弱"和"发展性薄弱"两种类型。我们应根据薄弱高中的具体问题，采取有针对性的"改薄"策略。"输入式"主要解决"生存性薄弱"问题，其特点是重点加大对薄弱高中的教育资源投入力度，改善学校的办学条件。"内生式"主要解决"发展性薄弱"问题，其特点是在"生存性薄弱"问题基本解决之后，采用多种途径，强化学校自身的"造血"功能，激发学校办学活力，加强学校文化建设，促进学校的自主发展和特色发展。

第四节 振兴"县中"

"县中"是县域普通高中的简称，指的是县、县级市开设的普通高中。县中在推进教育高质量发展和乡村振兴战略中承担着重要使命，寄托着广大农村学生对接受更好教育的美好期盼。当前，县中发展面临着生源和教师流失较为严重、基础条件相对薄弱、教育质量有待提高等突出问题。要通过制度建设，进一步健全县中发展提升保障机制，全面提高县中教育质量，促进县中与城区普通高中协调发展，加快缩小教育差距。

一 "县中"教育问题的提出

由于中国普通高中实施以县为主的教育管理体制，县域范围内的普通高中的举办责任均为县、县级市，因此，"县中"这个概念和农村普通高中是基本一致的。可以说，县中是培养服务乡村建设人才和向高等学校输送优质生源的学校组织，处于农村教育的"高端"。"郡县制，天下安""县中兴，农村强"。大力发展县中是推进农村教育高质量发展和建设高质量基础教育体系的重要内容。当前，县中发展面临诸多困境，县中问题越来越成为农村教育的一块突出短板，而且，中国县中的学校数量和学生规模仍占据普通高中教育资源的半壁江山。2020年全国普通高中学校共有1.42万所，其中县域内的县镇高中有6044所、农村高中有777所，二者占全国普通高中学校总数的48.04%，在校生规模达到1468.4万人，占全国普通高中在校生总数的50.63%。① 县中问题必须引起高度重视。

二 县"一中"现象的隐忧及治理

县中问题在很大程度上是由县"一中"的逐渐衰落而凸显出来的。依据县域范围内高中阶段受教育人口数量的不同，县中的学校数量少至1所，多的会有3所以上，而优质教育资源通常都会集中于县中的一所学校，这就是所谓的县"一中"现象。在县域内的考生流动性相对较低的情况下，本县优秀的初中毕业生和大量优秀教师都集中于县"一中"，各县级政府为了确保本县能有一所高质量普通高中学校以形成区域性的普通高中教育优势，都非常重视县"一中"的建设和发展，从经费投入、教师队伍、办学条件、政策措施等多个方面给予全面保障，并在当地形成了举全县之力办好县"一中"的共识。县"一中"凭借其独占鳌头的高考升学率成为本县优秀学子梦寐以求的地方，为当地培养了大批精英人才。县"一中"成为当地基础教育资源的集聚高地和文化高地，也成为县域经济社会发展的一个重要支柱。

在县"一中"教育质量和高考升学率存在客观差异及县域间学生的流动性日益加剧的情况下，一些县"一中"从众多学校中脱颖而出，不仅吸收了本县优秀初中毕业生，甚至还越来越多地吸引和汇聚了临近县或其他市（县）的优秀初中毕业生。县"一中"现象还逐渐引发了更大的社会效应，一些省城或更大城市的初中毕业生不断涌入其中。有数据显示，在山东荣成六中的3000多名在校学生中，有500多名是来自济南、沈阳和北京等外地城市的学生，周边威海、烟台、青岛市区的家长更是千方百计地把孩子往里面送。辽宁省的一所县中有在校生2500余人，其中有200多名学生是来自外县市或外省市，包括黑龙

---

① 《教育部：全面提升0.72万所县中办学水平》，2021年3月31日，http：//news.youth.cn/gn/202103/t20210331_12818958.htm，最后浏览日期：2022年5月12日。

江、河北、内蒙古、山东及辽宁省内其他城市。校方解释说，如果不是学校尽量控制外地生源，来这里上学的外地学生会更多。①

县"一中"现象的升级，催生了一大批超级中学，其中不乏一批民办高中脱颖而出，凭借其雄厚的资本实力，抢占优质高中教育资源。这些学校以优质教育资源集聚、跨地市"掐尖"招生、准军事化管理、培育学生高超应试技能和"成批量"向全国知名高校输送学生为主要特征，大多集中于省会或大城市，人数以万计，对省（市）内和外省市的优秀教师和生源构成了强大的吸引力。一些省市对超级中学采取默许、支持的政策，背离了促进区域教育均衡发展的根本思路，致使热门高中越来越多，优质学校越来越少，薄弱高中越来越多，市域之间、校际之间、城乡之间教育差距越来越大。②超级中学造成的教育垄断现象越发严重。一项针对北京大学和中国科学技术大学生源的研究发现，有26个省份都属于中度垄断型及以上，其中西部省份长期保持一所高中一家独大的局面，而教育与经济较发达或人口众多的省份则会出现三所超级中学三足鼎立的态势。③总之，超级中学现象强化了教育资源配置的"马太效应"，助长了普通高中学校的不公平竞争，拉大了区域内基础教育发展的不均衡，进而在客观上恶化了区域性教育生态。

随着超级中学的兴起，县"一中"现象逐渐式微，其对优质生源的吸引力下降。据一项对河北省某国家级贫困县的调研得知，该县中考前500名的学生竟然全部不在当地读高中，而是去市一中或市里其他高中就读。④另一项对某县2015—2021年，中考成绩前100名学生就读去向的研究发现，选择就读本县高中的人数占比由2015年的

---

① 《剖析县中现象：城里孩子为何热衷下乡求学》，2008年7月28日，https://www.51test.net/show/196193.html，最后浏览日期：2022年9月13日。
② 唐江澎：《整治"超级中学"营造均衡发展的教育生态》，《人民政协报》2020年8月12日第9版。
③ 郭丛斌、徐柱柱、张首登：《超级中学：提高抑或降低各省普通高中的教育质量》，《教育研究》2021年第4期。
④ 张志勇：《深刻认识县中振兴的战略格局意义》，《中小学管理》2022年第2期。

44.12%下降到2021年的31%,平均各年有接近六成优质生源选择去县外高中就读。[1] 伴随优质生源的大量流失,大批优秀教师的向上流动也在所难免。有研究者调查指出,在广西某县中仅2017年就流失了十余名优秀教师,他们分别到了当地市区高中、省城高中和临省市级高中;湖北某县2011届毕业班的教师竟然全部流失到了市级高中。[2] 而在新教师的招聘上,县"一中"对重点师范院校毕业生的吸引力也在减弱,只能大量招收省属或地方普通本科院校的毕业生。

作为县中的领头羊,县"一中"曾经创造了县中的辉煌,但它终究无法和市级、省级的优质高中相抗衡,也无法阻断县域内优质生源和优秀教师向上流动的热潮,而随着它的衰落,预示县中教育的整体性塌陷成为必然。县域内的县"一中"及其他高中优质资源的不断稀释和流失,进一步刺激了人们对优质普通高中教育的强烈需求,导致社会对县中教育的满意度下降,并在县域范围内形成了诸多不良影响。

首先,县中教育是县域文化发展一个重要组成部分,甚至成为一些县的支柱"产业",在县域周边享有盛誉,而县中塌陷意味着县域文化和经济社会发展的不相协调越发凸显,造成县域"高端"教育消费需求减弱和其对经济发展的拉动效应不足。

其次,县域内基础教育生态遭到严重破坏。一是由于县中教育高地"失守",造成县域内基础教育发展定位更为模糊,基础教育质量整体性下滑;二是由于县中教育已无法满足人们对优质教育的需求,继而刺激了教育"高消费"现象的产生,在客观上增加了家长的教育投入成本,甚至有的家长会不惜暂时舍弃工作而去外地陪读,让子女接受更为优质的高中教育。

再次,县域内在人们观念中早已形成的小学—初中—县中(县

---

[1] 吴秋翔:《从"县中塌陷"到县中振兴:高考专项计划如何改变县中困局》,《中国教育学刊》2022年第2期。

[2] 雷望红:《我国县中发展的运行逻辑与振兴道路》,《湖南师范大学教育科学学报》2021年第6期。

"一中")的子女教育上升通道被打破,这在一定程度上强化了家长对子女教育成长的不确定感和人们对县中教育的不信任感。

最后,一些农村优秀学生因其家庭经济条件较差而享受不到优质的县中教育,难以实现代际流动,长此以往会固化弱势阶层的社会地位,影响社会和谐稳定。据一项研究显示,国内某所精英大学生源中,5年内来自84所超级中学的学生比例占到40.3%,来自1998所一般中学的学生比例占59.7%;来自超级中学中农村户籍比例的5年均值是2.1%,来自一般中学中农村户籍比例的5年均值是17.57%。[①] 可见,精英大学录取名额向超级中学集中的趋势已非常明显,而且,来自超级中学中农村户籍的学生比例远低于一般中学。

2021年《政府工作报告》提出"加强县域高中建设"。2021年12月,国家发改委等部门联合印发《"十四五"公共服务规划》,提出"加强县域普通高中建设""研究制定县域普通高中发展提升计划,全面加强县中建设,持续公共提高高中阶段教育普及水平,促进高中阶段学校多样化有特色发展"。12月,教育部等九部门联合印发《"十四五"县域普通高中发展提升行动计划》,提出到2025年,实现县中整体办学水平显著提升,"县中"生源流失现象得到根本扭转,"县中"校长和教师队伍建设明显加强,教育质量显著提高等主要目标,并从办学条件、管理体制、考试招生制度、教师队伍等多个方面,提出了振兴"县中"的系统性方案,为"县中"的健康发展提供了制度保障。

第五节 推动普通高中"多样化发展"

在中国九年义务教育实现全面普及的基础上,高中阶段教育,尤其是普通高中教育日益受到重视,多样化成为普通高中发展的"风向

[①] 黄晓婷、关可心等:《"超级中学"公平与效率的实证研究——以K大学学生学业表现为例》,《教育学术月刊》2016年第5期。

标"。以2020年实现普及高中阶段教育为目标，推进普通高中多样化发展，成为进一步满足初中毕业生接受高中阶段教育需求的一个有力抓手，也是办好人民满意教育的一项重要内容。

一 普通高中多样化发展的提出

普通高中多样化发展的提出，是对当时学校单纯以"应试教育"为目的的办学体制和办学模式的一种纠正。1983年，全国普通教育工作会议在北京召开，会议指出：当前各地办学条件千差万别，在统一的教育方针和统一规划指导下，教学要求和办学形式应该多样化，使各类学校都能从各自的实际情况，适当安排，逐步提高。[①] 1993年，中共中央、国务院印发《中国教育改革和发展纲要》，指出"中小学要由'应试教育'转向全面提高国民素质的轨道……办出各自的特色。普通高中的办学体制和办学模式要多样化"。1995年5月，全国普通高级中学教育工作会议提出了普通高中的"双重任务"和"两个侧重"（有侧重地对学生实施升学预备教育或就业预备教育），为普通高中多样化发展的提出奠定了基础。1995年6月，国家教育委员会印发《关于大力办好普通高级中学的若干意见》，针对普通高中发展提出了"三个改变"，即改变政府办学的单一体制、改变单一的升学预备教育模式、改变以升学为目标的单一的课程体系。应该说，这是对"两个侧重"的进一步深化和拓展，为进一步推动普通高中多样化发展指明了方向。然而，从20世纪90年代末期开始，中国大力推进高等教育大众化进程，高等学校开始扩大招生，在一定程度上促进了普通高中的"繁荣"发展，在客观上更加强化了其"升学预备"的功能。进入21世纪，中国普通高中的精英教育倾向并未得到明显改观，"据估计，在1.46万所普通高中里，约有70%以上的学生在省和地（市）两级示范高中就读"。[②] 普通高中多样化发展

[①]《中国教育年鉴》编辑部：《中国教育年鉴（1982—1984）》，湖南教育出版社1986年版，第84页。

[②] 张力：《推动普通高中多样化发展的政策要点》，《人民教育》2011年第1期。

实际上仍更多地停留在政策鼓励的层面。[①]

普通高中多样化发展的提出，基于普及高中阶段教育的发展需求。随着中国高中阶段教育普及化进程的日益推进，越来越多的初中毕业生有机会就读高中学校，这就要求普通高中必须坚持多样化办学思路，以适应学生高中教育需求分化的现实。在20世纪90年代，中国高中阶段教育毛入学率由26%左右上升至42.8%，提高了16.8个百分点。其中，部分大城市和经济发达地区的高中阶段教育普及率相对更高一些，但距离在全国层面普及高中阶段教育尚有一定差距。1993年，中共中央、国务院印发《中国教育改革和发展纲要》，明确指出"大城市市区和沿海经济发达地区积极普及高中阶段教育"。1998年12月，教育部印发《面向21世纪教育振兴行动计划》，指出"到2010年，城市和经济发达地区有步骤地普及高中阶段教育"。1999年6月，中共中央、国务院印发《关于深化教育改革全面推进素质教育的决定》，指出"在城市和经济发达地区要有步骤地普及高中阶段教育"。针对普及高中阶段教育的国家政策要求，一些城市和经济发达地区率先开展了研究和谋划。例如，北京市在20世纪90年代中期，提出要在2000年普及高中阶段教育，为此专门组织有关部门做了专题调研。调研认为，北京市在2000年基本普及高中阶段教育的目标是可以实现的，但经费和师资是其中两个最为凸显的不利因素。据估算，实现普及任务的经费缺口达39亿元，需要增加1.2万名大学本科以上学历教师，而普及高中阶段教育的难点在远郊农村，特别是边远山区。[②]

进入21世纪，中国高中阶段教育普及进程得以进一步推进。全国教育事业发展"十五"规划提出，"到2005年全国高中阶段教育毛入学率达到60%左右，2010年达到70%左右"。2002年，党的十

[①] 杨东平主编：《中国教育发展报告（2020）》，社会科学文献出版社2020年版，第17页。
[②] 北京市政协教文卫体委员会、中国民主促进会北京市委会：《关于北京市2000年普及高中阶段教育工作的几点建议》，《中小学管理》1994年第11期。

六大提出"加快普及高中阶段教育"。2004年3月，国务院批转了教育部《2003—2007年教育振兴行动计划》，提出"到2020年基本普及高中阶段教育"。2005年，中国高中阶段教育毛入学率超过了50%，这标志着中国高中教育进入大众化发展的新阶段。2007年，党的十七大报告强调"加快普及高中阶段教育"。2008年党的十七届三中全会通过的《中共中央关于推进农村改革若干重大问题的决定》进一步要求"加快普及农村高中阶段教育"。2010年，《教育规划纲要》提出到2020年，普及高中阶段教育，满足初中毕业生接受高中阶段教育需求，高中阶段教育毛入学率达到90%，并从加快普及高中阶段教育、全面提高普通高中学生综合素质和推动普通高中多样化发展三个方面，对高中阶段教育的改革和发展做出了专门性的部署和规划。

21世纪的头10年，中国高中教育规模得到较大发展，高中阶段教育毛入学率2010年达到82.5%，是2000年的近两倍。需要指出的是，在2009年，北京（98.0%）、江苏（96%）、山东（95.0%）、天津（94.0%）、辽宁（92.5%）、浙江（92.0%）、吉林（91.9%）、上海（90.0%）八省市的高中阶段教育毛入学率已经到达或超过90%，[①]河南（89.0%）和内蒙古（88.34%）已经非常接近90%的目标。据不完全统计，在2009年，低于当时全国平均水平（79.2）的部分省份有：安徽（74.2%）、江西（70.1%）、甘肃（70.0%）、新疆（66.86%）、青海（67.17%）、西藏（63.4%）、云南（58.6%）、贵州（53.4%）。山西、内蒙古、黑龙江、福建、河南、湖北、湖南、广东等省份高中阶段教育毛入学率规划在2015年达到90%。

在2015年，全国高中阶段教育毛入学率达到87%。就区域层面而言，中国东部地区率先实现了高标准普及高中阶段教育的目标，除了西部地区的云南、青海、西藏仍有较大差距外，可以说，中国大部分省市已经基本实现了普及高中阶段教育的任务。但是，不容忽视的

[①] 熊丙奇主编：《2021年中国教育观察》，社会科学文献出版社2020年版，第156页。

是，全国仍有个别省区的高中阶段教育毛入学率较低，集中连片经济发展落后地区所在地市中有一些地市毛入学率低于50%，[1] 边境县和民族自治县的高中阶段教育普及水平更低，部分地方达不到全国平均水平的一半甚至三分之一。具体来说，2015年全国有22个省份实现了普及高中阶段教育的目标，高中阶段教育毛入学率实际达到或超过90%，按照普及程度由高到低依次排列是：江苏（99.1%）、北京（99.0%）、上海（98.0%）、山东（97.36%）、辽宁（97.0%）、天津（96.9%）、陕西（96.4%）、浙江（95.9%）、广东（95.66%）、黑龙江（95.02%）、吉林（95.0%）、湖北（95.0%）、福建（94.1%）、内蒙古（93.42%）、山西（93.4%）、重庆（93.1%）、安徽（92.0%）、甘肃（92.0%）、宁夏（91.0%）、河北（90.5%）、河南（90.3%）、湖南（90.0%）。全国有9个省（自治区）的高中阶段教育毛入学率没有达到90%，按照百分比由高到低排序为：四川（89.2%）、新疆（88.61%）、海南（88.3%）、广西（87.3%）、江西（87.0%）、贵州（86.1%）、云南（80.1%）、青海（80.0%）、西藏（74.47%）。不仅如此，上述部分省域内的个别地区的高中阶段毛入学率仍处在较低水平。例如，四川省虽然在全省层面的毛入学率达到89.2%，但是在甘孜、凉山、阿坝等地区的毛入学率分别只有32.06%、38.54%、45.89%。[2]

2015年10月，党的十八届五中全会通过的《中共中央关于制定国民经济和社会发展第十三个五年计划的建议》，首次明确提出"普及高中阶段教育"。教育部在2016年工作要点中指出，加快普及高中阶段教育，做好普及高中阶段教育顶层设计，研究制定普及高中阶段教育攻坚计划。2017年1月，《国家教育事业发展"十三五"规划》再次提出"普及高中阶段教育"。截至2017年，全国大多数省份的高中阶段教育毛入学率已达90%以上，前文提到的主要集中在中西部

---

[1] 石伟平、郝天聪：《普及高中阶段教育 中等职业教育需要发力》，《中国职业技术教育》2017年第34期。

[2] 汪明：《补上贫困地区高中阶段教育短板》，《中国教育报》2015年12月1日第2版。

地区和西部少数民族地区的9个省份仍在90%以下。① 2019年全国高中阶段教育毛入学率达到89.5%，2020年达到91.2%，超过中高收入国家平均水平（83.68%）。至此，普及高中阶段教育的目标在国家层面已经实现。但是，在局部省份的局部地区的毛入学率仍存在一定的差距和差异。以云南省为例，2017年，云南省高中阶段教育毛入学率为76.05%，昆明市为93.52%，但文山州仅为60.37%。② 到2019年，云南省高中阶段教育毛入学率上升为84.33%，但区域之间仍存在一定差距。例如，保山的高中阶段教育毛入学率就比昆明低了3.95个百分点。此外，云南省高级中学尤其是优质高中主要集中在经济相对发达的地区，农村、乡镇地区优质高中紧缺。③

二　普通高中多样化发展的规划设计

在推进普通高中多样化发展方面，《教育规划纲要》主要从办学体制多样化、办学模式多样化和培养模式多样化三个层面提出了具体要求。在办学体制多样化层面，《教育规划纲要》提出"促进办学体制多样化，扩大优质教育资源"。"探索公办学校联合办学、中外合作办学、委托管理等改革试验；开展对营利性和非营利性民办学校分类管理试点"。在办学模式多样化层面，《教育规划纲要》提出"鼓励普通高中办出特色。鼓励有条件的普通高中根据需要适当增加职业教育的教学内容。探索综合高中发展模式。采取多种方式，为在校生和未升学毕业生提供职业教育"。"开展高中办学模式多样化实验"。在培养模式多样化层面，《教育规划纲要》指出"推进培养模式多样化，满足不同潜质学生的发展需要。探索发现和培养创新人才的途

---

① 《〈高中阶段教育普及攻坚计划（2017—2020年）〉发布》，2017年4月20日，http://edu.people.com.cn/n1/2017/0420/c1053-29222944.html，最后浏览日期：2022年8月13日。
② 刘丽群、李汉学：《区域性推进高中阶段教育普及的战略定位与攻坚策略》，《中国教育学刊》2020年第10期。
③ 刘颂迪：《云南省民族地区普及高中阶段教育存在的问题及路径探析——基于2011—2019年统计数据》，《中国民族教育》2020年第11期。

径"。"探索高中阶段拔尖学生培养模式。""试行优质普通高中和优质中等职业学校招生名额合理分配到区域内初中的办法。""支持有条件的高中与大学、科研院所开展创新人才培养研究和试验,建立创新人才培养基地。""开发特色课程。""探索弹性学制等培养方式"。有研究者将上述多样化办学举措及目的总结为"通过与高校联合实现创新人才培养、高中学校自身办出特色、普通高中融入职业教育内容以及综合中学四种途径达成人人成长成才目的"。[①]

在国家颁布《教育规划纲要》之后,各地相继颁布了当地的规划纲要或实施意见,提出了 2020 年普及高中阶段教育毛入学率的具体目标,并对推进普通高中多样化发展的方式、路径做出了专门部署。此外,国务院办公厅专门下发了《关于开展国家教育体制改革试点的通知》,批准了北京、天津、上海、江苏、陕西、四川、黑龙江、新疆、宁夏等地实施"开展普通高中多样化、特色化发展试验"项目,以积极探索和总结经验,形成辐射推广的良好效应。

从各省市制定的中长期教育规划纲要或实施意见中可以看出,各地在推动普通高中多样化发展上,首先,解决的问题是实现办学类型多样化,主要策略是建设优质高中和特色高中,探索普职融合的综合高中发展模式,开展集团化办学,创办国际学校(国际班),改进薄弱高中学校。例如,北京市提出开展新型综合高中和特色高中建设试点,推动普通教育与职业教育融合;上海市开展特色高中建设,探索综合高中发展新机制;山西省、吉林省、云南省、新疆维吾尔自治区都提出积极支持兴办一批以外语、艺术、体育、科技等为特色的高中学校;辽宁省鼓励普通高中发展特色学科;黑龙江省提出开展多样化、特色化实验区和实验校试点;贵州省提出在 100 所普通高中开展特色高中、综合高中建设试点;江苏省、浙江省、福建省、广东省、四川省积极开展优质高中建设。其中,江苏省提出到 2020 年建成 100

[①] 陈志利:《普通高中多样化发展:三层面政策解读与启示》,《基础教育》2013 年第 6 期。

所全国一流高中；浙江省提出到 2015 年全省优质特色普通高中达到 50%；福建省提出到 2015 年全省优质高中比例达到 75%，到 2020 年全面实现普通高中优质化；广东省提出到 2020 年建立起满足人民群众需求、多模式、多取向、开放型的优质普通高中教育新格局；贵州省鼓励名校采用集团化办学、联合办学等方式有效增加优质教育资源；海南省支持优质高中学校创办国际学校（国际班）；四川省提出加强程序薄弱高中建设，逐步消除大班额现象；福建省探索完善优质学校与薄弱学校的帮扶和交流制度，充分发挥优质高中的示范辐射作用。

其次，就实现培养模式多样化而言，主要策略是丰富课程结构，开设职业教育课程，与高校合作培养人才。例如，重庆市在 2011 年印发《青少年创新人才培养雏鹰计划实施方案》，22 所优质高中和 10 所在渝高校联合启动"雏鹰计划"。该计划以高中生为主要对象、以普通高中和本科院校联合指导创新教育课程学习和课题研究为主要方式，积极探索创新后备人才培养模式，培养学生的创新意识、创新思维和实践能力。[①] 上海市选择若干所高中实施创新人才培养实验项目，建立高中与大学合作培养人才新机制。山东省实施高等学校与特色高中联合育人计划，通过联合开发课程、开放高校实验室等方式，对有特殊才能的高中学生进行联合培养。湖北省提出推进特色课程建设，促进高等学校在高中建立教学、招生与指导基地，鼓励高等学校向高中开放课程、实验室等教学资源，探索建立高中与高等学校特色专业人才培养的一体化通道。陕西省提出积极开展普通高中与大学联合培养拔尖创新人才"春笋计划"试点。云南省提出要探索发现和培养创新人才的途径。

再次，促进办学体制多样化，支持民办普通高中学校发展，不断扩大优质教育资源。例如，青海省鼓励和支持省外名优高中来青办分

---

① 范卿泽、杨颖、王华：《创新后备人才培养的区域探索与推进建议——以重庆市"雏鹰计划"为例》，《中国教育学刊》2020 年第 11 期。

校，多渠道扩大优质高中资源；陕西省提出坚持政府办学为主，支持社会力量举办或参与普通高中教育，探索多种办学形式，扩大优质资源。

最后，少数民族教育学校作为一种办学模式也得到了重视。例如，北京市提出进一步加强内地少数民族班及学校建设，高质量完成培养任务；天津市提出办好民族教育学校和新疆班、西藏班。

三　普通高中多样化发展的地方实践

我们从各省区市制定的"十三五"教育事业发展规划的有关内容中发现，各地主要以项目化设计和实施为重点，深入推进普通高中多样化发展。例如，北京市实施高中多样化特色化发展项目，内容包括鼓励学校自主探索多样化办学模式，构建优质多样、特色鲜明、资源共享的普通高中课程体系，完善综合素质评价体系；上海市深入实施创新素养培养项目，强化高中学生创新素养的培育。建立孵化、创建、评估和支持保障机制，形成一批课程特色明显、布局相对合理，充分满足多样化学习需求的特色普通高中。加强高中与大学、职业院校、社会机构合作，为学生提供个性化职业生涯教育和高质量职业体验经历。

上海市在2014年印发了《推进特色普通高中建设实施方案》，在2016年制订了《上海市推进特色普通高中建设三年行动计划（2016—2018年）》。特色普通高中创建工作坚持分大类、分学科逐次推进，内容涵盖人文、社科、理工、艺体等各个领域。截至2021年，上海市共计培育了59所特色普通高中建设项目学校，并分五批命名了15所普通高中为"上海市特色普通高中"，包括曹杨中学、华东政法大学附属中学、上海甘泉外国语中学、上海海事大学附属北蔡高级中学、华东师范大学附属东昌中学、上海戏剧学院附属中学、同济大学第二附属中学、上海理工大学附属中学、上海市嘉定区第二中学、上海市徐汇中学、上海音乐学院附属安师实验中学、华东师范大学附属枫泾中学、上海市闵行区第三中学、上海市香山中学、上海市崇明区城桥中学。这些学校和上海市的实验性示范性高中一样通过自主招生（2019年上海中考政策文件指出"市特色普通高中可安排不超过20%的招生计划用于招收自荐生"），选拔符合学校发展特色的学生。

天津市在2011年启动了"特色普通高中建设工程"，在全市遴选了50所特色普通高中项目实验校，开展试点建设和评估，初步形成了创新人才培养、五育融合、文化育人、主体教育、普职融通五种类型的特色普通高中学校。

浙江省实施普通高中特色示范工程，包括完善浙江省特色普通高中特色示范学校建设标准和评估标准，以推进多样化课程建设为抓手，改革普通高中发展评价机制，鼓励和支持学校实现特色发展。从2012年到2017年，浙江省共评出99所省一级普通高中特色示范学校。

山东省在2018年印发《关于加强高中阶段教育改革发展的意见》，启动实施"特色高中建设计划"，建立省市两级特色高中遴选认定机制，经评估认定的特色高中可根据办学需要，适当上浮学费标准。实施高等学校和高中阶段学校联合育人计划，支持本科高校与高中阶段学校联合开发课程、共建共享教育资源，在全省部署了61所普通高中与高等学校联合育人试点、48所新型数字化高中学校建设试点、36所高中学校办学自主权改革试点、10所综合高中试点。

除了从省域层面推动普通高中多样化发展之外，一些大城市的表现也尤为亮眼。例如，宁波市制定《普通高中特色教育项目发展指南》，到2020年在全市形成60个有影响力的特色教育品牌，建成20个左右的市级普通高中课程改革基地学校，形成50个左右的市级课改学科基地；[1] 此外，宁波市开展了普通高中国际化办学的实验探索，由宁波市镇海中学与美国密苏里州巴斯图中学、加拿大肯特学校合作

---

[1] 衷发明：《宁波普通高中多样化发展路径探析》，《宁波经济》（三江论坛）2015年第2期。

创办，恒威集团独立投资建设的宁波肯特国际学校，作为浙江省第一所中外合作寄宿制普通高级中学于 2014 年建成，可以说，这所学校的建立是宁波市在基础教育领域开展教育国际交流和合作的有益尝试。

推进普通高中多样化发展同样也离不开民间智库的力量。2019 年 5 月 13 日，在北京市第三十五中学成立了"普通高中教育五十人论坛"，论坛汇聚了国内著名教育专家学者和有影响力的一线高中校长，形成了一个跨域聚合、跨界融合的助力中国普通高中多样化发展和综合改革的民间智库。该论坛每年举办一次，研讨中国普通高中的多样化办学与创新发展方向，每年发布普通高中教育蓝皮书，梳理和总结中国普通高中教育的发展状况、存在问题，并提出建设性建议；发起"寻找中国未来学校"系列活动，发现一批未来学校的样板高中；探索和建立普通高中校长、专家和教育界人士的交流平台，通过梳理和整合，实现资源共享。[①]

从 20 世纪 90 年代初正式提出，一直到 21 世纪 20 年代末，中国普通高中多样化发展政策导向已经明确，各地在推动普通高中多样化发展的制度实践上也取得了非常显著的成效，从办学体制、办学模式和培养模式三个层面推动多样化发展的思路也基本成型。由于普通高中办学体制的相对稳定性，办学模式多样化和培养模式多样化，可以说是推动普通高中多样化发展的两个重要层面。

第六节　形成"多样化有特色发展"格局

2019 年 2 月，中共中央、国务院印发《中国教育现代化 2035》，提出到 2035 年全面普及高中阶段教育的目标，将其定位为学习大国、人力资源强国和人才强国建设的重要基础。文件聚焦教育发展的突出问

[①]《普通高中教育五十人论坛在京成立　专家学者共论未来学校构建》，2019 年 5 月 12 日，http://bj.people.com.cn/n2/2019/0512/c82841-32929500.html，最后浏览日期：2022 年 3 月 8 日。

题和薄弱环节,立足当下,着眼长远,重点部署了面向教育现代化的十大战略任务,其中,在第三项战略任务"推动各级教育高水平高质量普及"中,指出"提升高中阶段教育普及水平,推进中等职业教育和普通高中教育协调发展,鼓励普通高中多样化有特色的发展"。同月,中共中央、国务院颁布《加快推进教育现代化实施方案(2018—2022年)》,提出"推动普通高中优质特色发展"。为贯彻落实全国教育大会精神,统筹推进普通高中新课程改革和高考综合改革,全面提高普通高中教育质量,2019年6月,国务院办公厅印发《关于新时代推进普通高中育人方式改革的指导意见》,提出明确的改革目标和时间节点,要求到2022年,普通高中多样化有特色发展的格局基本形成。2019年7月29日,全国基础教育工作会议在北京召开,国务院副总理孙春兰在讲话中再次强调指出"树立科学的教育理念,坚持有教无类、因材施教,推动多样化办学,为不同性格禀赋学生提供更加适宜的教育"。党的十九届五中全会通过的《中共中央关于制定国民经济和社会发展第十四个五年规划和二〇三五年远景目标的建议》指出"鼓励高中阶段学校多样化发展"。2022年10月,党的二十大报告指出"坚持高中阶段学校多样化发展"。由此,中国对于新时代普通高中多样化发展的顶层设计已基本确立,形成多样化有特色发展的格局,成为全国、各省市发展普通高中教育的基本遵循。

一 普通高中多样化有特色发展的内涵解读

从普通高中多样化有特色发展顶层设计的政策话语表述中,我们可以解析出如下四个关键词:多样化、有特色、格局、优质。

首先,多样化的提出,针对的是普通高中学校办学的同质化现状,这具体表现为普通高中在办学类型、培养目标、培养模式、课程设置、教学方式和学校评价机制等方面存在的明显的趋同现象。[①] 由

---

① 杨东平主编:《中国教育发展报告(2020)》,社会科学文献出版社2020年版,第22页。

此可见，多样化的内涵主要涉及两个层面，一是指在一个地区（例如，一个省、市）内众多普通高中学校发展样态的多样化，二是指一所学校发展在满足学生多样化学习需求方面所表现出的多样化。

其次，有特色，指的是学校发展的一种优质状态，即学校的教育教学质量能够在一定程度上满足师生发展需要，能够得到家长和社会的认可。与"有特色"相对的是学校发展的一般化，它指的是特色尚未形成或凸显的一种学校发展状态。普通高中多样化发展有助于实现特色化，但多样化并不必然促成特色化，反过来，特色化发展在形式和实质上有助于丰富和提升多样化。

再次，格局指的是普通高中发展的一种结构、境界，它主要指的是普通高中要形成多样化特色化发展的一种良性的动态结构和注重内涵优质提升的可持续发展的样态。

最后，强调普通高中的优质发展，意在指出普通高中的多样化特色化发展，不是低水平的重复或规模的简单扩张，而是要突出学校发展的整体性、可持续性和高品位追求。[①] 这里，整体性指的是普通高中发展不是突出"一招一式"有何特点，而应在课程、教学、管理、评价、教师发展等各个方面形成彼此相互联系的一个完整体系；可持续性指的是普通高中发展不是"一时一事"有何进步，而应突出顶层设计和长远规划；高品位追求指的是普通高中发展不是"一步一趋"有何规范，而应基于国家和社会发展需求，着眼于"为谁培养人、培养什么样的人、怎样培养人"的时代问答，做出体现时代性、创新性和教育性的校本化应答。

一些地方政府将"高品质"作为普通高中多样化特色化发展顶层设计的一个热词，实质上就是对推动普通高中"优质"发展的积极回应。

例如，江苏省在全省积极推进高品质示范高中建设。2018年4月，

[①] 熊丙奇主编：《2021年中国教育观察》，社会科学文献出版社2021年版，第157、158页。

江苏省印发《江苏省高质量普及高中阶段教育攻坚计划（2018—2020年)》，指出全省高中阶段教育在早已实现普及的基础上，正迈入高水平、高质量、更平衡、更充分发展的新时代，到2020年，全省高中阶段教育毛入学率达到99.5%以上，普通高中形成以高品质示范高中为引领、四星级高中为骨干、三星级高中为基准的办学格局。省级遴选培育、创建评定一批国内一流、国际知名的高品质示范高中。同年5月，省教育厅印发《关于高品质示范高中建设的意见》，2019年7月，省教育厅又印发《关于进一步推进高品质示范高中建设的意见》。上述两个文件对高品质示范高中的内涵和建设意义做了较为详尽的表述。2019年7月30日，江苏省公布了高品质示范高中首批建设立项学校名单和首批建设培育学校名单。其中，入围首批建设立项的20所学校是：南京师范大学附属中学、南京外国语学校、南京市金陵中学、江苏省锡山高级中学、江苏省天一中学、江苏省南菁高级中学、徐州市第一中学、江苏省常州高级中学、江苏省前黄高级中学、江苏省苏州中学、江苏省梁丰高级中学、江苏省南通中学、江苏省海安高级中学、江苏省海门中学、江苏省新海高级中学、江苏省淮阴中学、江苏省盐城中学、江苏省扬州中学、江苏省丹阳高级中学、江苏省泰州中学。入围首批建设培育的12所学校是：无锡市第一中学、常州市第一中学、江苏省溧阳中学、江苏省华罗庚中学、江苏省常熟中学、江苏省昆山中学、江苏省赣榆高级中学、江苏省东台中学、江苏省靖江高级中学、江苏省姜堰中学、江苏省姜堰第二中学、江苏省宿迁中学。

又如，四川省立足于教育科研，以课题研究为抓手，将教育科研指导和地方教育实践相结合，在中小学和幼儿园积极开展高品质学校建设。四川省于2018年立项"高品质学校建设的探索与实践"，作为普教科研资助金项目中的一个重大课题，以四川省教育科学研究院为主体，在全省范围内开展高品质学校的研究与实践，强调高品质学校要有责任担当，高品质学校要有四川责任，高品质学校要有规律坚守，高品质学校要有文化自觉。只有明确高品质学校的教育意蕴，四川的高品质学校建设才会走出四川,走向全国。① 可见,四川省以"高品质"作为学校发展的主打理念,营造四川基础教育的"高品质"品牌效应,并要在全国形成一定的影响力。

二 深化普通高中育人方式改革的主体责任

推进普通高中多样化发展,基本形成"多样化有特色发展的格局",需要深化普通高中育人方式改革。这就需要进一步明确各级政府部门、教育科研机构、高校、各类社会机构、家庭和普通高中学校等各方主体责任,统筹资源,协同发力,在课程、教材、教学、评价、学生发展指导、考试和招生、师资和条件保障等领域,积极深化改革,切实取得成效。

各级政府部门要明确各自责任,系统推进普通高中育人方式改革。教育部要加快研究制定普通高中办学质量评价标准,进一步健全分类考试、综合评价、多元录取的高校招生机制;同时要强化对省级政府的督导评估。省级政府要强化"统筹"责任,在高考综合改革、考试命题、新课程新教材的实施、综合素质评价的实施和管理等方面,加快推进相关体制机制建设,为在省域范围内积极推进普通高中教育改革创造条件。市、县级政府落实"举办"责任,要真正树立起正确的政绩观和科学教育质量观,坚决扭转片面应试教育倾向,不得炒作升学率和高考状元,积极营造有利于推进改革的良好氛围;加大因学校实施选课走班而产生的师资、教室和其他教学设施配置等方面的统筹力度;加强普通高中教学常规管理,切实减轻学生过重课业负担;制定学生发展指导意见,加强指导教师队伍建设;多渠道筹措资金,落实普通高中建设经费投入的市县分担责任,并积极创造条件,推进数字校园建设,加强学校的学科教室、创新实验室和社团活动室建设等。

---

① 《四川省"高品质学校建设的探索与实践"研究推进会在成都七中实验学校举行》,2019年12月23日,http://sc.cri.cn/20191223/e1b66a10-c2da-7093-54b0-afb9cf13dc25.html,最后浏览日期:2022年8月21日。

第四章　普通高中多样化办学制度的政策演进

教育科研机构要积极发挥专业引领作用。教育科研机构要加强对立德树人落实机制、德智体美劳全面培养体系等关涉普通高中育人方式改革重大理论问题的研究，如加强在选课走班教学管理、考试招生、普职融通制度以及思政教育、劳动教育等学校育人重要领域方面的研究。同时，"五育"的相对独立性与整体性的关系、推进选课走班教学管理与集体主义教育的关系、学生的学业修习与生涯规划的关系，以及综合素质、学生发展核心素养与学科核心素养的关系等热点难点问题，更有待教育科研机构不断深化研究，形成可靠的理论性认识，为助推普通高中学校育人方式改革实践奠定扎实的理论基础。

高校要切实加强招生机制建设。高校招生专业选考科目要求和选修科目等级要求，以及高校对高中学生综合素质评价结果的使用办法，这些都直接影响了普通高中学校的教育教学生态，以及普通高中学生对高校和专业的选择。如果再考虑到普通高中学校的城乡和区域差异，以及不同学校和学生群体特点，那么，上述的影响作用会更为复杂。因此，高等学校，特别是重点院校要加强调查研究，充分考虑普通高中学校的区域、城乡和学校差异，尊重人才成长规律，突出教育公平价值，不断完善招生专业选考科目要求和选修科目等级要求；制定高中学生综合素质评价使用办法，真正发挥综合素质评价作为招生录取"重要参考"的作用。

各类社会机构要大力开发开放教育资源。事业单位与社会机构也是重要教育场所，要加强与普通高中学校的联系和合作，强化自身作为学生社会实践基地的功能建设，设计和开发综合实践活动课程资源，为学生参与考察探究、社会服务、设计制作、职业体验、党团队教育活动和博物馆参观等综合实践活动提供支持和保障。

家庭要营造适宜孩子身心健康和全面发展的教育环境。家长要不断更新教育观念，增强教育本领，协助学校从心理、学习、生活、理想和生涯规划等方面，加强对孩子的教育和引导，帮助孩子正确认识自我，发现优势，培养兴趣，养成生涯规划意识。

普通高中学校要着力构建德智体美劳全面培养的育人体系。在德育方面，普通高中要着重突出思政课关键地位，积极培育和践行社会主义核心价值观；在综合素质培养方面，积极拓宽综合实践渠道，科学认真地开展综合素质评价；在课程体系建设方面，加强学校特色课程建设，积极开展校园体育、艺术、阅读、科技创新等社团活动；在课堂教学改革方面，更新教学观念，创新教学方法和教学形式，实施线上线下融合教学，提高课堂教学效率，培养学生核心素养；在推进选课走班方面，制定选课走班指南，开发课程安排信息管理系统，构建规范有序、科学高效的选课走班运行机制。此外，在加强学生发展指导方面，学校不仅要强化制度建设，还要建立起一支专兼结合的指导教师队伍；在育人机制方面，有条件的普通高中学校可尝试与中等职业学校课程互选、学分互认、资源互通，促进普职融通。普通高中新课程新教材实施国家级示范校要在构建"五育并举"的学校课程体系、创新课程组织管理方式、深化教学改革、推进考试评价改革、加强校本教研等方面取得实质性突破，加强新课程培训基地学校建设，积极承担培训任务，加大对薄弱高中和农村学校对口帮扶力度。

深化普通高中育人方式改革，基本形成普通高中多样化特色发展格局，是一项复杂的系统工程，需要政府和教育行政部门落实举办普通高中教育的责任，加强顶层设计，整合和联动政府与社会、学校等各方面的资源和力量，需要落实普通高中学校办学主体地位，充分激发普通高中的办学活力。普通高中学校要立足办学定位，形成稳定且具有特色的办学模式，聚焦人才培养模式创新，完善立德树人落实机制，优化课程实施，创新教学组织管理，加强学生发展指导，构建德智体美劳全面培养的育人体系，努力培养担当民族复兴大任的时代新人，培养德智体美劳全面发展的社会主义建设者和接班人。

第五章　普通高中多样化办学制度的国际视域

芬兰、美国、韩国、日本，这四个国家分别作为欧洲、北美和亚洲教育发达国家的代表，在完成高中教育全面普及基础上，坚持以学生发展为中心的教育理念，大力推进高中教育多样化改革，不断创新高中办学类型多样化和学校课程多样化制度设计，积极为高中学生的个性化发展创造更为适宜的条件，构建和形成了尊重个性、提供选择、多元发展的高中教育体系。

第一节　芬兰、美国普通高中多样化办学制度分析

芬兰和美国的高中多样化办学制度各有千秋，其中，芬兰在课程和教学改革方面独树一帜，有诸多创新举措值得借鉴，美国在以综合高中为主体的基础上，坚持精英教育取向，涌现出蓝带高中、STEM高中、特许学校、磁石学校和州长高中等多种办学类型，充分满足了学生的多样化教育需求。

一　芬兰：高中培养模式多样化的世界典范

芬兰位于欧洲北部，截至2022年5月，大约有555.7万人，国土总面积33.8万平方千米，是一个高度发达的资本主义国家，也是欧盟成员国之一，人均GDP达到5万美元。芬兰自20世纪70年代开

始对高中教育进行了系统性改革,到 20 世纪 90 年代末期,芬兰的高中教育普及率就达到了 90%,学生在接受完九年义务教育后,可以选择升入高中(包括普通高中和职业高中),也可以选择在综合基础学校读 10 年级。进入 21 世纪,芬兰高中阶段教育实现全面普及,以 2006 年为例,芬兰初中教育后整体升学率已达到 95%,其中,普通高中教育占比 54.5%、职业高中教育占比 37.5%。[1]

芬兰实施初中后教育分流制度,学生可以选择进入学术轨或职业轨,继续接受高中教育。其中,学术轨普通高中主要包括两种类型,一种是博雅式普通高中,注重学生的全面发展,培养学生的综合素质和跨学科思维方式,另一种是专业化普通高中,注重培养学生在某一方面的素养和能力,这类学校一般都具有明显的学科特色,例如在音乐、舞蹈、体育或者科学上具有明显的优势。芬兰的普通高中教育有如下几个方面的特点。

一是高中教育治理法治化。在 20 世纪 80 年代,芬兰逐渐普及了九年义务教育,随即加大了高中教育的普及发展力度,进一步加强了对高中教育法案法规的建设。1992 年,芬兰颁布《高中学校教育法》,1998 年颁布新的《高中学校法》,1999 年,颁布《高中教育法》,为高中教育的健康发展提供了坚实的法治保障。

二是深入推进课程改革。1994 年,芬兰全国教育委员会制定《芬兰高中教育课程框架大纲》。2002 年,芬兰颁布《普通高中教育总体全国性目标及课时分配的政府令》,对普通高中教育的作用、基本价值、课程的构成要素、课程的实施、对学生的指导与支持等方面做了全面阐述。2003 年,芬兰国家教育委员会编制《全国性普通高中核心课程》的框架文件,2004 年,制定《普通高中课程大纲》,[2] 2015 年,芬兰国家教育委员会颁布新的《全国普通高中国家核心课

---

[1] 沈佳乐:《均衡与融合:高中段普通教育和职业教育的发展趋势——芬兰高中教育的经验与启示》,《职业技术教育》2010 年第 25 期。

[2] 李家永:《20 世纪 90 年代以来芬兰普通高中的课程改革与发展》,《比较教育研究》2010 年第 6 期。

程标准》，作为芬兰高中教育的指导性文件，引导高中教育的发展方向。2016年，实施《国家核心课程大纲》，用于指导各地和学校制订课程计划。

芬兰普通高中实施三级课程结构，将课程划分为必修课程、专门化课程（相当于选修课程）和应用性课程（相当于校本课程）三种类型。其中，必修课程属于国家课程范畴，保证每一个学生达到最基本的教育要求；专门化课程属于拓展性课程，既有国家课程，也有地方课程乃至校本课程；应用性课程着眼于理论联系实际，主要是地方课程和校本课程，由学校自主设置，也可以与其他教育机构合作开设，国家不作统一要求。必修课程和部分专门化课程共同构成国家课程。

芬兰普通高中课程主要以学科组织并划分模块。[1] 模块课程是传统课程分解的结果，一门学科可分为若干不同的课程模块。例如，将母语（芬兰语）划分为6个必修模块（包括语言、文本与互动；文本的结构与意义；文学的技巧与解释；文本及其影响；文本、文体与语境；语言、文学与认同）和3个专门化课程模块（包括高级口语交流技能、高级文本技能、写作与现代文化），每个课程模块的课时分为两种，一种是38课时，每课时45分钟；另一种是23课时，每课时75分钟。学生在高中阶段要完成75门课程。其中，包括47—51个必修课程模块，选修至少10个专门化课程模块和15个左右的应用性课程模块。芬兰的大部分普通高中学校开设200个以上的课程模块。一般只要有10名学生选修同一个课程模块，学校就会开设这门课程。当学校不具备开设某门课程的条件时，学校允许学生到其他学校选课，并对其取得的学习成绩予以承认。[2] 除了国家规定的必修课程模块和专门化课程模块（60个左右），还有将近90多个课程模块是学校自主开发的应用性课程模块。

---

[1] 李家永：《20世纪90年代以来芬兰普通高中的课程改革与发展》，《比较教育研究》2010年第6期。

[2] 张瑞海：《芬兰普通高中教育的特色》，《课程·教材·教法》2003年第4期。

芬兰在2019年开始实施新一轮普通高中教育改革，引入学分制课程结构，以取代传统的课程制学习模式（即一门课程相当于两个学分）。实施学分制课程结构，一方面，能为所有学生提供灵活的修学时间选择，推动教学组织形式更加灵活多样；另一方面，能够更好地将普通高中学习结果与高等教育的"先前学习认可"机制对接，有利于普通高中学生向高等教育成功过渡。与此同时，也为不同课程之间深度融合提供了可能性，通过构建多样化交叉课程模块，围绕不同学习主题探究个性化的学习和教学模式。①

三是创新教学改革。第一，实施弹性化学制。芬兰在20世纪70年代引入了德国的"不分年级制"，在1987年开始在全国多所普通高中特别是重点高中进行试验，并于1994年在全国范围内推广实施。1999年的《高中教育法》明确规定芬兰所有高中都实行"不分年级制"的教学模式。虽然芬兰高中的基本学制规定为3年，但学生能够根据自身情况灵活安排学习进度，可在2年内完成高中学业，也可在2—4年内完成学业，还可自由选择在4年甚至5年内完成学业。宽松的学制要求，为每一个学生的个性化发展和能力提升创造了更为多元的、自由的、可选择的时间和空间，充分体现了以学生发展为本的教育理念。

第二，实施学年分学段化。芬兰一改将一个学年分为两个学期的做法，把一个学年划分成5—6个短学期，每个短学期6—8周，学生在每个短学期可以选择5—6门模块课程进行修习。② 一门模块课程由过去每周两学时改为六学时至八学时。对于一些基础性的、重要的必修课程，大部分芬兰高中能保证在一学年内多次开设，这样做的目的是既能保证学生在某一短学期内不能选择这些课程时，还有另外的机会，也能使某些学生在某门课程第一次不能通过时有第二次学习的机会。③ 此外，也有助于学生在相对较短的时间内集中学习和掌握某一门课程，提高学习效率。

---

① 《芬兰：新一轮普通高中教育改革将于2019年实施》，《中国德育》2018年第22期。
② 熊丙奇主编：《2021年中国教育观察》，社会科学文献出版社2021年版，第158页。
③ 李家永：《芬兰普通高中教育的改革》，《比较教育研究》2003年第8期。

第三，实施无班级授课制。在芬兰的普通高中学校里，每个高一年级新生在入学时会被编入一个行政班，并配有辅导员（相当于班主任）。学校以行政班为单位定期组织学生开展活动，加强对学生的日常管理。例如，通过行政班，检查学生对于学校校规的执行情况、落实学校或班级活动安排等。有的学校每周开展一次"班级"活动，有的学校每月开展两次"班级"活动。[①] 行政班并不担负教学组织和实施等任务。新学年伊始，学校发给学生每人一本课程设置手册，内含本学年开设课程明细表，包括对课程的总体介绍、课程设置、各科详情、任课教师、选修必备前提条件等，同时将手册全部内容公布在校园网上，以便学生随时查询。学生根据自身情况和各自不同的兴趣爱好，选择制订自己的学习计划，选择不同的学段课程和适合自己的任课教师。[②] 同一学年入学的学生因选择不同的学段课程和任课老师而进入不同的教室上课。与此同时，不同学年入学的学生因选择同一门课程和同一个任课老师而在同一个教室上课。

第四，实施学生发展导师制。学校设有学生指导顾问委员会，作为学校导师制的决策机构，成员由校长、学生顾问（或副校长兼任）、心理老师、校医和教务员等组成。[③] 具体负责学生发展指导的是由学生顾问（约200名学生配备1位顾问，负责学生的全面指导）、辅导员（由学科教师组成，负责行政班管理）、特需导师（由心理师、社会学、哲学和宗教学科教师担任，指导在心理、职业等方面的特需学生）、导生（由高二、高三年级在校学生担任，负责新生辅导员工作）等组成的四大导师群体，对学生的课程学习、在校活动、未来发展、价值观和人格养成进行全方位的指导。

第五，实施协同育人机制。芬兰在普通高中学校建立高等教育学习先前体验机制，以促成普通高中学校和高等教育机构二者在学生培养目标一致性上的共识。

[①] 陈才锜：《芬兰普通高中导师制的特色及启示》，《全球教育展望》2014年第1期。
[②] 李家永：《芬兰普通高中教育的改革》，《比较教育研究》2003年第8期。
[③] 陈才锜：《芬兰普通高中导师制的特色及启示》，《全球教育展望》2014年第1期。

四是开放包容的考试招生制度。芬兰高中没有统一的入学考试,学生在初中最后一年提出上高中的申请,由高中学校根据学生初中的成绩进行选拔。芬兰高中学生在高中阶段总共要完成由各个科目分解组成的75个课程模块的学习。每一个课程模块的考试安排在各学段最后一周。考试成绩实行十分制。如果学生考试不及格,可以参加补考;如果同一门课出现两次不及格,就不能继续选修该科目的后续高级课程,但其他科目及课程模块的学习不受影响。芬兰高中重视对学生进行综合素质评价,不将考试成绩作为评价学生的唯一标准。与此同时,对于高校而言,学生是否参加过志愿者活动、社会实践或学校的社团活动,是高校录取学生的一个重要参考依据。应该说,学生的综合素质评价之所以具有较高的信度,这与芬兰教育的"信任文化"有着紧密的关系。此外,所有高中学生都必须参加全国毕业考试,通过后方能获取参加大学入学考试的资格。对于未能按时完成全国毕业考试的学生,给以多次补考的机会。大学入学考试由各高校命题。[1]

从芬兰普通高中教育改革的上述特点中我们发现,芬兰的高中教育改革非常注重顶层设计,致力于普通高中教育体制改革创新,强化高中教育法案法规的保障作用,充分关照每一个学生的个性化特点,并据此创造适合其自主发展的教育模式,从教育法规、学制、课程、教学组织形式、教学管理、学分制、学生发展指导、考试招生、协同育人等多个方面,实施了系统性的改革,取得了显著的成效,成为全球高中教育改革的典范。[2]

二 美国:体现高选择性的高中办学模式

美国高中阶段的学校类型主要包括综合高中、学术性高中、职业或技术高中。综合高中是一种基于尊重学生学习性向,引导学生实现校内分流的一种办学模式。它是美国最为普遍的中等学校,共有2万

---

[1] 肖远骑:《芬兰高中教育改革:促进学生走向卓越》,《中小学管理》2014年第5期。
[2] 熊丙奇主编:《2021年中国教育观察》,社会科学文献出版社2021年版,第159页。

多所，其中，公立学校占近五分之四，私立学校不到五分之一。综合中学分为三个方向：一是学术科，主要开设普通课程，为大学培养合格新生；二是普通科，开设普通课程、技术课程和实践课程，使学生掌握必备的知识；三是职业科，主要开设技术课程，使学生掌握就业知识和技能。学术性高中为数不多，坚持精英教育取向，主要为少数资优学生日后升入高等院校学习做准备。职业或技术高中侧重于不同的专业领域，主要培养学生的职业技能，为将来的就业打好基础。[①]通过设置多种类型的高中学校，为每一个学生选择接受最适合其发展的高中教育创造机会和条件，尤其是大量综合高中的设置，使学生能够根据自身情况自由选择和修习不同发展取向的课程，这进一步保证了学生教育分流的有效性和科学性。

在具有明显学术属性的少数美国高中学校中，比较有代表性的办学类型有蓝带高中、STEM 高中、特许学校、磁石学校和州长高中。

蓝带高中是美国评选出的优质高中学校，是美国顶尖高中的典范，也是美国政府授予学校的至高荣誉，以"卓越"和"平等"为核心价值。评选蓝带学校必须符合下面两个标准中的一个，一是在国家或州举行的阅读和数学标准化测试中居于前 10% 的位置，二是学校有 40% 的学生是低收入家庭的孩子，而且在国家或州举行的阅读和数学标准化测试中取得显著进步。[②] 为了保障弱势家庭、学校的发展，美国要求各州推荐的学校中满足第二个条件的学校数量必须占提名学校总数的一半。蓝带高中以教学质量突出、教师专业水平精湛、学生竞争激烈、名校升学率高和教学环境优越为主要特点。

STEM 高中是美国高中教育的一大特色，为在科学、技术、工程和数学方面有天赋和才能的资优学生提供学术性教育，致力于培养 STEM 领域的精英人才。这类高中拥有严格的学术性课程、专家型教师、先进的实验室和其他优质教育资源。STEM 高中在课程设置上以

---

① 李婧：《美国高中教育教学模式的多样化》，《比较教育研究》2009 年第 10 期。
② 张云洁、马海涛：《追求卓越的美国蓝带学校》，《上海教育》2013 年第 29 期。

STEM学科为中心,围绕一门或多门STEM学科开展单科课程或整合性课程,并且非常注重发展与企业、社区、高校的合作关系,尤其是通过导师制、实习制或项目学习、研究性学习,为学生提供在真实情境下的STEM学习机会,充分挖掘和发展学生的STEM学习潜能。

特许学校是一种在政府公共财政资金资助下享有特殊经营权的公立学校。特许学校通过签订协定交给私人经营,在课程、教学、财务和人事等方面享有更大的自主权。1991年,明尼苏达州通过了第一部允许建立公立特许学校的法律,并于1992年建立全美第一所特许学校。特许学校政策核心要素包含三个方面,包括增加学生教育选择范围、扩大学校自主权和强化绩效问责机制。特许学校的主要特征有:一是公共性。特许学校属于公立学校范畴,学校依法享有获得政府公共财政资助的资格。二是自治性。通过与授权人(通常是非营利组织、政府机构或大学)签订书面合同,根据特许条款办学,不受管理公立学校的规章制度的约束,拥有加大的办学自主权。三是创新性。特许学校必须创新办学理念,革新办学模式,为学生提供新的教学形式。四是卓越性。特许学校旨在打造比传统公立学校更加优异的教育,为学生提供更加优质的教育服务。[1]

磁石学校是指以自身独特的设施和专门化课程吸引学生就读的学校。磁石学校具有如下特点:一是拥有基于某种特殊主题或者教学方法的特色课程。磁石学校通常专注于某一特定学科或学习领域,主要以特色课程、教学内容及教学方法吸引家长和学生,通常开设音乐、戏剧、视觉艺术、计算机等课程,教学方法有小班化教学、计算机和多媒体教学等。例如,布拉沃医学磁石高中以医学为主题,课程设置以与医疗卫生密切相关的科学、数学和语言艺术技能为重点,为有志于从事医疗卫生行业的学生奠定专业发展基础[2]。二是以实现自愿性的种族融合为目的。三是由学生和父母做出的自愿性学校选择。四是超

---

[1] 李文章:《美国特许学校兴起、纷争及动向》,《比较教育研究》2020年第1期。
[2] 胡夏君:《布拉沃医学磁石高中 以突出的专业性凸显磁力》,《上海教育》2012年第5期。

越学区限制的录取政策,学生入学不受学区限制,可以跨学区入学。①

州长高中是面向全州跨区域和学区招录拔尖创新学生,对其进行集中培养,实施免费教育的一种学年制公立高中。② 州长高中主要在全州范围内选拔高一或高二年级学生中的优异者,学制通常为2—3年,在教育经费上能够得到州财政的大力支持,在管理体制上,有的隶属于州教育厅,由州政府委任的独立董事会管理。这类学校在课程设置、教师聘任等方面享有独立自主权,有的隶属于州立大学系统并受其管理,能够全方位利用所属大学的教室、实验室、图书馆等优质教育资源,也可以选修所属大学的课程,进而实现高中与大学拔尖创新人才培养的"无缝衔接"。

在学校培养模式方面,美国高中有如下三个方面的特点。其一,实行学分制。各州都规定了本州高中毕业生必修和选修的科目、课程和学分数,并按照学生毕业后的去向将课程类型分为数种,如大学准备类、普通类、技术准备类等,而且每种去向所要求的学分数和侧重的学科也各不相同。其中,大学准备类课程对核心课程的修习时间、内容及学分要求明显高于其他类课程。高中毕业生根据课程修习类型的不同,最终取得相应的毕业证书,包括普通毕业证和荣誉毕业证两种类型。其中,荣誉毕业证书是指学生通过修习较多学分的学术类课程而获得的一种毕业证书。其二,课程多样化。美国高中开设的课程大致可分为三类。第一种是核心课程,涵盖语言、数学、科学、技术、社会科学、艺术、体育与健康等学习领域。第二种是自主选修课程,涉及科学技术、文化艺术、社会生活、职业准备等领域。第三种是综合性的研究计划与项目,此类课程兼顾了学术知识与实践应用,鼓励学生进行自主性的设计、研究和创新,能够鲜明地体现出学校的教育理念和办学特色。美国高中多样化的课程设置是美国的教育文化

---

① 贺武华、李承先:《美国"磁石学校"的特色创新及其成效分析》,《比较教育研究》2009年第6期。
② 付艳萍:《拔尖创新人才培养:美国州长高中的实践、成效与争议》,《比较教育研究》2022年第9期。

传统的体现,又是在高中推行选课制和学分制而带来的必然结果。[1]其三,学生考试评价多元化。美国没有实施统一的大学入学考试,学生的升学资格考试方式主要包括学术成绩测试(Scholastic Assesement Test,SAT)、美国大学入学考试(American College Test,ACT)、大学先修课程(Advanced Placement,AP)考试等。其中,大学先修课程,又称双学分课程,是美国大学理事会联合中学在高中阶段开设的、达到大学学术标准与学业水平的课程,供高中生选修。据统计,在2011—2012学年,全美18360所公立高中,有63.8%的学校开设了AP课程。[2]高中生可以选修大学一、二年级的部分课程,经考试合格后获得的学分可在其升入大学后转为大学学分。[3]学生在高中阶段修读AP课程,既拿到高中课程的学分,满足高中毕业的学业要求,又能拿到大学课程的学分,进入大学后可免修相关课程,因此也被称为"双赢计划"。它成为美国高中多样化发展、高选择性课程体系、促进学生多样化创新发展的重要体现,并且契合了美国提倡的"追求卓越与平等合一"的教育理念。AP课程不仅加强了高中教育,更将高中教育与高中后教育、社会就业很好地衔接起来,极大地满足了学生的多样化需求与多样化创新发展。[4]高校根据学生参加这些考试的成绩及学生高中阶段的学业成绩、教师推荐信、学生的社交能力等决定学生的录取。此外,美国高中教育评估结果的记录方式很多,包括分数、等级、学分、点数、平均绩点分等,如将学生的考试成绩划分为A、B、C、D、F五个等级。[5]

美国高中办学类型和课程多样化的诸多制度举措,充分显示其以

---

[1] 杨明全:《美国高中课程多样化个案研究——以托马斯·杰弗逊科技高中为例》,《教育学报》2013年第2期。
[2] 转引自付艳萍《拔尖创新人才培养:美国州长高中的实践、成效与争议》,《比较教育研究》2022年第9期。
[3] 李婧:《美国高中教育教学模式的多样化》,《比较教育研究》2009年第10期。
[4] 马嵘、程晋宽:《促进学生的多样化创新发展:美国高中双学分课程制度探析》,《外国中小学教育》2017年第7期。
[5] 李莎、程晋宽:《普通高中多样化发展的美国经验》,《苏州大学学报》(教育科学版)2016年第2期。

学生发展为本的教育观,实现公平与卓越两种教育价值取向的融合与并进。具体表现为:基于教育公平取向,通过设置大量综合高中,最大程度上为每一个学生提供了基于其个性和学业发展性向的教育选择权;基于卓越教育取向,出于对个体潜能发展和国家利益的考虑,充分认识到拔尖创新人才早期发现和培养的必要性,为资优学生提供发展其潜能的优质教育,满足其学习需求。

第二节　韩国、日本普通高中多样化办学制度分析

相较于中国而言,韩国、日本在推进普通高中多样化发展方面起步较早,相关制度建设也更为成熟。然而,高中教育多样化改革造成了高中学校的等级化,表现为高中学校在客观上形成了某种排序,和较为严重的高中学校两极分化现象,即在公立高中,有的学校重视"学力",大学升学率高,成为升学型学校,而有的学校不重视"学力",大学升学率低,成为"底层学校""问题成堆学校",[①] 这些都对中国普通高中多样化办学制度建设具有很好的借鉴价值。

一　韩国:高中类型多样化和学校课程多样化

20世纪以来,韩国通过实施以规模扩张为主的教育政策,极大地促进了高中教育的普及和发展,在20世纪80年代,基本普及了高中教育。1974年开始实施的高中平准化教育政策,即将全国的普通高中变成"平等、标准"的统一模式,教育部门和机构以推荐的方式为通过基本资格考试的学生指定学校,以取代传统的考试竞争的方式,[②] 这虽在一定程度上促进了教育公平,也导致了学校发展的标准

---

① [日]黑泽惟昭、张德伟:《日本教育中的新自由主义》,《外国教育研究》2010年第11期。

② 徐光宇、潘丽:《韩国自立型私立高中发展现状及启示》,《教育发展研究》2005年第22期。

化和同质化现象越发严重，不能满足学生和社会对教育的多样化需求，由此，破解普通高中教育办学模式的单一化，实现学校的多样化发展，激发学生的潜能，满足家长和社会多样化的教育需求，大力提升教育质量，便成为教育改革的迫切需求。

韩国在1995年推出了"5·31教育改革方案"，其中包括高中多样化办学政策方案。该方案从高中类型多样化和学校教育课程运营多样化两个方面予以推进，提出要创办特色化高中、特殊目的高中、自律学校和自立型私立高中，并于1998年通过立法实现了高中多样化发展的法治化。韩国在2009年颁布《高中多样化300工程》，通过创建农村寄宿制高中、自律型私立高中和特色高中等类型多样、特色鲜明的300所高中，进一步满足国民多元化的教育需求，促进教育公平。2010年，韩国出台了高中体系综合改编方案，将高中体系整合为普通高中、特殊目的高中、特色化高中、自律型高中等四种类型。[1]

特殊目的高中是韩国最开始引入的一种高中多样化办学类型，是一种以特定科目教育为主的高级中学。特殊目的高中坚持精英主义取向，追求优质教育质量，拥有优越的教育环境、高质量的师资、相对灵活的课程设置和一流大学入学率，是"精英高中"（事实上的"重点高中"）的典范。据有关资料显示，特殊目的高中学生的人均教育费用是普通高中的1.9倍。[2] 特殊目的高中基本上包括六大类：一是科学高中，以培养科学精英人才为目标。二是外语高中，以培养人文领域优秀人才为目标。三是国际高中，以培养全球化时代的国际精英为目标。国际高中主要包括三种类型，其中既有公立学校，也有私立学校。第一种是在普通高中里开设国际课程。主要开设的国际课程有美国高中课程、美国大学先修课程、美国学术能力评估测试课程、国际文凭大学预科课程、加拿大BC省海外高中课程、英国普通高中高等级证书课程（A-Level），这类学校中比较有代表性主要是特殊目的

---

[1] 张雷生：《关于韩国高中多样化办学政策的研究》，《外国教育研究》2016年第7期。
[2] 姜英敏：《"高中平准化"时代的落幕——韩国高中多样化改革浅析》，《比较教育研究》2010年第6期。

高中里的外语高中、国际高中和部分自律型高中,比如首尔国际高中、京畿外国语高中和大元外国语高中(私立)、民族史观高中(自律型高中)、现代青云高中(自律型高中、私立)。第二种是国际学校。这些学校主要集中在仁川和济州等地的自由经济区内,学校教授国外课程,学生一般只能获得外国文凭,申请国外大学。第三种是国外学校在韩国举办的分校。这类学校仍不多见,比较有代表性的有美国在韩国开设的查德威克国际学校和德怀特学校韩国分校。四是艺术体育高中,以培养艺术体育专门人才为目标。五是自立型私立高中,是教育科学技术部指定学校,财政自立,实现学生选拔和教育课程运营的自律化。六是部分职业类高中,属精英型职业高中,办学经费来自公共财政,学生免学费、住宿费和留学费,韩国顶尖企业参与课程设置、实习、专业指导,学生在校期间不仅要获得相关专业的职业资格,到世界著名企业免费实习,还要具有外语能力、社会服务、学业等方面的优异成绩才准予毕业。

上述高中均在全国范围内招生,旨在为国家培养精英人才,入学竞争相当激烈。2000年,韩国颁布《英才教育振兴法》,建立了特殊目的学校的英才教育(英才学校)、一般学校的英才教育(英才班级)、大学、研究所及教育厅等英才教育(英才教育院)的"金字塔"式的英才教育制度,实现了英才教育的法治化。该法将英才界定为"才能优秀者,是为启发与生俱来的潜力而有必要实施特殊教育者"。英才包括六个领域,即一般智能、特殊学问的适应性、创造性思维能力、艺术上英才、身体上英才和其他特殊性英才。高中阶段英才生的数量仅占高中全体学生的0.01%。[1] 该法还规定,特殊目的高中(以特殊领域的专业教育为目的的高中)中的科学、外语、艺术、体育四个系列的学校,是实施英才教育的专门学校机构。

特色化高中是以满足学生多样化的兴趣、潜能、素质和能力发展,培养特定领域创新型人才为目标的一种高中办学类型。特色化高

---

[1] 刘继和、赵海涛:《韩国英才教育制度及启示》,《比较教育研究》2012年第12期。

中分为特色化职业高中和特色化替代高中。特色化职业高中集中于设计、烹饪、汽车、动画、观光、园艺、演艺等多个领域，满足学生的多样化兴趣和能力。特色化替代高中主要针对那些无法完全适应一般意义上的高中的学生（例如，可能在中途退学的学生），在某种程度上具有补偿教育的特点。

自律型高中包括自律型私立高中和自律型公立高中两种类型。与自立型私立高中不同，自律型私立高中归属地方教育厅，在地方范围内招生，在学费裁定权、课程设制权、招生权、聘任教职员工、学校财政管理等方面享有较大的自主权利，政府只通过评估实施监管。[①]设立自律型私立高中的目的是扩大学生的学校选择权和私立学校的办学自主权，以及学生家长的满意度。在实际运作中，自律型私立高中的诟病颇多。它的学费高达普通高中的3倍，成了仅有富裕家庭子女可以承担的"贵族学校"和成绩优秀者升学的"名牌高中"；韩国通过公立高中、开放型学校转制等方式，加强了对自律型公立高中的建设，对于那些教育条件较差但具有较强改革意愿的公立高中提供支援扶持，以不断提高教育教学质量。到2011年，韩国共有58所自律型公立高中。[②] 政府在给予自律型公立高中自由管理权的基础上保障学生择校权，根据学校的招生人数给予办学经费。

此外，寄宿制高中也可以视为韩国普通高中多样化办学的一种特殊类型。设立寄宿制高中，是为了满足大量农村学生在本地接受普通高中教育的需求，核心目的是通过将教育落后地区的学校指定为寄宿制高中，支援宿舍设施，从而减少和解决学生上下学不方便的问题，确保充分学习时间，提供多样教育项目以切实保障教育机会平等，彻底打破教育致贫的恶循环。[③] 寄宿制高中既有公立高中，也有私立高中。还需提及的是，韩国有男女分校的教育传统，时至今日，韩国的高中学校中仍有一定比例的男子高中或女子高中，尤其是在私立高中

[①] 姜英敏：《韩国高中入学制度改革刍议》，《比较教育研究》2014年第11期。
[②] 张雷生：《关于韩国高中多样化办学政策的研究》，《外国教育研究》2016年第7期。
[③] 张雷生：《关于韩国高中多样化办学政策的研究》，《外国教育研究》2016年第7期。

更为常见。例如，在首尔的私立高中学校里，单一性别高中占学校总数的70%，只有30%的学校是男女同校。

韩国的高中教育改革正呈现出类型多样、培养目标多元、重视精英教育的特点。需要指出的是，韩国推行的高中学校类型多样化政策，也逐渐暴露出一些弊端，这就是在高中教育体系中形成了一种特有的"等级"，造成学校之间产生序列化排名的状况，学费贵、不平等招生、教育内容倾斜等问题日益显现。例如，有人指出，外语高中和国际学校已经成为大学入学的"直通车"，外语特长生相比于普通高中学生，大学升学的难度更低，此外，高昂的学费也有损教育公平。[①] 为了解决上述问题，2019年，韩国教育部发布了"取消高中等级化"和"强化普通高中能力教育"的方案，要求从2025年3月起，将私立高中转变为普通高中，学生选拔方式也将与普通高中相同，而普通高中也将强化学生的能力教育，使两种高中的学生发展更为均衡。[②]

"教育在超历史时代需面对的不断增加的真正挑战是课程所教的内容而不是教学的方式。"[③] 在教育课程多样化方面，韩国将高中课程整体上设计为学科课程和创造性体验课程两部分。学科课程包括通识课程和专业课程两类。通识课程的教学科目包括基础（韩语、数学、英语）、探究（社会、科学）、艺体能、生活与教养四个领域。专业课程包括农业生物学、技术、工业、电子商务和信息、渔业和航运、家政。创造性体验课程包括俱乐部活动、志愿者活动、自主探究活动、职业活动。[④] 高一课程以共同必修科目为主，高二课程开始强化多样的选修课程。此外，为了增加高中学生对于教学科目的多样化

[①] 《韩国：私立学校校长联合发声反对新政府废除私立高中》，《人民教育》2017年第18期。

[②] 季丽云：《韩国：将取消高中学校"等级化"，并强化"普通高中能力教育"》，《人民教育》2019年第23期。

[③] ［意］卢西亚诺·弗洛里迪：《第四次革命：人工智能如何重塑人类现实》，王文革译，浙江人民出版社2016年版，第91页。

[④] 刘敏、董筱婷：《韩国高中教育改革——以首尔为例》，《外国中小学教育》2015年第3期。

选择机会,韩国对高中教育课程进行了结构重组,将基础教学科目(韩语、数学、英语)分为基本、普通、深化等水准科目,并将深化水准的科目开设为选择科目。

2017年,韩国发布《高中学分制推进方向及试点运营计划》,并于2022年在全国正式引入学分制。事实上,学分制在一些高中学校早已先行先试。例如,首尔科学高中已经由学分制替代了班级制,学生进行自主选课,修满170学分即可毕业。[①] 韩国高中学分制是由学生根据各自的职业规划自主选修课程并获得学分,当学分累计达到一定标准即可毕业的教学管理制度。[②] 通过学分制改革,整合校内外课程资源,探索多样化的课程运行模式,扩大学生的课程选修权,为学生提供符合生涯规划需求和个性化的课程。

综上所述,韩国聚焦"以学生为中心"的教育宗旨,主要通过"学校类型多样化"和"教育课程多样化"两条路径推动普通高中多样化办学,并辅之以高中课程改革、学分制改革、入学制度改革和大学招生制度改革,形成全方位系统推进格局。[③] 不过,对于是否真正实现了学校多样化办学的主旨,韩国国内存在分歧。例如,有研究发现,在控制入学时的学生背景的情况下,自律型私立高中和普通高中间的学校效果差异显著减少甚至变得没有统计意义。研究结论显示,学校的卓越发展能通过提前抢占"优秀"生源实现。[④]

二 日本:大力推动高中教育多样化发展

1973年,美国学者马丁·特罗根据一个国家高等教育能够吸纳适龄人口的比例,把高等教育发展划分为三个阶段:适龄人口高等教育入学率在15%以内的为精英教育阶段;在15%—50%之间为大众

---

① 刘敏、董筱婷:《韩国高中教育改革——以首尔为例》,《外国中小学教育》2015年第3期。
② 李协京:《韩国高中学分制改革述评》,《世界教育信息》2019年第1期。
③ 熊丙奇主编:《2021年中国教育观察》,社会科学文献出版社2020年版,第160页。
④ 张雷生:《关于韩国高中多样化办学政策的研究》,《外国教育研究》2016年第7期。

化教育阶段；在50%以上为普及教育阶段。① 借鉴美国社会学者马丁·特罗的高等教育发展阶段理论，在20世纪60年代中期，日本的高中教育就迈入了普及化阶段（适龄人口入学率超过50%），到1974年，日本的高中教育入学率达到90.8%，已经进入高度普及化阶段（以超过90%为标志）。之后，日本的高中教育入学率继续保持缓慢增长。进入21世纪，日本的高中教育普及率得到大幅提升，2004年达到97.5%，2009年达到98%。

因高中入学学生在兴趣、能力、性向，以及毕业出路等方面存在多样化特征，日本在高中教育由大众化向普及化发展的初期，就提出了高中教育多样化发展的思路。1966年，日本中央教育审议会（简称"中教审"，是日本文部大臣咨询机构）发表《关于后期中等教育的扩充与整顿》，指出高中教育的内容与形式要在适合每个人的性向、能力、出路与环境的同时考虑社会要求，实现多样化。② 报告发布之后，有关教育官员就指出"由于高级中学入学率的上升，过去仅能使同龄者的二三成入学、仅能实施较高水平知识教育的高级中学，现在要收容同龄层70%、不久将是80%的人入学，入学学生的能力差别将会拉开，所以必须实行适应多样化学生的教育"。③

随着日本高中教育进入普及化阶段，高中教育的多样化发展显得更为迫切。当时，高中教育仍以单轨制为主，学生上高中主要是为升入大学做准备，这使得原本有着多种选择余地的初中生在升入高中后必须面临激烈的升学考试竞争，他们的身心健康和全面发展受到严重影响，很多学生的学习意愿下降，问题行为大量发生，退学者大量增加。据有关研究显示，日本当时高中生的中途退学者约10万人，中途退学率达到2%。④ 1991年，中教审提交了咨询报告《关于应对新

---

① 胡庆芳：《美国高中教育普及的历程与现行改革》，《全球教育展望》2006年第2期。
② 高益民：《面向个性化的日本高中教育改革》，《比较教育研究》2010年第6期。
③ 张德伟：《略论日本高中教育普及化的基本特征》，《比较教育研究》2016年第11期。
④ ［日］黑泽惟昭、张德伟：《日本教育中的新自由主义》，《外国教育研究》2010年第11期。

时代的教育诸制度的改革》，全面阐述了高中教育改革的思路，提出高中教育要注重质量提高、学生个性发展和终身学习的需要。从日本提出高中教育多样化发展政策的思路中，我们可以看到，推动高中教育多样化发展，是一个国家的高中教育进入普及化发展阶段之后，适应学生多样化发展需求的一个带有规律性的教育改革策略。

第二次世界大战后日本的高中学校主要包括普通高中和职业高中两种类型，而且这两种类型的高中相对分离，学生只能选择其中的一种学校。随着日本高中教育进入普及化阶段，这种相对分离的高中制度显然已经完全不适应学生发展的需要了。在20世纪90年代，日本加强了高中学校类型多样化改革，提出建设新型高中，主要包括综合学科高中、普通科学分制高中、初高中一贯制学校，实现"弹性而多样化的高中教育"。[①] 此外，日本也加强了普通高中的特色化建设，鼓励创办特色学校，包括中坚学校、鼓励学校、升学指导重点校。然而，有研究显示，日本的普通高中特色化建设收效甚微，普通高中的特色化建设是困难的，学校主要是通过广泛开展俱乐部活动、降低教学难度、重视英语会话和志愿服务活动之类的做法推进特色化建设，这些做法是每所高中都需要的，缺乏真正的特色。[②] 还需要提及的一点是，在各种类型的高中学校中，日本都较为注重对学生进行职业生涯教育。日本的高中学校普遍实施了"双轨制学习体系"，引导和安排学生进行与职业、工作有关的体验活动。学生在学习普通高中文化课程的同时，必须拥有在企业实习的职业体验经历。高中学校积极谋求与公司企业、自治团体、工商界团体等社会组织建立互助协作关系，积极为学生的岗位体验寻求帮助。

新型高中的三种基本类型及其特点如下。

综合学科高中。在日本，这类高中是与普通高中和职业高中相并

[①] 刘晓萍：《高中学费无偿化：日本高中教育改革政策动态》，《上海教育科研》2016年第10期。

[②] ［日］黑泽惟昭、张德伟：《日本教育中的新自由主义》，《外国教育研究》2010年第11期。

列的第三种学校教育制度。1993年,"高中教育改革推进会议"在第四次会议报告《高中教育改革的推进——关于综合学科》中,首次正式使用"综合学科"一词。同年,日本启动了创建综合学科高中的改革试点。[1] 综合学科高中具有通识教育、学术性升学准备教育和职业技术教育等多种职能,[2] 对学生进行普职融通综合性教育。综合学科高中同时设普通科(普通高中科目)和专门学科(职业类科目),对学生综合进行普通教育和专门教育,以适应学生升学和就业等多种出路的需要,重视实践性、体验性学习,激发学生的学习动力和主体性,培养学生的社会适应能力和生存能力。学生可以根据自己的意愿,在普通教育和专门教育中自由选择学习科目。综合学科高中大多采用学分制管理方式,学生不受学期和学年的限制,只要修满毕业所要求的学分,就可毕业。此外,学生在其他学校或教育机构学习课程修读的学分和取得的各类技能审查成绩与资格、校外参加志愿者活动、企业实习等取得的成绩与资格都可被予以学分认定,这极大地调动了学生学习的主动性和积极性,也在一定程度上激活了综合学科高中的办学活力。综合学科高中的实施赢得了较为广泛的认可。有研究显示,在日本,大约有60%的初中生希望进入综合学科高中学习。[3]

学分制高中。学分是测算学生履修课程学习量的基准,学分制的基本原则是学生可以自由选择除必修科目以外的学习课程,取得足够的学分数作为毕业的最低条件。[4] 1993年,日本在全日制普通高中引入完全的学分制,它区别于将学分制和学年制相结合的学年学分制。这类高中完全不按学年安排教育课程,没有学年(一般根据高中入学

---

[1] 李润华:《综合高中:日本高中普职融通模式研究》,《外国中小学教育》2016年第3期。

[2] 李润华:《综合高中:日本高中普职融通模式研究》,《外国中小学教育》2016年第3期。

[3] 范伟、陆素菊:《日本综合高中的发展经验及其对我国中职学校改革的启示》,《职教论坛》2010年第19期。

[4] 刘琪:《日本高中学分制的变迁和多样化的学分制高中》,《全球教育展望》2003年第2期。

时间的长短称年次）和班级，也没有留级和升级的规定。学生只要在高中就读时间总计满三年（日本规定学生至少3年才能高中毕业）且修满规定学分后即可毕业。学分制高中为学生开设了大量的选修课程，学生完全可以根据自己的学习计划自由选择学习科目，安排学习进度。这样就打破了传统的班级授课模式，实施选课走班制度，学生根据自己选修的不同课程去各个教室上课。学生除了在本校修习学分以外，在其他教育机构的学习内容也可以被学校予以学分认定。例如，墨田川高中是东京第一所公立升学型学分制高中。学校非常注重对学生进行升学指导和培养学生的学习能力，在第二年次就开设针对不同大学入学考试项目的演习课程和与大学科目衔接的探索教养课程。学校在英语学科课程方面优势突出，是一所被日本文部科学省认定的超级英语高中。

初高中一贯制学校。这类学校主要有三种类型。第一种称为"中等教育学校"，这种学校实施初高中6年一贯教育，如果学生完成初中课程后不愿意升入高中，也可获得初中学历毕业；第二种称为"并设型"学校，虽然初中校和高中校是分开设立的，但举办者相同，初中生毕业后不进行高中入学选拔就可进入高中校就读；第三种称为"共建型"，由几所初中校和同一所或若干所高中校在课程、教师、学生等方面开展交流合作，共同开发课程，组建教师团队，初中毕业生升入高中时只进行简单的考试。[1] 例如，日本的川根高中仅有200多名学生，所有学生都是来自本地的3所中学的升学者，四所学校合作推进"川跟地区合作型初高中一贯制教育"，其特征在于课堂交流。[2]

20世纪80年代后期，日本加强了高中课程改革，不断丰富高中课程结构，在普通课程（包括国语、数学、英语、社会、理科等学科）、职业课程之外增加了综合课程和学分制课程，并逐步减少普通

---

[1] 高益民：《面向个性化的日本高中教育改革》，《比较教育研究》2010年第6期。
[2] ［日］佐藤学：《学校见闻录：学习共同体的实践》，钟启泉译，华东师范大学出版社2014年版，第144页。

课程和必修课程及其学分数（1 学分对应 35 次，每次 50 分钟的上课时间），大量增加选修课程，扩大学校的课程自主权和学生的选课范围，从而减轻学生负担，培养学生的学习能力。现行日本普通高中课程由 10 个学科和 48 个科目（包括必修、选择性必修和任意必修）构成。[①] 其中，共同必修学科包括日语、地理历史、公民、数学、理科、保健体育、艺术、外语、家政、信息及综合实践活动。除了共同必修学科外，日本鼓励各普通高中学校可以根据自身培养目标开设选修课，以适应学生课程选择的需要。[②] 在这些学校，课程设置和科目的履修学分按照学年进行严格划分和规定，并在此基础上采取学分制管理。各学校有自主开设各种学科和科目的权力，并可以自主增加科目的课时和学分。《高中学习指导要领》规定，普通高中学生毕业的学分总数要求为 148 学分，其中，共同必修科目的学分不低于 62 学分，学校自设科目的学分不超过 40 学分，从而为学生自由选择课程提供了较大的余地。

在促进高中教育多样化发展的制度保障方面，可资借鉴的两点在于：日本加大了对高中教育经费的投入，非常重视高中教育与大学教育的衔接（简称"高大衔接"）。

长期以来，日本高中阶段教育经费主要由地方政府和家庭共同承担。受 2008 年国际金融危机影响，日本经济陷入低谷，许多家庭的经济收入普遍降低，导致家庭对于高中教育费用支出相对较高。有研究显示，日本公立高中学生每年的学费大约有 12 万日元，私立高中学生的学费更高。2008 年，日本高中生中途退学共计 66226 名，其中因家庭经济问题导致退学的不在少数。

2010 年 4 月，日本颁布《高中学费免费化法案》，规定接受高中阶段教育的学生享受免费政策和政府补贴，包括在公立高中就读的学生实施免收学费制度，学费由中央和地方政府共同承担；在私立高中

---

① 李润华：《日本普通高中分科教育教学模式》，《比较教育研究》2009 年第 10 期。
② Ⅰ、Ⅱ、Ⅲ，表示难度差异，Ⅰ为基础水平；A、B、C，表示在内容重点方面的差异。

就读的学生实施就学支援金补助制度,根据学生的家庭经济情况,为学生提供相应程度的学费补助。2014年4月,日本颁布实施《关于支付高中等就学支援金法律》,对上述法案做了调整,对公立高中学费设置收入限制标准,规定公立高中学生家庭年收入超过910万日元需缴纳部分学费,私立高中学生每月补助9900日元,对于年收入超过910万日元的家庭不予补助金,低于该标准的学生将给予不定额的补助。[1] 日本通过实施高中免学费制度,推进高中教育向准义务化阶段发展,促进高中教育资源配置均衡化和高中教育机会均等化。

2014年12月,中教审公布了咨询报告《实现适合于新时代的高大衔接的高中教育、大学教育、大学入学者选拔的一体化改革——为了所有年轻人梦想和目标发芽,未来开花》,在日本全面推行"高大衔接"改革。它以高中生从高中教育到大学教育的平稳过渡为目的,将高中教育、大学教育和大学入学选拔融为一体,让学生全面掌握这两个教育阶段所要求的一贯性的能力,例如"生存能力"和"扎实的学力"(思考力、判断力、表现力)。通过"高大衔接",不仅为高中教育和大学教育的衔接搭建了桥梁,而且也有助于提高高中和大学的教育质量,使其更加重视学生能力和学力的培养。"高大衔接"的实施主要有下面几种途径。一是大学课程学分认定。高中学生可以到大学修习课程,获得学分认定。学生通过亲身体验大学的授课方式、学习方法、生活状态等,对自己高中所学的学科知识有了更为深入的认识,有助于提高基础学力,同时,对日后升入大学的专业选择和未来的职业规划有了更为清晰的意识。二是实施补习教育。这是大学对高中阶段教育的一种补偿性教育,即对基础学力不足的大学生进行再教育,目的是解决高中教育与大学教育在教育内容上存在脱节的问题。三是初年度教育。这是大学对新生实施的一种教育,通过对他们进行专业性的教育,例如,掌握报告书和论文写作方法、掌握信息收集和资料整理的方法

---

[1] 刘晓萍:《高中学费无偿化:日本高中教育改革政策动态》,《上海教育科研》2016年第10期。

等,使学生能够较好地融入大学的学术环境。四是其他多种"高大衔接"活动。例如,高中生到大学旁听课程、大学面向高中生举办校园开放活动、大学教师在高中开展教学和开设讲座等。①

对于那些正在接受高职教育或已进入工作岗位,欲在未来报考大学的初中毕业生来说,可以通过业余高中的途径继续学习,毕业后即可报考大学。业余高中包括定时制和函授制两种。定时制高中利用白天或者夜晚对学生进行直接教学,函授高中只招收没有机会进入全日制和定时制高中学校且具有初中毕业程度的在职青少年,通常通过函授或者广播电视等方式授课,教师定期组织学生面授或考试,教学几乎与全日制相同。② 由于学生的特殊性,业余高中的学制要比全日制高中稍长,一般为4—5年。

日本从20世纪70年代以后着力推进的高中教育多样化改革,没有将学科和课程的多样化作为一个重点策略,而是注重从学制和学校类型的多样化方面予以推进,创立了学分制高中、综合学科高中、初中高一贯制学校等新型高中。从制度保障层面,加大了对高中教育的经费投入,减轻了家长的教育负担,扎实有效地开展了"高大衔接"的改革,为高中教育的多样化改革创造了条件。然而,高中教育多样化改革也产生了一些难以避免的负面效果,普通高中教育的不均衡性被扩大,弱势群体被抛弃。高中分化是国民阶层分化的反映,可以说,日本谋求学校多样化的处方仍未能彻底解决学校差别化教育的痼疾。

纵观芬兰、美国、韩国、日本四国高中教育改革与发展历程,可有如下四点启示。第一,实施普通高中多样化办学,是一个国家高中教育进入高度普及化阶段的必然选择,是满足学生多样化教育需求的必然选择,是坚持以学生发展为中心,推进教育民主化进程的必然选择。第二,办学类型多样化和课程设置多样化是普通高中多样化办学

---

① 吕光洙:《日本高中教育与大学教育衔接述评》,《上海教育科研》2015年第10期。
② 曲正伟:《普通高中多样化发展的价值取向与制度设计》,《东北师大学报》(哲学社会科学版)2011年第2期。

制度设计的两个重要方面,即通过提供多样化的高中学校类型,引导每一个学生实现高中教育科学而有序地分流,通过设置多样化的课程,帮助每一个学生找到最适合自身发展的教育路径。第三,普通高中多样化办学制度的落实是一个系统工程,要处理好普通高中教育与中等职业教育的关系、普通高中教育与高等教育、普通高中教育与社区教育的关系,以及普通高中教育内部精英教育与大众教育的关系、公平与卓越两种价值取向之间的关系,并从教育法治、经费保障、学制改革、考试招生改革、学校管理、课程改革、教学改革等多个方面入手,加强与普通高中多样化办学制度的沟通与协调。第四,实施普通高中多样化办学制度的目的在于弱化普通高中发展的不均衡性,从整体上提高普通高中教育质量,以多样化教育供给满足学生多样化教育需求,而目的的达成效果如何评判,以及如何避免普通高中学校在多样化办学制度背景下产生新的等级化和两极分化现象,引起新的教育不公,这些问题需要引起我们高度关注。

第六章　普通高中多样化办学制度的本土探索

为落实国家关于普通高中多样化有特色发展的系列政策要求，打破普通高中同质化发展瓶颈和分层办学的固有格局，中国很多省份、地区和学校都积极开展了普通高中多样化办学制度的探索实践，基于本地（校）的普通高中教育发展实际、办学优势和传统，大力推进普通高中办学类型多样化和培养模式多样化改革。总的来说，中国各地在落实普通高中多样化办学政策上仍处在试验探索阶段，一些地区先行先试，不断创新制度举措，积累了较为丰富的经验，也取得了一些阶段性的成效，但离在区域整体上基本形成多样化分类办学格局尚有差距。各地在普通高中多样化办学制度设计上，尚未树立从普职协调发展视角思考制度路径的自觉意识，缺乏统筹思维，阻断了与中等职业教育的横向衔接，致使一些制度本身存在明显弊端，其最终实施效果可能会大打折扣。例如，在区域内普职教育结构比例严重失衡的情况下，如何推进普通高中多样化办学；在普通高中多样化办学类型设计中，能够集中体现普职融通性质的综合高中并没有成为各个地区的一个"必选项"；在普通高中学校培养模式多样化的设计上，存在学生培养目标的学术取向凸显、高中内部分流、学制融通和普职合作培养制度缺乏、课程互通学分互认制度尚未建立等诸多问题。

第一节 省域视角的创新实践

不可否认,中国部分教育发达地区、省市在推进步普通高中多样化办学制度建设方面,敢于创新,在注重理论提升和加强理论指导的基础上,取得了明显成效,形成较为鲜明的区域模式,为其他地区提供了有益的参考经验。

一 上海市:特色普通高中建设

在探索普通高中多样化特色发展的实践创新方面,上海市长宁区坚持区域推进策略,成为上海市"区域高中多样化特色发展"的先行者。长宁区早在2009年就申报获批了"促进高中教育优质特色多样发展试验项目",并于2010年被列入教育部教育体制综合改革试点。长宁区的8所公办普通高中各自结合自身的历史文化、办学理念、学生需求和办学体制,探索形成了高中多样化特色发展的"长宁模式",即在基础型课堂改革基础上,注重培养学生的综合素质,构建"一校一主轴"的主题课程,形成全区普通高中"主题轴"综合课程群落,为学生创造多样化的发展路径。例如,华政附中的"明德尚法"、延安中学的"数学与科技"、复旦中学的"博雅文化"、仙霞高中的"信息素养"、市三女中的"教育剧场"、西郊学校的"科学健身"、天山中学的"生涯规划"等。当然,特色高中建设一定离不开必要的经费保障。据统计,长宁区仅2010年一年内,对8所普通高中的预算内专项投入达371万元,教育费附加达560万元。[①]

在上海市部分区域先行先试、创造有益经验的基础上,2011年,上海市采取以项目方式推动本市普通高中走向多样化、特色化发展的思路,正式启动特色普通高中建设与评估项目,促进普通高中教育从

[①] 《"主题轴"上写出校本文章——上海市长宁区推进高中多样化特色发展采访纪行(下)》,2012年5月28日,www.moe.gov.cn/jyb_xwfb/moe_2082/s6236/s6298/201205/t20120528_139376.html,最后浏览日期:2022年9月24日。

分层教育逐步向分类教育转型。特色普通高中建设的总体思路是：普通高中学校以校本化特色课程体系建设为主要抓手开展特色创建，形成特色鲜明的办学思路，并逐步提升为办学理念，进而形成明确的办学特色，内化为稳定的办学风格，直至发展为成熟的学校文化。

由于各普通高中学校在特色建设基础和特色发展水平上存在明显差异，上海市探索实施阶梯式晋升的"双重路径"，让每一所学校都能科学定位自身的起步阶段，聚焦特色课程建设，找准特色发展的方向。一是对特色普通高中发展做了三段式划分，包括特色项目阶段（学校有一个及以上适应学生需要的富有特色的课程或项目）、学校特色阶段（学校围绕特色领域，形成相应的特色课程群，形成面向全体学生、层次递进的特色课程体系，形成一定的办学特色）和特色学校阶段（学校以特色领域为主线，制订发展规划，形成系统引领和支撑学校发展的办学思想、发展目标、课程体系、教师架构、管理制度、资源体系和辐射机制），各学校可以据此判断自身已处于何种发展阶段，进一步明确发展路径和发展重点；二是建立市区两级特色普通高中项目的学校建设梯队，形成市级引领、区级跟进的良性进阶层次，进而在全市建设一批特色普通高中，带动一批特色普通高中项目学校，引领一批高中学校主动开展课程建设。

2014年，上海市教育委员会印发《上海市推进特色普通高中建设实施方案（试行）》（以下简称《方案》），对特色普通高中做出了界定，即指能主动适应上海城市功能定位、社会和地域经济发展以及学生发展的需求，有惠及全体学生、较为成熟的特色课程体系及实施体系，并以此为基础形成稳定独特办学风格的普通高中学校。《方案》提出要在全市建成一批课程特色遍及人文、社科、理工、艺体等多个领域，布局相对合理，有效满足学生多样化学习需求的特色普通高中。对于参与特色普通高中建设项目的普通高中学校，《方案》鼓励其在推进课程改革中创新发展，允许其可根据本校特色课程体系建设和实施方案，调整课程设置和实践安排，自主制订学校课程计划（须经市教育委员会审核），原则上不得突破高中课程总课时；《方案》鼓励学校自主探索符合自身特色教育特点的学生综合评价体系和选拔机制，并予以扩大招生范围、实行自主招生等支持。

2016年，上海市教育委员会又印发了《推进特色普通高中建设三年行动计划（2016—2018年）》，进一步明确了上海市特色普通高中建设的策略和原则，并对特色普通高中建设做出了更为具体的工作部署，再次强调要通过特色普通高中建设撬动学校发展方式和育人模式转型。该计划提出按照成熟1所创建1所、创建1所命名1所的原则，在三年时间创建完成8—10所市级特色普通高中的目标。该计划还明确提出了实施"组织""创建""指导""评估"四方主体相对独立运作的工作机制，不仅有效提升了特色普通高中创建的工作效率，而且在一定程度上保证了这项工作的透明度，使其更加公开、公正和公平，体现更强的说服力和可信度。2021年1月，上海市印发《关于本市新时代推进普通高中育人方式改革的实施意见》，提出到2022年，优化普通高中学校分层与分类相结合的发展模式，形成多样化有特色高质量的普通高中发展格局。之后，上海市又制订了《推进特色普通高中建设三年行动计划（2021—2023年）》，提出推动特色高中存量提质、增量保质，促进特色高中进一步提升品质，市示范性高中更好地培育特色实现错位发展，形成城乡分布合理、分层与分类相结合的普通高中高品质有特色发展格局。

到2020年，上海市共有57所学校成为"上海市特色普通高中创建项目学校"，涵盖人文、科技、社科、理工、艺术、医药、金融等多个特色领域，共有12所学校被命名为"上海市特色普通高中"，这12所学校的区域分布是：徐汇区1所（上海市徐汇中学）、普陀区4所（曹杨中学、甘泉外国语中学、同济大学第二附属中学、上海音乐学院附属安师实验中学）、金山区1所（华东师范大学附属枫泾中学）、长宁区1所（华东政法大学附属中学）、浦东新区2所（上海海事大学附属北蔡高级中学、华东师范大学附属东昌中学）、静安区1所（上海戏剧学院附属高级中学）、杨浦区1所（上海理工大学附属中学）、嘉定区1所（上海市嘉定区第二中学）。

12所"上海市特普通高中"在区域分布上并不均衡,普陀区连中四元,尤为亮眼。可见,普陀区高中教育多样化发展的经验具有一定的典型性和示范性。普陀区主动把握高中特色化多样化战略转型发展的契机,聚焦人才培养模式的创新、高中办学品质提升和区域高中发展的新格局的构造,通过架构高点定位、统筹规划、精准施策、协同保障、监控导向的工作机制,开展高中特色多样化转型和高质量发展的区域探索与实践。

在推动区域内普通高中多样化特色化发展方面,普陀区坚持两个价值取向,一是坚持主动对标上海城市发展目标与功能定位对教育发展进行整体架构。针对教育中存在的转变治理方式、优化品质结构、转换发展动力的空间等新的特点,主动对标上海卓越、全球城市的发展目标定位和创新之城、人文之城和生态之城的城市功能定位,在充分考虑相关政策、资源、环境和评价等关键要素的基础上,明确了以高中教育特色多样发展为引领,把普陀打造成上海基础教育高地的发展定位。以更加开阔的视野、更高的标准,研究和架构普陀高中教育特色多样化发展的战略方向。二是坚持以人为中心的需求导向,考量工作思路和发展路径。为突破人才培养模式单一和"千校一面"同质化发展的瓶颈,以特色办学撬动学校发展方式和育人模式的转型,形成普陀高中分类发展、百花齐放的局面。聚焦学生发展核心素养、教师发展核心能力和学校内在发展的核心动力、竞争力,提出以多样化、有特色、可选择、高质量为导向的全面推进区域高中特色多样发展的基本思路。明确了市实验性示范性高中要强精品建高峰,市特色高中要强内涵提品质,市特色高中的项目校要强孵化促转变,民办高中要强优势筑高地的发展路径。

普陀区以特色高中创建为突破口,以项目引领、错位发展、课程支撑、科研推动为路径,引导区域高中在办学模式、管理体制、课程建设、教学方式和队伍建设等方面有规划、有步骤地开展探索实践。在充分尊重每所学校自身发展基础和需求的基础上,对全区高中学校进行了分批分类指导,引导学校自主选择不同的特色发展道路,实现错位发展。各学校依托自身历史文化、生源特点、师资情况，主动适应和有效满足学生多样化发展的需求，在从特色项目到学校特色，再到特色学校的转变中，逐步彰显出独特稳定可持续的办学特色，有力促进了学校治理结构的优化、内涵品质的提升和育人模式的转变。各项目学校在如何面对全体学生和特长学生，兼顾学生基础性需求和提供性需求、促进基础课程与特色课程的有机融合、优质高中资源向初中小学示范辐射等方面，为全市特色高中建设提供了可复制可借鉴的经验。

普陀区注重协同保障，合力营造高中特色多样化发展的良好生态。通过政府部门、学校、家庭、社区、专业院所和企事业单位等相关主体协同配合，同向发力，整体推进区域高中特色多样发展过程。依托建立的街镇联盟链、园区实验链、承办辐射链、高校项目链、国际合作链的"五链"合作模式，以及医教、体教、文教、科教、社教"五结合"的协同发展机制，并在推动跨学校沟通、跨学段贯通、跨系统联通、跨区域互通、跨文化融通的"五通"中，聚集各方面力量，统筹整合各种社会资源，培育打造学校的特色品牌，服务于学生个性发展，促进全区高中特色多样化发展新生态的形成。[①]

二 天津市：特色高中和品牌高中建设

为促进普通高中多样化有特色发展，切实转变普通高中育人方式，提升基础教育综合实力，天津市在2011年启动了"特色普通高中建设工程"，在全市分三批择优评估遴选出50所"特色普通高中项目实验校"。在此过程中，天津市财政投入3220万元以奖补资金的形式对特色高中的创新实验室建设、学科专业教室建设、特色课程建设、教师队伍培养等方面予以专项资金支持。[②]

[①] 根据"深化特色学校建设，转变高中育人方式——2019年长三角普通高中特色发展论坛"有关人员的发言内容整理而成。

[②] 天津市教育委员会中学教育处：《特色高中建设促进普通高中育人模式改革——天津市特色高中建设回眸》，《天津教育》2019年第1期。

第六章 普通高中多样化办学制度的本土探索

通过项目建设和评估验收,天津市特色普通高中初步构建了创新人才培养、五育融合、素养教育、育人模式、普职融通等五大类型,有效促进了全市普通高中多样化办学格局的形成,一批特色较为鲜明的学校脱颖而出。例如,在创新人才培养方面较有代表性的学校有天津市南开中学的"拔尖创新人才培养"、天津市第一中学的"中学生创新型人格培养"、天津市实验中学的"科技创新型人才培养"、天津市第七中学的"发展潜能教育";在五育融合方面较有代表性的学校有天津市第二十中学的"语商教育"、天津市天津中学的"综合实践活动课程的常态化实施"、天津市第四十五中学的"幸福教育"、天津市梅江中学的"尚美教育";在素养教育方面较有代表性的学校有天津市第四十七中学的"卓雅教育"、天津市第五十五中学的"生态型教育"、天津市海河中学的"润泽生命教育";在育人模式方面较有代表性的学校有天津外国语学校附属外国语学校的"开放式教育"、天津市汇文中学的"自强教育"、天津市宝坻区第一中学的"发展性教育"、天津市蓟州区杨家楼中学的"双成教育";在普职融通方面较有代表性的学校有天津市复兴中学、天津市军粮城中学、天津市河东区天铁第二中学。

继"特色普通高中建设工程"之后,为了深入推进普通高中转变育人方式,实现普通高中高品质多样化特色发展,天津市实施了品牌高中建设项目。2020年12月,天津市教育委员会印发《关于天津市品牌高中建设的实施意见》,提出在"十四五"时期开始建设一批具有中国特色、国际视野、品质卓越的品牌高中,探索具有时代特征的普通高中发展"天津经验"。

为了保证品牌高中培育建设学校遴选的科学性,天津市制定了《品牌高中培育建设学校遴选指标体系》,涉及办学理念、管理创新、课程建设、教学改革、队伍建设和条件保障6个领域、20个一级指标和35个二级指标,其中,重点加大了课程建设和教学改革两个一级指标的权重,突出了其在标准体系中的地位和作用。在遴选范围与资格中,指出"全市普通高中原则是均可申报""已建成的50所特色高中学校可优先申报"。通过学校自主申报、区教育行政部门审核推荐、专家组审核评议、实地考察和校长答辩等环节,遴选出品牌高中培育建设学校30所,名单如下:南开中学、第一中学、耀华中学、新华中学、实验中学、天津中学、外国语大学附属外国语学校、第二十中学、第二南开学校、第四中学、海河中学、北师大天津附属中学、第七中学、第二中学、第二十五中学、南开大学附属中学、第三中学、第一百中学、第四十七中学、杨柳青一中、塘沽一中、紫云中学、大港一中、大港油田实验中学、开发区一中、宝坻一中、杨村一中、英华实验学校、静海一中、蓟州一中。

为了进一步规范品牌高中建设,加强专业指导,天津市制定了《品牌高中培育学校建设指南》《"品牌高中建设项目"三年培育方案》,对品牌高中建设做出顶层设计,为品牌高中培育建设学校提供了政策依据和操作指南。

品牌高中培育学校建设遵循教育规律和人才成长规律,以实现普通高中学生全面而有个性的发展为目的,通过专家引领,市、区、校协同推进,促使品牌高中项目学校更加明确新时代普通高中发展理念,根据自身办学基础和发展实际,深化课程教学改革,创新人才培养模式,转变育人方式,出经验,出成果,上水平,进一步扩大社会影响力,实现培育学校办学品质的整体提升,示范引领、辐射带动全市普通高中优质内涵发展。品牌高中的建设周期为三年,三年建设周期结束后,专家组进行评估验收,按照"成熟一所,命名一所"的原则,授予通过审定的学校"天津市品牌高中"称号。每三年对已命名的品牌高中学校进行复评考核,考核不合格的取消品牌高中称号。

品牌高中培育学校建设包括品牌规划与建设、品牌发展与成型和品牌影响与评估三个阶段,每个阶段的时间为一年。在三年建设周期里,品牌高中培育学校建设的主要内容包括七个方面,即落实新时代普通高中发展理念,形成与人才培养相适应的学校治理体系,加强课程体系和基于国家课程的优势学科建设,深入推进育人方式改革,建设高素质管理团队和教师队伍,加强学校装备资源条件保障,以育人成效和成果扩大社会影响力。

品牌高中培育学校的培育组织方式有七个方面,包括制定学校三年建设规划,完善顶层设计;开展专题研修,提升团队专业素养;建立互学互比机制,强化校际协作与成果互鉴;考察研修先进经验,提炼办学成果;举办经验交流,发挥示范引领作用;总结办学成果,提升学校影响力;开展中期考核和评估验收,提升品牌效应。

需要指出的是,入围品牌高中培育建设学校名单的绝大部分学校是之前进入特色普通高中建设工程且被认定为"特色高中"的普通高中学校。因此,品牌高中培育建设学校应首先解决的一个理论问题就是在正确认识特色高中和品牌高中二者关系的基础上,揭示品牌高中的本质属性。

首先,特色高中与品牌高中具有共同性。二者都是"办好人民满意的教育"这一思想的产物,都以高质量教育为共同追求,致力于在更大程度上满足人民群众对优质高中教育的需求。

其次,特色高中与品牌高中是有明显差异的,表现在如下几个方面。一是属性差异。特色高中是区域内普通高中的一种办学类型。比如,上海市基本形成了实验性示范性高中(市重点)、市特色普通高中(具有一定数额的招生自主权)和一般高中等多种办学类型,构建分层与分类相结合的普通高中发展模式。品牌高中是普通高中学校实现优质发展的一种状态,它在本质上讲应是一种文化属性,注重的是学校办学形成"品牌",不仅能够得到较为普遍的社会认同,而且能够产生良好的社会影响。二是地域差异。特色高中强调以特色办学服务于本地区、本区域的受教育群体。品牌高中强调突破特定的区域空间,能够在更大的地域和空间内产生影响,能够在全国和国际上"知名",继而为本地"增色",提升本地教育的美誉度和影响力。三是发展差异。特色高中强调课程建构,常以课程体系建设为抓手,课程与特色具有非常紧密的关联度。品牌高中在本质上是一种文化建构,它要求学校从办学理念、办学实践、办学效果等多个方面着力,在家长、社会、政府等多维层面实现广泛的认同和普遍的知晓。四是着力点差异。比较而言，特色高中是向内的，它更多关注学校的内涵式发展，以办学特色满足学生的多样化教育需求，继而增添学校的美誉度，类似于"在巷中酿好酒"。品牌高中是向外的，它在重视学校内涵发展的基础上，更加强调学校全面、优质发展，注重打造学校的知名度，类似于"走出巷子，让酒香飘洒四方"。

普通高中教育发展与时代发展息息相关。中国特色社会主义进入新时代，这必将赋予品牌高中新的时代内涵，具体包括如下几个方面。

立德树人是品牌高中的根本遵循。2019年6月国务院办公厅发布了《关于新时代推进普通高中育人方式改革的指导意见》，提出将"落实立德树人机制"作为普通高中育人方式改革的总任务。作为优质普通高中的典范，品牌高中应在落实立德树人根本任务方面做出表率，坚持把立德树人贯穿教育教学全过程，科学回答好"培养什么人、如何培养人以及为谁培养人"的重大问题，体现时代要求，引领高中教育发展。

发展核心素养是品牌高中的育人指向。中国基础教育改革的核心要素已从关注学科体系的知识和技能、学生发展的三维目标，转变为关注学生发展核心素养。品牌高中坚持以学生发展为本，把培育学生的学科核心素养与学生发展核心素养相统一，全面实施新课程新教材，完善学校课程管理，创新教学组织管理，深化课堂教学改革，加强学生发展指导，完善综合素质评价，促进学生全面而有个性的发展。

卓越品质是品牌高中的价值追求。建设品牌高中的目标就是实现普通高中内涵发展，不断积聚和锻造卓越品质，引领普通高中教育改革与发展的潮流。品牌高中的卓越品质表现在以下三个方面：第一，办学理念要具有引领性，品牌高中应该成为同类别高中里的标杆，能够破解社会和家庭对教育的迷茫，为其他学校提供示范性引导；第二，所提供的教育要具有适切性，应在提供给学生选择的课程上下足功夫，给每个孩子发展自己的可能性；第三，品牌高中要充分体现自身的社会责任感，体现公平性，应该为国家和民族的未来负责，思考如何在社会问题的解决、国家和民族的建设上贡献力量，为教育的均衡发展负责，不断思考如何通过自身的发展，让更多学生享受优质公平的教育。

改革创新是品牌高中的内生动力。新时代教育面临的机遇与挑战比以往任何时候都更加复杂，不断深化改革、努力追求创新是应对挑战、把握机遇的必然选择。变则通，面对新环境、新形势、新要求，只有坚持深化改革创新，才可能更好应对发展中的新挑战，也才可能更好把握发展中的新机遇。品牌高中建设必须建立改革创新的内在动力机制，激发办学活力，注重制度创新，彻底扭转普通高中低水平同质化发展格局，切实提高育人水平，使教育更加适合激发和培养每一个学生的发展潜能，不断满足人民群众对优质普通高中教育的多样化需求。

价值引领是品牌高中的文化使命。高中阶段是学生精神生命发育发展的特殊时期——世界观、人生观、价值观形成的关键期，需要对其进行必要的、健康的价值引领。品牌高中不仅要成为学生知识学习的高地，更要成为学生精神成长的家园，深入开展习近平新时代中国特色社会主义思想教育，强化理想信念教育，引导学生树立正确的国家观、历史观、民族观、文化观，切实增强"四个自信"，厚植爱党爱国爱人民思想情怀，立志听党话、跟党走，树立为中华民族伟大复兴而勤奋学习的远大志向。

品牌高中建设涉及学校教育改革与发展的各个方面，但其核心旨要是落实立德树人根本任务，为此，要把握如下四个关键点。

第一，建设思路符合新时代要求。品牌高中建设要以习近平新时代中国特色社会主义思想为指导，坚持创新、协调、绿色、开放、共享的新发展理念，紧紧抓住为党育人、为国育才这个核心使命。

第二，培养目标体现素养导向。回答"培养什么样的人"是品牌高中建设的逻辑起点。2020年10月13日，中共中央、国务院印发

《深化新时代教育评价改革总体方案》指出，坚持立德树人，努力培养担当民族复兴大任的时代新人，培养德智体美劳全面发展的社会主义建设者和接班人。可见，在党和国家层面，培养"时代新人"和"建设者和接班人"是新时代教育的根本使命。

教育部印发的《普通高中课程方案（2017年版2020年修订）》指出，普通高中的培养目标是进一步提升学生综合素质，着力发展核心素养，使学生具有理想信念和社会责任感，具有科学文化素养和终身学习能力，具有自主发展能力和沟通合作能力。以此为依据，从学科本位出发，基于学科本质凝练了各个学科核心素养，明确了学生学习该学科课程后应达成的正确价值观、必备品格和关键能力，进一步对知识与技能、过程与方法、情感态度价值观三维目标进行了整合，并研制了各个学科的学业质量标准，明确了学生完成一门学科学习任务后在学科核心素养方面应达到的水平及关键表现。2020年1月，教育部印发《关于在部分高校开展基础学科招生改革试点工作的意见》，从服务国家重大战略需求、加强拔尖创新人才培养的角度，提出了人才培养的具体要求，即"服务国家战略，招收一批有志向、有兴趣、有天赋的青年学生进行专门培养，为国家重大战略领域输送后备人才……引导中学更加重视学生成长过程，更加重视培养学生综合素质"。可见，基于素养指向的学生培养目标已成趋势，素养、发展核心素养、学科核心素养成为普通高中培养目标的关键话语。

第三，课程教学改革符合"新时代推进普通高中育人方式改革"的要求。在构建学校课程体系中，要突出课程的丰富性、多元化、综合性、选择性，服务于每一个学生的全面发展。在课堂教学改革中，要积极探索基于情境、问题导向的互动式、启发式、探究式、体验式课堂教学方式，开展验证性实验和探究性实验教学，开展课题研究、项目设计、研究型学习等跨学科综合性教学。

第四，校长、教师、学生具有广泛的社会影响力。首先，毕业生的综合素质高，而且优秀校友遍布本市、全国和国际三个层面。这里，对于优秀校友的界定应更为准确，即学校不能只盯着毕业于"双一流"高校、"985"、"211"等高等院校的毕业生，只要是为社会做出了一定贡献的毕业生，这其中就包括那些默默无闻的普通人，学校都要大力宣传。其次，教师队伍的整体质量高。一个学校中只有一两个知名教师是无法支撑整个教师队伍的。学校应努力打造各种类型和层次的教师专业发展共同体，形成教师群体发展的良好态势。最后，也是最重要的是校长必须具有较高的社会知名度和影响力，在本市乃至全国基础教育领域具有一定的话语权。从某种意义上说，品牌高中的题中之义就是具有广泛的社会影响力。而这个社会影响力，在一定程度上讲，它依赖于校长的影响力。因此，校长就是品牌高中的"代言人"。校长能否具有超越常人的办学思想、管理理念，能否领导一支队伍持续性开创性地探索学校的未来发展道路，这将决定一所学校的品牌能否形成、能否持续、能否发展、能否创新。

三 浙江省：普通高中特色示范校建设和分类办学特色发展项目

2011年，浙江省开展了普通高中特色示范学校建设，鼓励和支持学校建设符合本校学生发展需要且富有特色的课程体系，尤其是各类选修课程在结构上富有鲜明的学校特色，在数量和质量方面能够积极满足学生多样化、个性化选择学习的需要。与此同时，学校在选课制度、学分制度、弹性学时制度和评价制度等方面创新实践，切实改变普通高中长期形成的"千校一面"、严重影响学生主动性和个性化学习的状况，推进普通高中多样化、特色化发展和学生全面而有个性的发展，持续提高普通高中学校的教育质量和水平。

浙江省将普通高中特色示范学校建设和评估分为省一级和省二级两个级别，并配套下发了《普通高中特色示范学校建设标准（试行）》，从办学理念和方向、学校课程体系、育人模式、组织与管理、办学绩效五个维度，细分了办学指导思想、发展规划、必修课程、校内选修课程、校外选修课程、质量保障、选课体系、教育教学改革、学分制、师生和家长评价、规范办学、师资建设、条件保障、学生成长、辐射引领、学校发展等共计16个二级条目。每一个二级条目都分为"一级"和"二级"两个层次标准，用以体现省一级和省二级特色示范学校所应达到的建设和评估要求。例如，二级条目"校内选修课程"，它的"一级"标准是：有符合本校实际的选修课程建设规划、选修课程丰富且形成鲜明特色、已开发各类选修课程不少于每30名学生1门；它的"二级"标准是：有符合本校实际的选修课程建设规划、选修课程具有一定特色、已开发各类选修课程不少于每40名学生1门。建设标准体现明显的底线性约束力，可以说，每一项指标都是硬性的，对申报参与建设和评估的普通高中学校提出了非常严格的要求，即学校须无不合格指标，基本达标指标不超过2项。对于无不合格指标，且做到每班学生不超过30人、职业技能类选修课程在选修课程中的开设比例超过20%，或建立无年级制、实施全面选课的，基本达标指标可放宽到不超过4项。

浙江省普通高中特色示范学校实施周期性审查制度。每三年重新进行一次资格认定，审查的重点是课程体系、选课制度、学分制度和育人特色四个方面。对于周期性审查获得通过的学校，保持原先等级；对于未获通过的学校，要限期整改，整改到期仍未达到要求的作降级处理或取消省普通高中特色示范学校称号。获得省特色普通高中学校称号的学校如果存在如下严重问题，即选修课程开设严重弄虚作假、学分记录严重失实、违规招生、违规收费、因学校自身原因造成重大群体性安全稳定事故事件，省教育厅直接取消其称号。

浙江省普通高中特色示范学校建设的一个基本思路，就是突出基于选修课程开发和设计的学校课程体系建设。学校特色源于课程特色，课程特色主要取决于选修课程的多样化和特色化，因此，从某种意义上说，提升选修课程在学校课程体系中的地位，切实发挥其作用，是普通高中特色发展的一个基本路径。2012年浙江省印发实施了《深化普通高中课程改革方案》（以下简称《方案》），明确了"调结构、减总量、优方法、改评价、创条件"的总体思路，要求学校加快选修课程建设，把更多的课程开发权交给教师，把更多的课程设置权交给学校,把更多的课程选择权交给学生。《方案》提出调整优化课程结构,增加选修课程,将综合实践活动列入选修课程,并在总体上把选修课程分为知识拓展、职业技能、兴趣特长、社会实践等四类。与此同时,加大选修学分,使其从28分提高到48分,选修课程占总学分的比例由原来的19.4%提高到33.3%。《方案》提出要构建开放型选修课程体系,要求学校制订选修课程建设规划,积极开发选修课程、网络选修课程,将学校选修课程建设与开发情况列入对市县教育现代化达标评估和教育科学和谐发展考核体系,列入特色示范学校评估指标。与此相配套,《方案》提出要实行学分制和弹性学制,即学生在3年内修习必修课程满96学分、选修课程满48学分,同时学业水平考试和综合素质评价达到规定要求,可提前毕业。

2014年4月,浙江省教育厅确认并公布了首批省一级普通高中特色示范学校共计32所。在这32所学校中,杭州共有8所学校入选,但一些老牌重点中学意外落选。入选的8所学校分别是杭州市萧山区第二高级中学、杭州高级中学、杭州第二中学、杭州外国语学校、杭州师范大学附属中学、杭州第十四中学、杭州第七中学、杭州绿城育华学校。据杭州《都市快报》的报道,入选的32所学校既有老牌名校,也有名气不大的中学;既有城市学校,也有乡村学校;既有公办学校,也有民办学校。这些学校的一个共同特点是新课改做得好、选修课程丰富且形成鲜明特色。例如,杭州师范大学附属中学与杭州师范大学合作开设了化学实验课、光的应用(物理类)、食品加工(生物类)、生态与人类文明、戏剧、中国传统文化、中国医药文化、化学与人类文化等十余门选修课;又如,杭州市第二中学在与杭州市的大学、企事业单位合作的基础上,共计开设了300门左右的选修课程。入选学校的选修课在浙江教育资源网上展示,供全省高中共享。[①]

[①] 《浙江省公布首批省一级普通高中特色示范学校 杭州8所学校入选一些老牌重点中学意外落选》,2014年4月11日,https://hzdaily.hangzhou.com.cn/dskb/html/2014-04/11/content_ 1707805.htm,最后浏览日期:2022年8月23日。

从上述报道可以看出，学校在选修课特色课程开设方面的鲜明度是能否入选省级普通高中特色示范学校的一个关键指标。

2014年9月，国务院颁发《关于深化考试招生制度改革的实施意见》，针对中国考试招生制度存在的唯分数论影响学生全面发展、一考定终身使学生学习负担过重、区域城乡入学机会存在差距、中小学择校问题较为突出、加分造假违规招生现象时有发生等突出问题，进一步深化考试招生制度改革，并选取浙江省和上海市作为全国首批高考综合改革试点，先行先试，及时调整充实、总结完善试点经验，为其他省（区、市）高考改革提供依据。浙江省随即出台了《浙江省深化高校考试招生制度综合改革试点方案》（以下简称《方案》），围绕增加学生的选择性、分散学生的考试压力、促进学生全面而有个性发展的目标探索新高考改革方案。之所以选择浙江作为全国高考综合改革的试点省份，这与浙江省先期开展普通高中特色示范学校，并已完成了第一个周期的建设和评估工作，在选修课程开发、学校课程体系建设、选修制度、弹性学分制度等方面积累了较为成熟的经验有着紧密联系。《方案》凸显了"选择性"教育的改革理念，在教育目的上，实现了从注重"学科成绩"向促进"学生成长"的转型；在教育内容上，实现了从专注"层次选拔"向优化"个性选择"的转型；在教育方式上，实现了从过度关注"育分"向全面关心"育人"的转型。[①]《方案》提出浙江高考实行"3+'7选3'"模式，增加了学生对选考科目及考试时间、次数的选择性，即考生除语文、数学、外语三门必考科目外，可以从思想政治、历史、地理、物理、化学、生物、技术（含通用技术和信息技术）等7门设有加试题的高中学考科目中，选择3门作为高考选考科目。学生的科目组合选择达到35种。语文、数学考试于每年6月进行。外语每年安排2次考试，1次在6月与语文、数学同期进行，1次在10月与选考科目同期进行。选

---

① 李润洲：《普通高中转型性变革的实践探索与理论思考——基于浙江的"选择性教育"》，《当代教育科学》2018年第6期。

考科目每年安排2次考试，分别在4月和10月进行。外语和选考科目考生每科可报考2次，选用其中1次成绩。

浙江省在2017年完成了第一轮新高考改革试点工作，取得了突破性进展，扩大了学生选择权，78%的学生跨出了老文综和老理综的科目限制，实现了文理融通、学其所好。浙江省结合改革实践存在的问题，对改革方案作了部分修订，并于2018年1月印发《浙江省人民政府关于进一步深化高考综合改革试点的若干意见》，完善了学考选考安排，将学考与选考分离，实行分卷考试，学生学考合格方能报考相应科目的选考；建立科学合理的选考科目保障机制，为考生真正按个人意愿自主选考提供基本保障，当选考某科目某次考试赋分人数少于保障数量时，以保障数量为基数进行等级赋分；率先建立了物理选考科目保障机制，确定物理科目保障数量为6.5万，引导学生选考物理，确保国家人才培养最基本需求。结合第一轮新高考学生报考大学专业的有关数据发现，选考物理的考生可报考的高校专业范围最广，达到91%以上，可报总计划占比为83%左右，可报本科计划占比为87%左右，远高于排第二的科目。第一段录取考生中，选考物理的考生占59%。在"985""211"高校录取考生中，选考物理的人数达到74%，特别是选考物理考生本科录取率为72%，比不选考物理考生高21个百分点。选考物理考生的总录取率也高于不选考物理考生。[①]

浙江省围绕普通高中育人方式改革，从普通高中特色示范学校建设、高考招生制度改革，以及新课程新教材实施等方面，进行了卓有成效的实践创新，打破了存在已久的"千校一面"状况，持续推动了普通高中学校的多样化和特色化发展，但面临的问题仍然严峻，难以突破分层办学的既有格局，这集中表现为：一方面，一个区域内的普通高中学校仍然以单一育人模式配备教育资源、以升学率高低分等

---

① 《浙江：深化高考综合改革试点相关政策解读》，2017年11月30日，www.moe.gov.cn/jyb_ zwfw/zwfw_ gdfw/gdfw_ zjs/201711/t20171130_ 320254.html，最后浏览日期：2022年9月21日。

排队、配置生源,学校的办学活力难以得到有效激发;另一方面,社会、家长和学生对学校的评价仍以升学率为主要标准,从多样化和特色化发展的角度重新认知普通高中学校的意识不强,这也从一个侧面反映出普通高中学校的多样化特色化发展成果尚未得到人们的广泛认可。因此,破除普通高中教育资源和生源配置的固有模式,推动普通高中从分层办学向分类办学转变,实现学校错位发展,是普通高中形成多样化有特色发展格局的积极应对之策。

2020年11月,浙江省印发《浙江省普通高中学校实施分类办学促进特色发展改革试点工作方案》,在全省遴选设立6个普通高中学校分类办学的改革试点区、30所试点学校,探索区域分类办学机制,培养涉及科技、人文、体艺、综合等多个领域、具有不同办学特色的现代化普通高中学校,建设周期为3年。[①] 省级特色示范高中学校和办学条件较好的学校可在本区域内自主申报分类办学试点。

实施分类办学的具体路径从区域和学校两个层面展开。从区域层面来说,区域教育行政部门要对本区域内普通高中学校分类办学和特色发展进行总体布局,确定本区域的学校办学类型,引导有关学校根据办学类型,确定特色建设方向,实现错位发展。为了保障分类办学的顺利实施,教育行政部门要制定相关政策,给予试点学校在教学安排、教师选聘、经费使用、研训评价等方面的办学自主权,以进一步增强学校的办学活力。例如,教育行政部门要支持学校按需进行学科教师校际调整,允许试点学校根据办学类型和办学特色,在区域内开展符合办学特色要求的特色招生(按计划数的15%—25%),为试点学校建设走班教学所需的教室、特色建设所需的学科教室、创新实验室以及教学设施设备提供必要保障等。从学校层面来说,学校可从科技、人文、体艺、综合等领域中自主选择其中一个领域进行办学类型的基本定位,并可选择一个学科或结合

[①] 熊丙奇主编:《2021年中国教育观察》,社会科学文献出版社2021年版,第160、161页。

两个学科进行特色学科建设,在此基础上,整合必修课程、选择性必修课程和选修课程,建设凸显学科特色的学校课程体系,逐渐形成发展优势,办出特色,直至形成稳定独特的办学风格。在科技、人文、体艺、综合等办学类型的四个"大类"中,又具体细分了九个"小类"。其中科技高中包括学术高中、数理高中、工程技术高中三个"小类",人文高中包括文史高中、外语高中两个"小类",体艺高中包括体育高中、艺术高中、美术高中、音乐高中四个"小类",综合高中没有再细分"小类"。

浙江省实施普通高中分类办学,推动普通高中多样化有特色发展,需要处理好以下几个方面的关系。

第一,处理好区域统筹设计与学校自主定位之间的关系。每一所普通高中学校都应立足办学实际、区域经济发展以及学生个性发展的需求,通过学校内部研讨、聘请专家指导、面向社会大众开展建议咨询等途径,对办学类型做出科学定位,其中,要充分发挥校长的学校领导力,并广泛征求教师、学生和家长等相关利益群体的意见。区域教育行政部门应统筹本区域普通高中学校的类型定位设计,突出不同定位类型的多样化匹配和同一种类型学校之间的错位发展,大力支持和鼓励学校自主确定办学定位。在此过程中,通过统筹安排区域内教育资源(包括师资),加大教育经费投入等措施,有效引导学校确定办学定位和特色发展方向。

第二,处理好基础与特色之间的关系。由于普通高中教育是"面向大众的基础教育",这就要求普通高中学校必须保证学生通过接受教育能够达到各个学科提出的合格性的知识、能力和素养等方面的要求,为学生适应社会生活、高等教育和职业发展作准备,为学生的终身发展奠定基础。因此,防止学生出现学科知识结构失衡,这是普通高中分类办学必须予以高度重视的一个问题。为此,学校必须严格落实国家课程方案和课程标准,保证学生掌握基础性的学科知识,并形成各学科知识的结构性平衡体系。与此同时,学校通过构建特色课程体系,一方面,强化各个学科知识的拓展性和研究性属性;另一方面，强化优势学科知识的深度拓展和广度辐射，深入培养学生的学科兴趣，发展学科核心素养。

第三，处理好优势学科与特色课程体系之间的关系。学校依据办学定位所主打的优势学科，在学校课程体系中应居于主导地位，也就是说，学校的特色课程体系不能脱离学校的优势学科，必须以优势学科为核心，形成基于优势学科的课程群。

第四，处理好办学定位中学科"大类"和"小类"之间的关系。除综合学科外，科技、人文、体艺三个"大类"分别下设了2—4个学科"小类"，这就为基本确定办学定位的学校指明了更为具体和准确的办学方向。但是，普通高中学校除了在规定的学科"小类"中做出选择之外，还可以依据自身条件开发其他的学科"小类"，其在学科属性上也不一定符合上述四个学科"大类"。换句话说，一所普通高中学校最终选择的"小类"层面的办学方向，可以在一定程度上突破上述四个"大类"的限制。例如，一所学校最终将办学方向定位于文艺高中，那么，它既不属于人文高中，也不属于体艺高中，而是介于二者之间的一个特殊类型。

第五，处理好定位类型相同学校之间的关系。选择同一个"小类"的学校之间应保持错位发展，避免出现同质化竞争。例如，同样是以外语高中作为办学方向的两所学校，应在外语语种的选择、课程体系设置、授课方式方法等方面体现出明显的差异化特征，形成各自的办学特色。

四 江苏省：普通高中星级评估和高品质示范高中建设

江苏省普通高中建设采取分梯次推进的总体策略，包括普通高中星级评估和高品质示范高中建设两个阶段，形成了普通高中星级系列和高品质示范高中培育和建设两个系列。

随着江苏省经济体制、教育体制改革的不断深化，普通高中教育出现了诸多矛盾和问题，如优质高中教育资源供给相对不足，高中教育事业发展不平衡，农村高中教育投入严重不足，重点一枝独秀，而大部分学校发展缺乏引领目标和长效激励机制，[1] 针对上述问题，江苏省从 2003 年开始，在全省范围内不再验收省重点中学，而是改为实施普通高中星级评估。依托江苏省教育评估院作为第三方评估的专业力量，制定了《普通高中星级评估标准》，注重发挥评估机制的助推作用，强化标准引领，积极培植普通高中优质教育资源，促进高中教育均衡发展。普通高中星级评估分为五个等级，一星级为最基础级，五星级为最高级。其中，一星级、二星级学校的评估由区县教育局组织实施，三星级、四星级学校的评估由省教育评估院负责实施。星级评估五个星等的评估标准的设计，使每一所学校都能寻找到现实的坐标和发展的目标，能够对普通高中发挥整体拉动作用。普通高中申请接受某一个星级标准的评估且获得通过后，方可获得相应的星级称号。2018 年，江苏省修订《普通高中星级评估实施办法》及《普通高中星级评估标准》，修订后的标准包括办学条件、队伍建设、管理水平、素质教育、办学绩效等 5 个一级指标和 25 个二级指标。

同年，江苏省在全省启动了高品质示范高中建设，这是在星级评估基础上创设的一个重要的引领性发展项目，也是在新时代江苏省推进普通高中优质特色发展的一个创新举措。高品质示范高中建设强调要突出重点，注重内涵，强化示范，体现更高的教育理想和价值追求，以落实立德树人为根本任务，围绕办学思想、师资队伍、课程体系、学校治理、校园生活、人才培养、智慧校园、国际交流 8 个方面开展建设，着力提升普通高中整体办学品质。在高品质示范高中申报学校的资格要求方面，江苏省采取与星级学校的评估认定相互对接的思路，规定"取得江苏省四星级普通高中资质 10 年以上、且复审合格的学校"，方可参与申报高品质示范高中的评估认定。与此同时，对于高品质示范高中采取分类建设、分类指导的思路，将学校分为建

---

[1] 本刊编辑部：《星级评估：优质发展普通高中的新机制——来自江苏省普通高中星级评估实践的报告》，《教育发展研究》2010 年第 22 期。

设立项学校和建设培育学校两类，并要求其他普通高中对照建设要求，全面加强建设，努力提高办学品质。

2019年7月30日，江苏省公布了首批20所建设立项学校（也就是俗称的"五星级高中"）名单和首批12所建设培育学校名单。12所培育学校作为高品质示范高中的建设后备学校，虽然在办学实力方面稍有欠缺，但仍具有相当的实力，通过自主建设，有较大的机会申报建设立项学校。为了推动建设立项学校在三年（2019—2021年）的建设期内能够依照规划方案达到建设目标，江苏省规定实施高品质示范复检、退出制度。立项学校及后续认定的高品质示范高中，如有违反办学规范的行为，情节严重的将取消其立项或评定资格，且三年内不得重新申报；对于未通过三年一次复检的，不得保持高品质示范高中称号。

高品质示范高中的内涵体现在七个方面：一是在发展理念上更加注重内涵发展，二是在价值导向上更加注重人的全面发展，三是在目标定位上更加注重高远追求，四是在学校管理上更加注重自主发展与政策引领的结合，五是在师资队伍建设上更加注重专业境界的提升，六是在人才培养模式上更加注重全面培养体系的构建，七是在教育评价上更加注重科学完整的发展性评价。在厘清其内涵的基础上，如何建设一所高品质高中就成为一个更加重要的问题，这就需要积极发挥教育评估机构和教育科研机构的作用，加强对高品质高中建设规律和评估工作的研究。与此同时，政府和教育行政部门要为参建学校提供各种资源、平台和政策保障，鼓励其基于自身办学条件，勇于探索实践，实现互学共进。

江苏省在20所建设立项学校中开展了高品质高中轮值月展示活动（相当于中期考核），为每一所学校提供了展示创建和彼此交流互鉴的机会和平台，以此增强学校的自主创建意识，提升学校的内涵品质，不断探索高品质示范高中的建设规律。立项学校在月度展示活动中要设计一个活动主题，集中展示一段时间以来学校依据建设规划，创建高品质示范高中的举措和成效。例如，江苏省锡山高级中学组织过一次以"让理想的蓝图变成校园立德树人的生动现实"为主题的月度展示活动,包括"研创式大任务课程观摩与学生学术论文报告会""'苏京3+3国家级示范校'新课程新教材课堂教学云上展播""高品质示范高中重大项目推进现场展示""高品质示范高中主题研讨会"等多项活动,以生动案例展示了学校在高品质示范高中建设方面取得的阶段性成果。

从江苏省高品质示范高中立项申报的条件要求可以看出,只有全省最为拔尖的极少数优质高中才有资格参与申报,这实际上在很大程度上"屏蔽"了绝大多数普通高中建设高品质学校的机会。显然,"具有四星级普通高中资质"的参评门槛会让众多学校望而却步,那么,高品质示范高中是否会演化为一种优质高中的"俱乐部",这是值得思考的一个问题。

第二节 普通高中学校培养模式多样化个案分析

以江苏省锡山高级中学、天津市南开中学、上海市七宝中学为个案,从普通高中课程体系建设、拔尖创新人才早期发现与培养和创办研究型高中三个方面,介绍普通高中学校开展培养模式多样化改革制度探索的先进经验,意在揭示普通高中学校只有坚守教育初心,秉持全面服务于学生个性潜能充分发展的教育理念,基于学校的办学传统和教育特点,不断拓展教育视野,实现高位引领,加强制度创新,才能真正肩负起时代赋予的使命任务,实现普通高中多样化有特色发展,办好人民满意的教育。

一 江苏省锡山高级中学:走学校课程的深耕之路造就卓越品质

在高中课程实行两级(国家、学校)课程、三级(国家、地方、学校)体制的形势下,学校理应承担相应的课程责任,即以"忠实"执行国家课程为基础和导向,"创生"性构建学校自身的课程体系,注重发挥课程在推动普通高中多样化发展中的作用。可以说,学校承担自身的课程责任、推进课程建设的效果如何是检验学校是否落实立德树人根本任务的一项重要指标。然而，现实中，这种课程责任的承担和坚守尚未普遍形成一种学校的自觉意识和行为，学校课程担当意识的缺乏也成为推进高中新课程改革的一个难点。正如唐江澎校长所言："高中新课程方案推进困难的一个重要原因是学校一级未能切实肩负起应有责任，率先失责之后又把所有的问题归于高考制度。"[①]因此，强化学校自身的课程责任，并将课程责任转化为实实在在的行动，这是普通高中学校推进新课程改革应有的作为。

开展课程建设，构建符合自身特点的学校课程体系是一个长期的过程。锡山高中的课程建设经历了四个发展阶段，一是从选修课和活动课走向校本课程（1996—2003年），实现了从课到课程的跨越，初步回答了校本课程"是什么""应该怎样开"等基本问题，探索形成了校本课程开发的基本流程、操作规范、管理模式、评价方法等成果，构建了《学校课程规划方案（1997年）》，即课程1.0版；二是普通高中新课程背景下的校本课程重建（2003—2008年），探索在学校课程整体框架内校本课程的定位和开发，实现了课程类别的整合，将原有的校本课程体系与《普通高中课程方案（实验）（2003年版）》课程方案中的选修Ⅰ序列重组，探索规划了选修Ⅱ课程体系，使其既指向高中教育目标的实现，又与必修课程和选修Ⅰ序列课程各有侧重与分担，构建了《选修Ⅱ课程规划方案（2005年）》，即课程2.0版；三是从校本课程走向学校课程（2008—2020年），解决的是如何全面贯彻国家课程方案，充分满足学生个性成长需求等问题，在整体上构建学校一级的课程体系，创造性地建设学校课程，丰富课程类别，增强课程选择，发展课程特色，形成了《学校课程规划方案（2008年）》，从整体上对国家课程和校本课程进行了系统整合，实现了国家课程校本化，即课程

---

① 唐江澎等：《从校本课程走向学校课程——锡山高中课程探索之路》，江苏凤凰教育出版社2015年版，代序第1页。

3.0版；四是2020年以后，解决的是普通高中在新时代如何适应和服务每一个人发展的问题，超越课程门数多少、类别怎样，以育人目标为灵魂，在新课程新教材新高考背景下，研究学生发展需求，融合生涯规划指导，创造性建设专业类别的课程群，形成与高校13个专业大类基本对应的专业大类课程体系，强调基于项目的内容组织、与专业大类相匹配的典型学习方式和严谨的学术规范，以课程回应学生选什么课、选什么科、为什么选科等影响和指导学生未来发展方向的重大问题，即课程4.0版。

培养什么样的学生，这是教育的目标，也是每一所普通高中学校课程改革的核心议题。锡山高中结合本校教育文化传承，对"德智体美劳全面发展的社会主义建设者和接班人"做出了校本化表达和具体化描述，形成了"匡园毕业生形象"，即终身运动者、责任担当者、问题解决者、优雅生活者。其中，终身运动者指的是热爱生命，对生命有敬畏心。喜欢运动，坚持健身锻炼，掌握终身运动的基本技能；形成健康的生活习惯，生命充满活力。坚强自信，积极进取，乐观向上。责任担当者指的是，善良感恩，有人道精神和悲悯情怀。敬畏自然，追求正义，诚信谦恭，坚守良知，做人有尊严，做事守底线。包容大度，善于合作，有团队引领力。热爱祖国，认同本土文化价值。有理想追求，信念坚定，热心公益，服务人类，有能力担当未来家庭、职业和社会角色的责任。问题解决者指的是成为终身阅读者、负责任表达者。保持好奇心，坚持独立思考，崇尚科学，勤勉持恒，以学习立身，重研究立业，熟练使用现代技术工具。热爱劳动，注重实践，反思审辨，开拓创新，用智慧给世界提供问题解决的行动。优雅生活者指的是对世界葆有敏锐的感受力，善于发现美、体验美，乐于表达美、欣赏卓越。有高雅的情趣和精神生活追求，热情幽默，仪态优雅，注重生活品位，能给生活带来美感与欢乐。学校根据"匡园毕业生形象"，面向全体学生，专门设计了毕业生形象涵育课程，即十个"百分百"行动，包括体育锻炼百分百、《共产党宣言》阅读百分百、军事训练百分百、社区服务百分百、经典阅读百分百、科学实验百分百、研创任务百分百、家务劳动百分百、校园劳动百分百、青春和声百分百。①

"任何领域内的进化都源于对变异的持续传承。"② 课程迭代升级的背后彰显了锡山高中对卓越学校品质的探寻和精进。学校申报的《江苏锡山高中学校课程体系的整体构建与实践创新》获得首届国家级基础教育教学成果一等奖。2019年,锡山高中成功入选江苏省首批20所高品质示范高中建设立项学校。依托省高品质示范高中建设项目,学校从教育哲学、育人目标、课程体系、课堂教学、治理机制、师资队伍、校园生态等各个方面,进行了全方位的"升级"和"再造",从整体上提升了教育品质,在全面落实立德树人根本任务、转变普通高中育人方式、满足学生成长的个性化需求上发挥了突出的示范和引领作用,成为普通高中高品质发展的一面独特旗帜。

二 天津市南开中学:坚守初心探索建立拔尖创新人才培养基地

天津市南开中学始创于1904年,自其建校之日起,就是一所以竭力倡导和普及新式教育为己任的新式学校。在校董严修、校长张伯苓的领导下,南开中学以办"中学之模范"为目标,旨在培养"救国建国人才",推动中国近代教育改革,实现"教育救国"主张,成为当时人们心目中"全国最好的中学",也成为当时城市精英教育机构的一个显著标志。③ 南开中学具有深厚的历史底蕴、浓郁的文化氛围,历经时代洗礼,锤炼出"允公允能,日新月异"的南开品格,形成了以爱国主义为核心的"巍巍我南开精神"。百年南开,英才辈出,是共和国两任总理的母校。历史上的南开讲台上,杨石先、马千里、董守义、范文澜、熊十力、老舍等名师大家诲人不倦。

南开中学作为一所百年历史名校,始终坚守"办模范中学,育效

---

① 江苏省锡山高级中学高品质示范高中项目建设工作组:《以"毕业生形象涵育"引领育人模式改革》,《江苏教育》2023年第6期。
② [英]凯特·迪斯汀:《文化的进化》,李冬梅,何自然译,世界图书出版公司2015年版,第27页。
③ [美]叶文心:《民国时期大学校园文化》,冯夏根等译,中国人民大学出版社2012年版,第10页。

国人才"的教育初心，致力于为国家培养德智体美劳全面发展、具有创新发展潜能的后备人才，使他们具有"功能教育"的文化烙印、领军人才的创新素质、大国青年的国际视野、幸福人生的健康基础，发展成为"公""能"兼具、德才兼备的国家栋梁。

2010年12月，南开中学"关于探索拔尖创新人才培养基地"项目通过评审，成为"国家教育体制改革试点项目"之一。2011年秋季，南开中学开设六年一贯制"拔尖创新人才早期培养实验班"，招收具有发展潜质的小学六年级毕业生作为开发培养对象，通过拓宽基础、群体熏陶、个性培养、挖掘潜能，运用科学的方法实施早期开发，并与学校高中"拔尖创新型人才实验班"形成相互衔接、相互贯通、各有侧重的人才培养结构，形成初、高中培养拔尖创新型人才联动培养机制。初中"拔尖创新人才早期培养实验班"面向全市招生，高中"拔尖创新型人才实验班"面向全国招生。"创新人才早期培养实验班"和"拔尖创新型人才实验班"采取六年合理统筹安排，初高中分阶段科学推进，相互衔接、相互贯通的培养模式，为不同层次、不同特点、不同发展方向的具有拔尖创新潜能的学生构筑发展的坚实基础，提供充分发展的条件和空间。

在学生选拔上，打破"一考定终身"的单一模式，坚持公开公平公正的原则，采取"学校推荐与个人申报相结合""资格甄选与面试相结合""测试结果与中考成绩相结合"的方式进行严格有序的科学选拔，甄别选拔具有高素质发展潜能和独特发展个性条件的学生，进行拔尖创新型人才培养的教育教学实验。在规定时间内，学校将招生结果上报市教育委员会，经审批后在网上公布，并通知被录取的学生。

实施协同育人机制，与复旦大学、南京大学、浙江大学、中国科学技术大学、上海交通大学、西安交通大学，以及天津生物国际医药联合研究院等高等院校和科研院所开展深度合作，签署战略合作协议，共同开展人才培养合作，为超常儿童或有学术特长的学生搭建进一步成长的平台，推动普通高中与高等教育紧密衔接。

构建"南开公能"课程体系。包括"允公课程"和"允能课程"

两大类。"允公课程"培养学生"爱国爱群之公德","允能课程"培养学生"服务社会之能力"。两大类课程各自划分为"基础课程""拓展课程""自主课程"三个子类。"南开公能"课程体系建设进一步推动了拔尖创新人才培养，促进学生在科技、人文等领域的发展，培养了学生的社会责任感和服务社会能力。

通过研究性学习培养学生的创新意识和实践能力。根据不同学生的特点和需求，组成不同"课题研究"小组，聘请国内著名大学相关学科的专家教授和本校老师组成"导师小组"，进行"课题研究"，并充分利用假期以课题小组为基本单位到国内外著名大学、进行不同内容的学访实践活动，使学生在课题研究和学访过程中，特长爱好得以充分发挥，创新意识得以逐步形成，创新能力得以不断提高。

开设"南开公能讲坛"。"公能讲坛"取自南开中学校训"允公允能，日新月异"，这是早期南开中学邀请社会知名人士到校演说的历史传统的延续，也是南开公能教育的时代新发展。讲坛主讲人都是各个领域的名师大家，他们的演讲极大地拓宽了学生的视野，成为课堂教学和课外教育的有力补充。

与全国重点高校、科研院所合作，创建体验创意中心，让学生在具备高校科研条件的实验室里，开展实验研究，培养动手动脑能力，激发创新创造思维。体验创意中心建有传统工坊与现代工坊实验室、陶艺坊、量子光学与量子信息实验室、语音处理实验室、航天体验馆、机器人设计实验室、计算机科学实验室等19间实验室。学校以此为载体开设选修课程，为学生开展有创意的实验和实践提供平台。

学校在对学生"学业发展规划"进行分析和整合的基础上，开设具有南开特色的多学科选修校本课程，针对不同学生的发展需求设计各具特色的实践活动，注重学思结合。学校针对即将毕业的高三学生，从智力发展、学识水平、创新意识、心理素质等各方面给予实事求是的全面的评价和小结，并针对其发展的趋势和特性，结合其自身的意愿由学校写出《学业能力水平评价推荐书》，作为升入大学的重要参考依据，使这些具有巨大潜能和发展空间的"拔尖创新"人才得以在更广阔的发展空间展翅翱翔，为改变单一凭借高考成绩升学选材的模式作了新的尝试。

三　上海市七宝中学：传承办学传统　创建研究型普通高中

七宝中学是上海市一所老牌市重点中学，也是被上海市首批命名的实验性示范性高中。七宝中学坚持"全面发展，人文见长"的办学理念和"平民本色，精英气质"的育人目标，长期以来一直非常重视研究性学习和实施创新教育以培养学生的创新能力，早在1997年、1998年就先后被评为上海市科技教育特色学校和上海市艺术教育特色学校。七宝中学于1998年在全国率先以必修课的形式开设了"开放性主题活动课程"的研究型课程，开始了研究性学习的探索实践，以改变学生的学习方式，培养学生的创新精神和实践能力。2005年前后，学校建成微纳米实验室、物理探索馆、地质科普博物馆、化学检测实验室等19个体现现代教育理念、跨学科、综合性、多功能、开放型的创新实验室，成立"学子人文书院"和"学生科学研究院"，为学生创新实践、科学探究提供优质保障，成为激发学生研究兴趣、听设计创、课题项目孵化实施、实验探究和成果展示交流的新型学习研究空间。学校与中科院生化所、测绘院、农科院、星创客空间、航天805所等机构合作共建，通过"高中生创新素养培育院士支撑"项目，建立与高校科研院所资源深度共享常态机制，为学生的研究与实践提供校外导师和资源支撑。2010年，七宝中学借助成为"上海市高中生创新素养培育"项目实验校的契机，构建了包含人文和科技两大系列的"大文、大理"特色课程。"大文"特色课程包括走进我们的人文书院、文化之旅、传承与创新三个层级，"大理"特色课程包括走进我们的实验室、兴趣伴"我"成长、智慧引领创造三个层级。两类课程均设计为通识课程、平台分类课程和研究与实践课程三个逐层递进的课程系列。

七宝中学始终在时代发展和教育潮流中努力探寻和重新定位自身。七宝中学"全面发展，人文见长"的办学特色已经得到业界充分肯定，产生了广泛的社会影响。学校未来发展的路径在哪里、如何实现更高层次的跨越，成为七宝中学的一个新课题。七宝中学原校长仇忠海认为，由于历史原因与资源配置差异的客观存在，与一般的普通高中不同，七宝中学具有较好的办学设施、优质生源和优秀师资，在办学定位上应该比一般的普通高中有更高的追求。[①] 在综合考虑国家对创新型人才的迫切需求、国内外学术高中、科学高中、数理高中等多样化高中办学模式与人才培养经验、中国普通高中多样化分层分类办学的必然趋势和七宝高中创新教育的文化优势的基础之上，以上海市新高考改革（2014年）推动学校转型发展为契机，七宝中学确立"以研究育英才"的理念，探索研究型育人模式，于2015年提出创建研究型高中的办学目标，通过5—8年的努力，使学校成为一所具有深厚人文底蕴、浓厚研究氛围、鲜明创新特色，引领国内高中发展，达到国际水准的一流研究型高中。[②] 研究型高中以"每个学生都有创新潜质，创新素养培养面向全体学生"为教育理念，以培养"具有较高人文素养、研究素养、创新素养及责任心与使命感的未来创兴型人才"为目标，立足构建"人文·研究·创新"教育生态场，致力打造有利于未来创新型人才成长的学校整体育人模式，注重用"研究"提高师生的研究素养、创新能力与综合素质，[③] 把"研究"作为育人的重要载体，让"研究"不仅成为师生的一种基本习惯和生活范式，而且成为学校的一种文化。

在校本研究型课程体系建设上，七宝中学采取"增量改革"策略，即在认真落实国家基础型课程的基础上，遵循"普及、提高、深化"的课程开发原则，加大凸显"研究"特点的校本研究

[①] 罗阳佳、鞠瑞利：《仇忠海：卓越高中的办学追求——走向研究》，《上海教育》2015年第10期。

[②] 朱越：《研究型高中：优质高中转型发展的新方向》，《上海教育》2018年第18期。

[③] 朱越：《研究型高中：优质高中转型发展的新方向》，《上海教育》2018年第18期。

型课程建设力度,构建起一个包含研究积淀期、研究拓展期、研究创新期三个逐层递进的"金字塔"形课程体系,帮助每一位学生从以通识教育、激发兴趣为主的研究积淀期,步入按需培养、聚焦志趣的研究拓展期,最后进入自主创新、能力提升的研究创新期。每个层级课程根据不同的领域又分为不同的模块课程且逐层递进。①

在新高考改革背景下,选课走班引发了教学组织管理形式的变革,学校从原来单一行政班模式向行政班与学科教学班共存模式转轨,学校必须加强学生发展指导,帮助学生树立正确理想信念、正确认识自我,更好地适应高中学习生活,处理好个人兴趣特长与国家和社会需要的关系,提高对选修课程、选考科目、报考专业和未来发展方向的自主选择能力。七宝中学推行"学生成长工作导师制",聘任任课教师担任成长导师,每位导师对应指导10—15名学生,对学生的学习、生活、生涯、思想、心理等方面进行全方位个别化指导。②这种新型教育培养模式为教师全面而深入地"研究"学生创造了条件、搭建了平台,一方面,促进了学生的全面发展;另一方面,有利于教师针对学生的个性化需求施以个别化的教育指导,继而在助力学生培养创新意识和能力方面发挥积极作用。

在创建研究型高中的众多举措中,其中有一点非常亮眼,这就是学校非常注重通过课题研究的方式培养学生的研究素养。七宝中学的学生保持100%参与课题研究,每一位学生都要在高中三年期间至少完成一项课题研究。学校编制了《研究型课程课题实施手册》,学生据此可自主学习课题研究的基本步骤,掌握基本方法。

学校内涵发展的核心是育人,学校内涵发展范式实质上是育人模

---

① 朱越:《构建"金字塔"型研究型课程体系,助力研究型高中建设》,《上海教育》2018年第Z1期。
② 潘蓓蕾:《让学生全面而富有个性地发展——上海市七宝中学"成长导师制"的实践探索》,《上海教育科研》2016年第2期。

式的探索建构。① 创建研究型高中,是七宝中学作为实验性示范性高中勇于探索育人模式创新与高中转型发展的责任担当,② 也是学校探索多样化、特色化发展的实践创新,更是学校在新时代追求跨越式发展的积极作为,尤其对于那些优质普通高中学校如何实现特色发展具有一定的借鉴价值。

---

① 成尚荣:《课程透视》,华东师范大学出版社2018年版,第73页。
② 朱越:《浅谈研究型高中创建的实践路径与策略——以上海市七宝中学为例》,《上海教育科研》2020年第3期。

第七章　普通高中办学类型多样化分析

办学类型多样化是实施普通高中多样化办学制度的重要内容和基本目标。一所普通高中要实现转型发展，必须明确人才培养目标、学校教育特点和教育服务群体，这就要求学校对办学类型做出科学定位，这是学校实现多样化发展的逻辑起点。本书选取综合高中、特色高中、学科特色高中和学术性高中四种具有典型性和可推广价值的普通高中办学类型，对其内涵、特征和建设路径做出分析，为普通高中学校开展多样化办学提供实践范例和理论指导。

第一节　综合高中研究

举办综合高中是中国推进中等教育结构改革，促进普通高中和中等职业教育办学模式改革的一项重要举措和未来发展的基本趋势，而从根本上来说，高中教育必然走向综合，这是由人的素质的综合化发展对高中教育的现实需求决定的。具体包括：第一，高中教育要在培养目标上实现综合。培养具有综合素质、高素养的学生，为他们在升学、生活和就业等多个方面做好准备。第二，高中教育要在教育结构上实现综合。加强学术、职业和生活的横向连接，促进普职融通。第三，高中教育要在课程内容上实现综合。强化课程体系的全面性，突出课程的选择性，实现课程的通识性、学术性和职业性兼备。对课程进行改造和重组，突破语文、数学、物理等单个学科课程的限制，改组为人文、社会、科学等综合性课程。第四，高中教育要在培养途径上实现综合。除了课堂教学之外，还要通过课题研究、实验操作、社会实践考察、与高等院校联合培养等多种途径开展教育教学活动。第五，高中教育要在考试和升学方式上实现综合。将学生的终结性知识能力习得考察与日常过程性的素质发展考察相结合，全面考察学生的综合素质。一些教育发达国家在综合高中建设上已经形成了较为成熟的制度举措，对于中国具有重要的启发和借鉴价值。

一　综合高中的发端

综合高中发端于20世纪初的美国。1918年，美国中等教育改组委员会发表的《中等教育基本原则》第一次提出了"综合中学"的概念。二战后，英国、法国、德国、瑞士、丹麦、挪威等国家也建立了综合中学。综合高中是集普通学术型高中和职业中学为一体的单轨制中学，开设各种普通课程和职业课程，学校兼顾传授普通文化知识、提供学术性升学准备和传授职业技术知识三个方面的教育职能，培养目标多元，培养模式实行分科制，包括以为大学培养学生为目标的学术科，以让学生掌握必备的文明素养、做社会良好公民为目标的普通科，以培养学生就业所需知识与技能为目标的职业科。综合高中的优势在于帮助学生根据自己的能力、水平、志趣和个性进行有针对性的分流。课程的综合化是综合高中的一个显著特征。例如，英国的综合中学将文法中学、技术中学和现代中学的课程融合在一起；德国的综合中学兼容主体中学、实科中学和完全中学的功能于一体，避免学生过早进行升学选择和分流，最大限度促进学生的全面发展；日本设立了综合选修制高中和综合学科高中。前者以谋求学科、课程、学习方式弹性化为特征，后者以设置新型的综合学科为特征。[1]

综合高中成为一些欧美发达国家高中教育的主流模式。美国教育

---

[1] 张德伟、梁忠义主编：《国家后期中等教育比较研究》，人民教育出版社2006年版，第178—179页。

家科南特在《今日美国中学》中提出对综合高中的设想:"第一,为所有的未来公民提供普通教育;第二,为准备就业的学生开设良好的选修课程,使他们学到谋生技能;第三,为准备升学的学生开设专门的高级文理课程。"① 美国的初中毕业生约有98%都就读于综合高中,② 美国的综合高中约占高中校的95%以上,英格兰占85%,在威尔士和苏格兰这个比例甚至高达99%。③ 就读综合高中的学生在毕业时可获得"双证书",即毕业证书和职业资格证书。由于综合高中分担了中等职业教育的部分功能,使得专门的职业高中招生人数会相应减少。④

二 中国综合高中改革溯源

中国的综合高中制度发端于1922年颁布的壬戌学制。该学制提出中等教育阶段初、高中分离的办学机制。初级中学施行普通教育,高级中学分普通、农、工、商、师范、家政等科。高级中学实施"分科制"和"选科制",并可视情形,单设一科或兼设数科,明确体现了综合高中的性质。之后,一些地方尝试将普通、职业和师范等科目合并一校,开展了综合高中的实践。经过几年的探索,综合高中的实施效果并不令人满意。1932年,民国政府以综合高中在谋生、任教、求学等方面不能达到目的为由废除了综合高中制度,先后颁布了《师范学校法》《职业学校法》《中学法》,在高中阶段分别设立普通高中、师范学校和职业学校三类。

20世纪80年代后,中国又开展了综合高中改革的实验探索。

---

① [美]科南特:《科南特教育论著选》,陈友松译,人民教育出版社1998年版,第10页。
② 李天鹰、杨锐:《新时代普通高中多样化发展的经验与启示》,《东北师大学报》(哲学社会科学版)2019年第3期。
③ 袁桂林:《中国教育改革开放40年:高中教育卷》,北京师范大学出版社2019年版,第146页。
④ 余晖:《OECD国家高中阶段普职结构调整的基本经验与发展态势》,《湖南师范大学教育科学学报》2018年第3期。

1980年，国务院批转教育部、国家劳动总局《关于中等教育结构改革的报告》，针对当时中等教育结构单一化、普通高中毕业生普遍缺乏专业知识和技能、中等职业技术教育基础薄弱等问题，提出鼓励在高中阶段学校发展职业学校，"改革高中阶段教育，要使高中阶段的教育适应现代化建设的需要，应当实行普通教育与职业、技术教育并举"，"普通高中要逐步增设职业（技术）教育课，学习科目可由学生自己选择"，"将部分普通高中改为职业（技术）学校、职业中学、农业中学"，其中，特别指出"农业中学、职业中学是普通教育与职业技术教育相结合的中等学校"。这实际上就是综合高中的雏形。1985年，《中共中央关于教育体制改革的决定》再次强调调整中等教育结构，大力发展职业技术教育，有计划地将一批普通高中改为职业高中，或者增设职业班。

1995年，国家教育委员会召开的全国普通高中教育工作会议对高中办学模式改革提出了指导性意见，即一部分高中可以以升学预备教育为主，大部分高中可以通过分流，办成兼有升学预备和就业预备的学校。随后，颁布了《关于大力办好普通高级中学的若干意见》，将中国普通高中的办学模式划分为四种，其中，提出"少部分普通高中可试办成以就业预备教育为主的学校，在学好普通高中基本文化课程的前提下，有侧重地为学生就业做好思想、心理、知识、技能等方面的准备，为各行各业培养具有较高文化基础知识的劳动后备力量"。1998年，教育部印发《面向21世纪教育振兴行动计划》，指出"经济比较发达的地区可发展部分综合高中"，这是在中国政府文件中第一次明确提出举办"综合高中"。

1999年，教育部工作要点中也提出积极扩大综合高中办学模式的试点。上海、北京、浙江、江苏、山东、广东、河北、福建、湖南、黑龙江、吉林、辽宁、山西、安徽、河南、四川、广西、云南等省（自治区、直辖市）进行了综合高中（班）办学模式改革试点。例如，上海市在1999年批准若干所中等教育学校开展"双学籍、双文凭"教育的综合高中试点。学制为4年，学生成绩合格可获得高中毕业和中等职业教育毕业的双文凭。之后，一些地方还专门出台了关于举办综合高中的相关政策。例如，浙江省在2001年印发《关于进一步完善和推广综合高中教育模式的意见》，上海市在2001年印发《关于本市中等学校进行综合高中试点工作的意见》，明确提出了综合高中的办学指导思想、培养目标、教学组织形式。[1] 其间，有研究者从学理层面对大力举办综合高中的意义和举措做了阐述。例如，马庆发认为，综合高中是一种实施普职一体化教育的高中学校类型，在培养人的"关键能力"、促进学生终身发展上具有基础性作用，对于普及高中阶段教育具有重要意义。[2] 他提出了综合高中的四种主要类型，即集合式（将职业高中和普通高中合并）、合作式（职业高中和普通高中开展合作，学生在两种学校内接受教育）、改制式（将普通高中或职业高中改制为综合高中）、一校多元制（在同一所学校内，分设以普通高中教育和职业选择为重点的模块课程，让学生根据自身需要自主选择修习）。

1999年，中国高等教育扩招政策的实行，激发了人们对普通高中教育的需求，促进了普通高中单方面的快速发展，这也使得各地对于发展综合高中缺乏足够的热情和投入，"综合高中的发展目标被放弃了"。[3] 总的来讲，在21世纪的头十年，中国综合高中建设基本上没有大的突破。

2010年以来，国家加强了对发展综合高中的重视。《教育规划纲要》提出，高中阶段教育的发展任务之一是"推动普通高中多样化发展"，并将"探索综合高中发展模式"作为其中的一个重要途径。2010年，国务院办公厅印发《关于开展国家教育体制改革试点的通知》，批准北京、上海、天津、黑龙江、新疆、南京为普通高中多样

---

[1] 徐峰、石伟平：《新世纪以来上海市关于普职融合教育政策：回顾、特征和展望》，《职教通讯》2018年第1期。
[2] 马庆发：《综合高级中学：普及高中阶段教育的最佳选择》，《上海教育科研》1998年第10期。
[3] 袁桂林：《论高中教育机构和培养模式多样化》，《湖南师范大学教育科学学报》2015年第2期。

化、特色化发展试点地区,大力推进普通高中多样化发展。

举办综合高中不仅是普通高中实现多样化发展的一个重要路径,也正在成为推进中等职业教育多样化发展的一个重要举措。2014年6月,教育部等六部门印发《现代职业教育体系建设规划(2014—2020年)》,提出"继续探索举办职业教育和普通教育融通的综合高中"。2017年3月,在《高中阶段教育普及攻坚计划(2017—2020年)》中提出"探索发展综合高中,完善课程实施、学籍管理、考试招生等方面支持政策,实行普职融通,为学生提供更多选择机会"。在国家有关政策引导下,一些省市积极开展举办综合高中试点工作。2014年,北京市教育委员会出台《关于在职业高中开展综合高中班试点的通知》,提出原则上每区(县)可选择1所职业高中试点综合高中班。2017年,河南省印发《关于在中等职业学校开展综合高中试点工作的通知》,遴选部分县级中等职业学校开展综合高中班试点,学生学习一年后,可根据个人意愿和学业成绩,分流到试点的中等职业学校或合作的普通高中继续学习,其中特别规定分流到普通高中的学生人数原则上不得超过总人数的40%。2018年8月,江苏省教育厅印发《关于试办综合高中班的指导意见》,决定自2019年起在全省范围内试点举办综合高中班,要求各地选择具备条件并有意愿的高中阶段学校承担综合高中班试点任务。2021年10月,中共中央办公厅、国务院办公厅印发《关于推动现代职业教育高质量发展的意见》,提出促进不同类型教育横向融通,探索发展以专项技能培养为主的特色综合高中。

总的来看,我们对于在高中阶段教育中大力发展综合高中已经形成了基本的共识,可以说,举办综合高中前景广阔,但就现实性而言,综合高中发展仍任重而道远,"至今全国自称是综合高中的学校寥寥无几,且内涵表述各不相同,发展面临诸多体制与机制难题"。[①]例如,据崔志钰、倪娟的追踪研究发现,江苏省试点综合高中在办学

---

① 袁桂林:《促进高中教育多样化发展的三个关键点》,《人民教育》2018年第2期。

过程中面临定位偏颇、模式守旧、成效不彰等突出问题,[①] 尤其是在全国层面上综合高中的总体数量规模偏小,区域分布不均衡,这在一定程度上阻碍了综合高中的发展和普及。

当前,学界对于综合高中的研究仍有待深化。例如,关于综合高中的性质。当前,各地对于综合高中的实践探索仍处于普高与职高双轨并行的框架之内,基本上仅限于两种方式,一是在职业高中举办普通高中班,二是在普通高中增加职业教育类课程。显然,政策的持续推进并未促成各地在实践中的积极回应,其根本原因在于,我们对综合高中的定位仍不明晰,它究竟是隶属于普通高中或职业高中的一种办学模式、教育组织形式,还是区别于普通高中和职业高中的一种相对独立的办学类型,体现较为明显的类型教育的性质。[②] 关于综合高中的办学定位。综合高中科学的办学定位应基于并满足初中毕业学生多样化的教育需求,服务于学生的全面而有个性的发展,问题的焦点在于,相对于普通高中和职业高中,综合高中有哪些独特的优势,它是传统意义上的承担"升学和就业"双重任务的高中,还是关注为人生发展奠定高中阶段厚实的基础,在此基础上,根据学生的爱好、特长实施某一方面的教育,发展学生某方面的特长的高中;举办综合高中的具体思路包括综合高中的生源、师资、办学规模、办学条件,以及举办综合高中的社会文化基础等。

关于综合高中的定位问题,从中国颁布的相关教育政策来看,综合高中仍被视为普通高中或中职类学校内部的一种办学模式。例如,2020 年 9 月,教育部等九部门印发《职业教育提质培优行动计划(2020—2023 年)》,提出"建立普通高中和中职类学校合作机制,探索课程互选、学分互认、资源互通,支持有条件的普通高中举办综合高中"。2021 年 10 月,中共中央办公厅、国务院办公厅印发《关于

[①] 崔志钰、倪娟:《江苏综合高中的办学现状、问题与政策建议》,《中国职业技术教育》2020 年第 19 期。

[②] 杨东平主编:《中国教育发展报告(2020)》,社会科学文献出版社 2020 年版,第 23、24 页。

推动现代职业教育高质量发展的意见》，提出"因地制宜、统筹推进职业教育与普通教育协调发展""加强各学段普通教育与职业教育渗透融通""推动中等职业学校与普通高中课程互选、学分互认"。其中，提出"探索发展以专项技能培养为主的特色综合高中"。在2020年浙江省试点普通高中分类办学工作方案中，综合高中与科技高中、人文高中、体艺高中成为普通高中分类办学的四种类项。

显然，综合高中作为一种独立的办学类型，尚未得到国家层面的认可。但是，在一些地方的教育实践中，试图将综合高中设立为一种相对独立的办学类型的尝试早已有之，只不过没有形成一种普遍的共识。例如，浙江省早在2001年印发的《关于进一步完善和推广综合高中教育模式的意见》，将综合高中界定为"一种新型的教育模式"，"使之与普通高中和中等职校形成三足鼎立的新格局"。

中国综合高中（以综合高中命名）主要聚集于东部地区的个别省份，其中浙江、江苏、山东、河北的综合高中在学校数量上相对较多，在地区分布上相对较为均衡。此外，东部地区的其他省份、中部地区和西部地区的综合高中数量都明显偏少，甚至有的省份只有一所综合高中。

三 综合高中的发展趋势

综合高中的特征主要体现在"综合"二字上。一是指学生（来源）的综合性组织。综合高中的大门应为所有适龄初中毕业生敞开，让不同能力、背景和学习目标的学生集中在同一所学校，奉行"有教无类"的教育原则，体现了教育的民主化思想。二是指教育（课程）的综合性架构。综合高中将高中阶段的普通教育、职业教育和学术教育各种职能集于一身，在保持各类教育职能相对独立性的基础上，通过设置具有高度选择性和多元化的课程，强调对学生实施以普职融通为特征的综合性教育，培养学生的生活、学术、技能等综合素养，促进学生的全面发展。三是指学生发展（走向）的综合性考量。首先，综合高中在一定程度上减轻了初中毕业生可能因过早分流而导致个人未来发展定位不准的风险，这在客观上是对学生之前所受教育的一种补偿，继而从总体上提升了学生的受教育水平；其次，综合高中的学生可以根据自身的兴趣志向和学习状况，在普通科、学术科和职业科中自主地做出最适宜自身发展的选择，而且，学生的这种选择权将伴随其在综合高中学习的全过程；最后，综合高中的学生经过系统化的学习，在基础知识、生涯规划、社会实践、思维能力等多个方面能够得到较为全面的发展和提升，这将有助于他们毕业后在就业和升学二者中做出理性的选择。

为了实现高质量普及高中阶段教育的目标，大力发展综合高中是题中应有之义，综合高中作为与普通高中、职业学校并存的一种类型教育的身份应得以明确。在这个方面，日本大力发展综合高中的举措具有一定的启发意义。日本的高中综合化改革始于第二次世界大战后美国对日本进行的民主主义改革。20 世纪 80 年代，日本开启了"第三次教育改革"，在高中领域提出了自由化、弹性化、多样化和个性化的教育改革方针，明确提出以普职课程融合和科目选修为原则的综合学科改革构想，希望通过创建综合学科高中，帮助运营困难的职业高中成功转型，解决普通高中缺乏办学特色等问题。综合学科高中作为与普通科和职业科并列的第三学科，拥有相对独立的制度地位。[①] 日本大力发展综合学科高中，提出在全国 500 个学区至少各设 1 所公立综合学科高中的短期目标和建成 1000—2000 所的长期目标。在高中学校类型布局上，综合学科高中占据绝对优势，总体上普通科占 20%、综合学科占 60%、职业科占 20%。

目前，中国一些地方举办的综合高中班可以说是一种"寄生"于普通高中或是职业高中内部，带有实验性质的教育组织形式，只是综合高中的一种过渡形态，通过实施普职"二次分流"，为学生创造更多选择机会。例如，青岛六十八中与青岛财经学校合作开设了普职融

[①] 金红莲：《日本综合学科高中改革现状与发展困境研究》，《比较教育研究》2021 年第 1 期。

通班。学生在入学时注册职业高中学校学籍,在高一期末参加测试考核后,达到要求的可转入青岛六十八中并注册普高学籍,参加夏季高考;未达要求的学生仍在六十八中学习,由该校教师教授文化课,并由青岛财经学校教师教授专业课,参加春季高考。[①]

《中共中央关于制定国民经济和社会发展第十四个五年规划和二〇三五年远景目标的建议》在"建设高质量教育体系"中,提出"鼓励高中阶段学校多样化发展",就综合高中而言,可以在办学体制、办学模式和培养模式等方面开展多种形式的实践探索,实现多样化办学。

一是引入市场化机制,实现综合高中办学体制多样化。除了将部分普通高中、中等职业学校通过改制,开设公办属性的综合高中之外,还应鼓励各种社会力量以捐赠、出资、投资、合作等方式举办或者参与举办综合高中,形成以公办属性为主体、民办属性和混合所有制属性兼顾的综合高中多样化办学体制。

二是创新普职融通模式,建立集团化综合高中。加强综合高中集团化办学的区域布局设计,统筹区域内普通高中学校和中等职业学校资源,真正实现普通高中和职业学校校际之间教育资源的相互补充和融合,成立综合高中集团,打造区域综合高中办学特色。例如,可由一所普通高中联合2—3所中等职业学校和优质企业组成一个综合高中教育集团,由普通高中学校专门开设普通(学术)课程,其他职业学校开设职业技能专业课程,由企业提供实习实训基地。

三是推进综合高中培养模式多样化。作为与普通高中、中等职业学校具有同等地位的一种相对独立的办学类型,综合高中必须在招生、学籍管理、学生评价和升学考试等方面建立起相对完备的制度体系,在此基础上,在办学定位、培养目标、课程体系等方面形成自身的办学特色,不断增强教育吸引力,满足学生的多样化教育需求。

[①] 王淼:《青岛68中教育集团普职融通改革首年试点 让学生多一次选择》,2021年3月30日,https://edu.qingdaonews.com/content/2021-03/30/content_22644129.htm,最后浏览日期:2022年11月29日。

第二节 特色高中研究

可以说,创办特色高中已成为很多地方开展普通高中多样化办学制度建设的一项"常规"举措,以上海市、天津市、浙江省等省市为代表。那么,特色的内涵是什么,什么是特色高中,特色高中的"特色"应如何准确定位,特色高中建设中存在哪些普遍性的问题?就上述议题展开分析,对于丰富特色高中的理论基础、指导特色高中建设具有重要价值。

一 特色高中及相关概念辨析

(一)特色到底"特"在何处

特色是人们对事物的一种定性、评价。例如,我们把鲁菜、川菜、粤菜、苏菜、浙菜、闽菜、湘菜、徽菜定性为中国传统饮食的"八大菜系",其色香味各具特色。特色描述事物的一个面相、一个层次,或者是全貌。例如,在学校教育中,教师的教学风格、课堂教学的模式、学校课程的体系、学校的教育质量乃至人们对一所学校的整体印象等都可以被定性为某种特色。

特色即自成一派。例如,少林、武当、峨眉、昆仑、崆峒、点苍、华山、青城八大门派,是中国传统功夫的典范;政治中的"左派"与右派;"虎妈"与"猫爸"常被人们作为中美家庭教育的"代言人";因地理特点而划分的教育圈,长三角、珠三角、环渤海、京津冀、"海派教育"等。

特色即"走自己的路"。特色是事物自主的生长与发展。例如,邓小平提出"不管黑猫白猫,捉到老鼠就是好猫"的论断,为中国改革开放、发展社会主义市场经济打开了思想通道;我们坚定道路自信,把马克思主义的普遍真理同中国的具体实际相结合,坚定不移地走中国特色社会主义道路,以此作为实现中华民族伟大复兴的中国梦的必由之路,这是一种客观和清醒的自我认识,是我们党从历史发展的高度对中国道路主动选择的结果;一所学校的特色的形成,既要根植于自身的历史发展传统,更离不开学校师生思想和智慧的凝结及积极主动的作为。

特色即文化。文化是社会生活和人类社会活动的产物。[①] 一种业已形成的特色,究其根本是反映了事物的某种固有的或是被创造的属性,这种属性被一定范围的人所认可和传播,继而,这种属性连同事物本身就会以一种文化的形态(即人们的一种集体想象)呈现在众人面前。例如,对于一所已经形成的以校园足球为特色的学校,校园足球必然成为这所学校组织和开展教育活动的一项重要内容。于是,在人们的心目中,人们自然地会将校园足球与这所学校联系在一起,并使二者形成一种对应关系,互相映衬。

特色与模仿相对立。一些电视节目如《中国好声音》《爸爸去哪儿》《我是歌手》虽红极一时,却无特色可言,因为制作方一味沉醉于舒适的模仿和抄袭,而缺乏原创的动力和冒险的激情。简而言之,言必称特色的事物必须"有自己的东西"。一所名校创建了一所分校,这所分校创办的内在机制是传承,它与该名校共享同一个价值观,并在教育教学和学校管理等多个方面与该名校存在着较为明显的"路径依赖性",它的特色也就是该名校的特色。换句话说,一所名副其实的分校,相对于其所依托的名校而言,应该是无特色可言的,否则,其分校的名分也就如浮萍一样漂浮、无根。

特色不是唯一。一所以书香校园为特色的学校并不排斥其他学校也以"书香"为特色。特色可用来比较。如果我们来到战斗英雄董存瑞的家乡河北省怀来县考察教育,假设该县的一所小学、一所初中和一所高中都把弘扬董存瑞精神作为自己的特色,我们不能因这三所学校在特色方面的"共性"而断然否认其中任何一所学校的特色,倒是可以比较一下这三所学校中哪一所学校的特色更为鲜明。

---

① [英]乔伊·帕尔默:《教育究竟是什么:100位思想家论教育》,任钟印、诸惠芳译,北京大学出版社2008年版,第365页。

特色是自我定位与他者认同相结合的产物。一方面，特色的形成是某个事物在自我身份上的一种价值追问，它的句式是"'我'要成为什么样的自己"？形成特色的过程，就是这个价值定位不断得以澄清、显现的过程；另一方面，特色不能完全"自说自话"，特色的形成是他者的眼光在"自我"身上得以映射和重叠的过程，他者的认同是特色形成的必要条件，即"没有认同，就没有特色"。

在一个商业和市场化的语境之中，特色是事物的价值和使用价值的结合。而对于"顾客"而言，我们更加注重的是某种事物的使用价值。因此，我们认定事物形成了某种特色的根本目的，不是揭示其"自我"的价值，而是期望获得其"特色服务"（这大致可包括"为谁服务"——服务的对象、"提供什么样的服务"——服务的内容和品质和"用什么服务"——服务的保障和手段等三个方面）来满足我们的需要。事物中诸多特色（服务）的存在，为满足我们的需要提供了更加多样化的选择，也为我们的选择建立了标准。我们出差住什么样的酒店、请朋友在哪家饭店吃饭、买哪一个牌子的汽车、让孩子在哪一所学校上学，诸如此类，这都离不开我们对这些酒店、饭店、汽车、学校等使用价值的揣度和选择。例如，我们会询问某几家饭店的特色各是什么、某几个牌子的汽车分别有什么独特的功能、某几所学校各自有什么特色等，我们在比较中不仅对某种事物的特色有了更为深入的了解，同时也在比较中逐步建立了对事物认知的标准，并形成了我们对某种事物的选择倾向。

特色的呈现依赖于其个性化的且具辨识度的表征系统。如何判断甲是否有特色、乙有什么样的特色、甲与乙二者谁的特色更加鲜明等，这主要取决于谁的特色的表征系统更为完备。一种特色必须具备三个基本元素，即观念（一个主张）、行为（一派作为）和符号（一副面貌）。首先，一种特色在价值层面表达的是一个主张、一种观念，它具备的一个基本特征是可感通，即它能够被某一特定的人群所理解和认同。例如，一些学校能够深刻领会特色的旨要，深入挖掘教育资源，传承学校文化，把继承和发扬某种精神作为特色，这往往能够得到学校师生和社会的广泛认可。其次,特色体现在人们的行为之中。人群间(或者说不同的集体间)不同的行为、做派往往反映出各自不同的特色。不同的行为、做派所表现出的明显的可辨识性,成为我们区分不同特色的一个重要标志。例如,在同样是以书法为特色的两所学校中,一所学校中的大部分教师的字迹可谓端庄隽美,而另一所学校的大部分教师的字迹只能说是规范,由此,两所学校的书法特色的鲜明度就一目了然了。最后,特色也必然有一个承载物,它可能是某(些)个人、某(些)个物件,或者是某(些)个事件等,而且,这些人、物件、事件都必然拥有各自的标识,可称为符号,它能以颜色、气味、语言、文字、影像、服饰、图案、建筑、雕像、动作等其中的一种或多种形式得以表现,正如人的面相一样呈现出一副外显和整体的面貌,形象而直观地向人们传达某种印象,以对某种特色产生印证和渲染的效果。例如,当我们步入一所学校,走进大厅、楼道、教室、礼堂,看到校园中各种别致的景观,聆听着学校中流传已久的趣闻逸事,观察师生的言谈举止和学习生活的场景,我们便可对该校所倡导的特色形成一个初步的印象。总之,观念、行为和符号三者共同构成了特色的表征系统,三者彼此之间互为联系、互相影响、动态生成,由表及里、动静相宜,共同体现和诠释特色的"质地"。

在教育均衡化发展的时代语境下,增强学校教育特点的辨识度,办人民满意、有特色的学校,这是办学者的责任。为此,办学者要努力做到"四个定位"。首先,办学者要围绕时代发展、学校教育职能和人才培养三个方面,对培养人才的标准做出定位,要回答的核心问题是:"这个时代需要什么样的人才?""'我'(学校)在人才培养过程中发挥什么样的阶段性作用?"其次,办学者要对学校自身的教育职能做出定位,需明确的问题是:"我要办一所什么样的学校?"继而要回答的问题包括:学校教育(服务)的理念是什么,教育(服务)的对象是谁,教育(服务)的内容、方法和途径主要有哪些?再次,办学者要对提升学校教育品质的抓手做出定位,这往往是特色生成的起点,诸如德育、美育、体育、课堂教学、课程体系、教师队伍、学校管理、办学体制、学校精神，这些都可以作为学校发展特色的有力抓手。最后，办学者要对学校特色的表征系统进行定位，不断增强特色的辨识度、鲜明度和认同度。

（二）特色高中的概念界定

2019年2月，中共中央、国务院颁布《加快推进教育现代化实施方案（2018—2022年）》，明确了推进教育现代化的十项重点任务，其中提出"推动普通高中优质特色发展"，对于普通高中实现多样化特色发展和转变育人方式具有重要的政策指导意义。特色高中是体现普通高中优质特色发展的一种办学类型，指的是围绕促进学生全面而有个性的发展这个中心任务，对办学理念、培养目标、课程体系、课堂教学、教师发展、管理体制、评价机制等学校教育教学的各个方面进行系统化建设与更新，进而形成稳定和独特办学风格的普通高中。陈如平、牛楠森认为，一所学校被命名为特色高中，是对该高中整体性发展状态的表述，不能只是口号特色、文字特色、项目特色、活动特色。[①] 因此，特色高中要基于学生培养目标，整体刻画学校发展愿景，整合各方面资源形成学校课程体系，构建学校整体育人体系，追求学校的高品质发展。

二 特色高中如何定位

特色高中定位指的是"一所高中办什么样的特色、提供什么样的特色教育。这样的特色教育根本上是要培养什么样的素养、培养什么样的人"。[②] 它是普通高中学校为实现特色发展而开展顶层设计的一个重要环节，它为建设特色高中指明方向。笔者以天津市参与特色高中创建的36所项目实验校在接受评估认定时向专家组提交的学校自评报告中关于特色定位的文本为研究对象，建构了影响特色定位的"五因素"结构模型。

---

① 陈如平、牛楠森：《普通高中发展与特色高中创建的思考》，《上海教育科研》2020年第9期。
② 徐士强：《普通高中特色办学的育人要义及实践策略》，《上海教育科研》2017年第9期。

（一）特色高中定位的"五因素"结构模型

特色高中定位的影响因素，指的是能够对特色高中定位产生重要影响的系统性因素。特色高中定位的"五因素"结构模型，将特色定位的影响因素概括为五个方面，包括理念因素、背景因素、政策因素、资源因素和主体因素。这五个因素又细分为15个子因素，其中，理念因素包括核心价值理念（例如，学校的办学理念、校训、学校精神）、理论依据和传统文化三个子因素；背景因素包括学校在人才培养上面临的突出问题和时代发展对人才培养的要求两个子因素；政策因素包括国家层面和区域层面两个子因素；资源因素包括办学传统、办学资源、管理体制和科研引领四个子因素；主体因素包括专家指导、校长意愿、教师专长和生源状况四个子因素。

上述"五因素"及15个子因素对特色定位的影响，既是整体的，又各有侧重。其中，理念因素对于特色定位具有思想指导和价值引领的重要作用。特色定位应该与学校的核心价值理念一脉相承，具备科学的理论依据。需要指出的是，在新时代背景下，特色定位还应兼顾怎样传承和发展中华优秀传统文化。背景因素关照的是学校发展的核心问题，即普通高中的育人目标。特色定位应以"培养什么样的人"为中心，并将其作为特色定位能否在学校真正"落地"的基本"观测点"。政策因素要求特色定位不仅要符合国家教育政策要求，还应符合区域教育政策、体现区域教育定位。资源因素是特色定位最为直接的现实性的影响因素。特色定位既要充分考虑学校的办学资源、内部管理体制和教育科研等相关保障是否到位，也要积极传承和发展学校的办学传统。主体因素是特色定位中"人的因素"，也是决定性因素。正如有研究者指出"学校特色从孕育、发端到成果呈现，必定是'人'的主动设计、主观努力和自主追求的结果，人和人的智慧是特色建设中最关键的因素"。[1]"五因素"结构模型既是特色定位的方法论，又是衡量特色定位准确性的一个分析框架，还可以用作普通高中

---

[1] 张熙：《为学校特色发展找一条合适的路径》，《人民教育》2014年第9期。

开展特色定位的一种有效策略。

(二) 模型分析

36所特色高中项目实验校，依据评估认定等级分为三类，即特色鲜明校（17所）、特色形成校（18所）和继续建设校（1所）。依据影响特色定位的"五因素"结构模型，对36所特色高中项目实验校自评报告中关于特色定位的内容进行了语义分析，并按照其含义的所属因素作出频次统计（如表7-1所示）。数据反映了三类特色高中项目实验校在阐释各自特色定位的依据时所涉及的有关影响因素的频次占比。以"82%"为例，它说明在17所特色鲜明学校中，有14所学校在论述特色定位的依据时提到了"办学传统"，占到17所学校中的82%。

表7-1 36所特色高中项目实验校特色定位影响因素的语义频次统计

影响因素	理念因素			背景因素		政策因素		资源因素				主体因素			
	核心价值理念	传统文化	理论依据	学校面临问题	时代要求	国家政策	区域政策	办学传统	办学资源	管理体制	科研引领	专家指导	校长意愿	教师专长	生源状况
特色鲜明校17所(%)	94	35	59	53	59	76	6	82	68	12	65	62	18	12	24
特色形成校18所(%)	87	17	56	50	39	72	17	78	39	11	61	72	6	6	39
继续建设校1所(%)	—	—	100	100	100	—	—	100	—	—	100	—	—	—	—

对表7-1数据的分析如下。

1. 特色鲜明校开展特色定位所依据的因素按占比由高到低排序，排在前五位的分别是：核心价值理念、办学传统、国家政策、办学资源、科研引领；排在后五位的分别是：区域发展、教师专长、管理体制、校长意愿、生源状况。

2. 特色形成校开展特色定位所依据的因素按占比由高到低排序，排在前五位的分别是：核心价值理念、办学传统、国家政策、专家指导、科研引领；排在后五位的分别是：校长意愿、教师专长、管理体制、区域政策、传统文化。

3. 继续建设校开展特色定位依据的因素数目较少，且没有涉及核心价值理念、办学传统等重点因素。

4. 占比居高的子因素在特色鲜明校和特色形成校中趋于一致。在理念因素中占比居高的子因素都是核心价值理念；在政策因素中占比居高的子因素都是国家政策；在资源因素中占比居高的子因素都是办学传统；在主体因素中占比居高的子因素都是专家指导；在背景因素中占比居高的子因素，在特色鲜明校中是时代发展对人才培养的要求，在特色形成校中是学校在人才培养上面临的突出问题。

5. 特色鲜明校在15个子因素中的占比普遍高于特色形成校。特色形成校仅在专家指导、生源状况和区域政策这三个子因素的占比上高于特色鲜明校。

依据上述数据分析，可得出如下结论。

1. 普通高中开展特色定位会着重考虑的几个重点因素分别是核心价值理念、办学传统、时代发展对人才培养的要求、学校在人才培养上面临的突出问题、专家指导、国家政策。在上述因素中，核心价值理念的重要性是不言而喻的，大多数学校的特色定位与其核心价值理念存在较高的吻合度。例如，天津市宝坻一中"发展性教育"的特色定位，源自其"以人为本，为学生的终身发展奠基"的办学理念，天津市第五十五中学提出的"生态型教育"既是学校的特色定位，也是学校的办学理念。

2. 普通高中开展特色定位普遍存在三个较为突出的问题：一是更加依赖专家的指导，而校长和师生的主体作用未能充分发挥，他们的主张和意见均未得到应有的重视。二是学校的特色定位与学校所在区域的教育政策和功能定位缺乏内在关联。客观上讲，区域教育政策和功能定位对普通高中的办学理念、办学条件、师资队伍建设等都具有重要影响，它是特色高中建设的一个重要保障因素，而绝大多数学校没有从区域教育发展的角度审视本校的特色定位。三是绝大多数普通高中的特色定位与学校内部管理体制的关联度偏低。从理论上讲，学校开展特色定位，谋划特色发展，这意味着学校将围绕人才培养模式进行系统性的建设，其中必然会牵涉到学校内部管理体制的改革和完善。而在现实中，很多学校在开展特色定位时并没有把学校内部管理体制作为一个重要的影响因素予以考虑。

3. 在如何准确定位特色这个问题上，相较于特色形成校和继续建设校而言，特色鲜明校有着更为成熟和全面的考量，其往往能够更为广泛地依据各类"影响因素"，并紧密围绕核心价值理念、办学传统、办学资源、国家教育政策、科研引领等重点因素开展特色定位。

（三）特色高中定位的实施策略

1. 特色定位的时机把握。一是在学校转型发展时。经济和社会发展的全面转型，使教育转型成为必然趋势。普通高中教育需要在普及的基础上，走向以多样化发展、提高质量、办出特色为核心的内涵式发展道路，这就要求每所普通高中应围绕人才培养模式创新，在办学体制、办学类型、学校内部管理体制、招生制度、评价体制、办学理念、培养目标、课程与教学等方面实施系统性变革，以提升学校发展实力，实现学校转型升级。因此，学校转型发展之机，即是谋划特色发展之时。二是在学校文化积淀成熟时。"文化是人们集体想象的产物。"[1] 从这个意义上说，学校文化的形成必须以全体师生的广泛认同为基础。积淀成熟的学校文化，一方面，因其集中体现了学校的核心价值理念，而对特色定位具有根本性的理念引领作用；另一方面，因其充分享有师生的集体认同，而能够在特色建设中发挥积极的思想动员作用。学校文化的渐趋成熟，意味着学校发展正进入一个新

---

[1] 张军凤：《遇见更好的教育——符号与想象的一次理性结合》，天津人民出版社2017年版，第13页。

的阶段,此时正是学校总结发展经验、寻求特色发展的有利时机。三是在政策环境倡导支持时。学校实现特色发展,既要充分利用和挖掘本校的资源条件,也离不开政策环境等外部条件的支持和保障。对于一些学校而言,正是有了政策环境的倡导支持,才适时地唤醒和激发了其寻求特色发展的主动意识,促使其走上特色发展之路。

2. 特色定位的工具使用。"五因素"结构模型是应用于特色定位的一个有效工具,该工具的"工作原理"包括两个方面内容:一是对于特色定位,五个因素各自发挥作用。其中,理念因素、背景因素、政策因素等三个因素是特色定位的依据,资源因素是特色定位的根本,主体因素是特色定位的关键。二是五个因素相互关联,共同作用于特色定位。五个因素之间的关联作用在特色定位中的具体表现是:特色定位以理念因素为开端,依据政策因素,结合背景因素,依托资源因素,并最终决定于主体因素。

3. 特色定位的方法应用。可喜的是,一些普通高中学校能够有效应用"五因素"综合分析法,精准确定特色定位,并在特色建设上取得了较为显著的成效。例如,被认定为"特色鲜明"的天津市实验中学"紧紧抓住'独特的学校文化、鲜明的办学特色、丰硕的育人成果和较高的办学品质'等几个关键词,回归教育本源,追溯办学思想和学校文化的历史积淀,总结学校九十余年的教育实践,顺应教育改革与社会进步发展的新形势,进一步明确了'个性发展教育'的特色定位"。又如,被认定为"特色形成"的天津市军粮城中学"在'为每个学生成为高素质劳动者奠基'办学理念的指导下,结合生源情况、相关课题研究成果、区域优势以及多年形成的劳动教育特色,确立了'普通高中渗透职业教育'的特色定位"。

(四)特色高中定位的基本特征

1. 特色定位具有必然性。客观而言,每一所学校因其在发展起点、发展条件、发展需求和发展目标等方面的实际情况不尽相同而天然具有其内在的独特性。随着这种独特性的日益累积和不断彰显,并在各方面条件基本成熟的基础上,学校必然会走向特色发展之路,必将把特色定位提上议事日程。

2. 特色定位具有理论性。特色定位的过程实际上是学校提炼特色发展理论的过程。特色高中成型的一个根本性标志，就是学校已经形成了一套较为完整和成熟的特色发展理论。普通高中的特色发展理论包括三个方面的内容，即为谁培养人、培养什么样的人和怎样培养人。特色定位聚焦于培养什么样的人，它是特色发展理论的一个重要组成部分。

3. 特色定位具有"路径依赖"性。"特色本质上是一种长期的稳定状态。"[①] 特色定位是学校基于现实发展基础之上的进一步提升和完善，因此，学校的发展历史和办学传统是开展特色定位的重要依据。

4. 特色定位具有时代性。随着社会进步和时代发展，学校必然面临新情况、产生新问题，因此，特色定位必须紧跟时代发展，积极承担新的时代使命。例如，开展生态文明教育、培养创新人才、加强学生关键能力培养等，这些都是在新时代背景下，学校必须予以回应的教育命题。

5. 特色定位具有综合性。特色定位是对学校发展特点和发展方向的一个综合性研判。因此，学校要将近期发展与长远发展相结合，将学生升学与未来发展相结合，将学校发展与区域教育和国家教育发展相结合，将家长、学生、社会、高校等多方利益主体需求相结合，对影响特色定位的各方面因素进行综合考量。

（五）特色高中定位应处理好的几对关系

1. 处理好特色定位与学校课程改革的关系。学校作为以育人为核心任务的专门组织，其核心"育人工具"是课程的设计和实施。"构建富有特色的学校课程体系是高中特色发展的最重要的基础性工作，也是高中特色发展的核心标志。"[②] 例如，上海市在《推进特色

---

① 殷桂金：《普通高中学校特色的定位与类型》，《教育科学研究》2011年第11期。
② 张瑞海：《普通高中特色发展：一种新的发展观视角》，《教育科学研究》2011年第11期。

普通高中建设实施方案（试行）》指出："上海市特色高中是指能主动适应上海城市功能定位、社会和地域经济发展以及学生发展的需求，有惠及全体学生、较为成熟的特色课程体系及实施体系，并以此为基础形成稳定独特办学风格的普通高中学校。"可见，特色定位必然要落到学校课程体系及实施体系的充实、变革乃至重建上，那种游离于学校课程改革之外的特色定位，是不科学的，也是缺乏实践依据的。

2. 处理好局部特色定位与整体特色定位的关系。二者之间的关系也可以转化为学校特色和特色学校之间的关系。学校特色实际上指的是一种局部特色，"比如在德育、外语、体育、音乐、舞蹈等方面形成一定特色，可以称为特色项目或优势项目。特色学校则是将学校形成的特色不断深化、发展渗透到学校工作的各个方面，进而体现出一种独特的整体风貌，具有全局性"。[①] 普通高中学校开展特色定位，可以直接采用整体特色定位的思路，也可以采用"先局部、后整体"的思路，即先采取局部特色定位，待学校特色发展到一定程度之后，再进行整体特色定位。至于采用何种定位思路，这主要取决于学校在特色发展方面的已有基础条件。

3. 处理好特色定位与普通高中教育定位的关系。中国高中阶段教育已经进入普及化阶段，这就决定了普通高中教育的定位问题已由一个宏大的"全局问题"转变为事关每所普通高中发展的具象的"局部问题"。因此，从宏观上讲，普通高中教育应在性质、价值、功能和作用等方面更加体现多样化的特点，以充分满足学生多元化的发展需求；从微观上讲，每所普通高中都要在明确自身发展条件和人才培养目标的基础上，在升学与就业、育人与育才、基础性与专业性等多维度中权衡并设定自身的教育定位。就特色定位与普通高中教育定位二者之间的关系而言，特色定位应以普通高中教育定位为依据，二者从根本上共同服务于学生的全面而有个性的发展。

---

① 李颖：《特色高中建设的现状、问题与对策》，《现代教育管理》2012年第1期。

三 特色高中建设中存在的突出问题

（一）特色认知不清

对"特色的本质是什么""特色从何而来"的正确认识，是普通高中特色发展的逻辑起点。人们常用"人无我有、人有我优、人优我新"这几个词来理解特色和特色发展的路径，这也是一些普通高中推进特色发展采取的一个基本思路，即追求与众不同，标新立异。笔者认为，上述对特色的理解是有失偏颇的，原因在于求变、求新并不是特色的内在属性和特色生成的基本逻辑。一个事物的特色，反映的是该事物满足某个（类）主体的特种需要的程度，即特色的本质属性是服务和满足主体需要的程度。一个事物是否有特色、特色鲜明与否的评判者，是它的服务对象，而不是它自身。举个简单例子，在评价一道菜是否有特色上面，人们是愿意相信做这道菜的厨师的评价，还是更愿意相信吃过这道菜的广大顾客的评价呢？显然是后者更具有说服力。在学校教育的语境之中，不管是"特色"项目、学校"特色"，还是"特色"学校，它们是否真的有特色、特色是否鲜明的最终评判者是学校教育的服务对象——学生、家长，而不是校长、教师，也不是教育专家。只有令学生心神向往、家长归之若水的学校，才是真正有特色的学校。在新时代，一所普通高中只有根据自身发展实际，在"为学生适应社会生活、接受高等教育和未来职业发展打好基础"上，做到让学生受益、家长满意，才能真正称得上有特色的学校。

一所学校特色生成的基本逻辑是从无特色，即学校教育不能满足学生、家长的需要，到有一定的特色，即学校教育在一定程度上满足了学生、家长的需要，再到有鲜明的特色，即学校教育极大地满足了学生、家长的需要。与此相对应，一所学校特色发展的基本理念恰恰就是"办好人民满意的教育"。只有得到学生、家长充分认可的特色，才是真正的特色。因此，学校特色发展的过程，就是校长带领全体教职员工可持续地提供高品质教育服务，以不断满足学生、家长教育需求的过程。

（二）特色定位不准

特色定位包括三个相互联系的方面，即谁来定位、定位什么、怎么定位。

谁来定位，指的是如何界定特色定位的主体和特色定位由谁来决策。特色发展的主体和特色定位的主体二者应是一致的，因此校长和教师作为学校特色发展的主体，自然也是进行特色定位的主体。校长作为学校的领导者，在特色定位中应发挥举足轻重的作用，可以说，校长很大程度上具有特色定位的决策权。调研发现，一些普通高中在特色定位时主要依赖和听取专家的指导和意见，而校长和教师往往处于"失位"状态。之所以出现特色定位"主体失当""决策越位与错位"这种不正常的情况，原因是多方面的。一是专家没有正确认识自身在特色定位中的角色、功能。专家的身份应是一个参与者，而不是决策者，应积极发挥咨询和指导的职能。二是校长没有树立起作为学校领导者所应有的特色定位决策者的身份意识。这在一定程度上反映出一些校长的办学理念不清晰，缺乏对学校发展进行顶层设计的强烈意识和高超能力。三是在特色定位的相关主体中明显存在一种"理论优先"的文化心理，专家凭借其"先天"的理论优势牢牢把握了特色定位的优先话语权，而校长因理论素养的不足往往无法与专家进行理论层面的平等对话，进而在客观上"塑造"了专家在特色定位中的主导地位，并使其掌握了决策的权力。事实上，一个概念在学理上的正确并不必然保证其在实践中能够得以理想化的推广和应用，关键是我们要找到关于这个概念在理论与实践的契合点。因此，专家不能唯我独尊，而应以协商的姿态，与校长、教师进行有效的沟通，以促进学理逻辑与学校实践逻辑相互融合、相互匹配。

定位什么，指的是特色定位的指向性。调研发现，普通高中的特色定位通常指向于如下内容：学科、社团活动、学校管理方式、学生核心素养、特色课程体系、课堂教学、育人模式和学校文化等。特色定位的指向性可以归纳为局部定位和整体定位两种类型，前者指的是特色定位指向于学校教育教学和管理工作的某一个局部，例如，某个学科、某种核心素养、某种学校管理方式等，后者指的是特色定位指向于学校工作的全局，例如育人模式、学校文化等。特色定位应遵循先局部后整体的思路。如果把学校的特色发展划分为发展特色项目、形成学校特色和创建特色学校三个阶段的话，那么，前两个阶段应该进行局部定位，第三个阶段应该进行整体定位。一些普通高中在这方面存在的一个突出问题是特色发展的阶段性与特色定位的指向性不相匹配，表现为处于发展特色项目和形成学校特色阶段的学校采用了整体定位，而处于创建特色学校阶段的学校却采用了局部定位。例如，对于一所正处于发展特色项目阶段的普通高中来说，将其特色定位在育人模式的层面显然是不合适的。

怎么定位，指的是特色定位的方法、策略。调研发现，普通高中在特色定位上大都缺乏整体性思维，对特色定位的影响因素缺乏系统性考量，这也是造成一些学校特色定位不够准确的一个重要原因。笔者尝试性地建构了影响特色定位的"五因素"结构模型，将特色定位的影响因素概括为五个方面，包括理念因素、背景因素、政策因素、资源因素和主体因素。理念因素对于特色定位具有思想指导和价值引领的重要作用；背景因素观照的是学校发展的核心问题，即普通高中的育人目标；政策因素要求特色定位不仅要符合国家教育政策的要求，还应符合区域教育政策的要求、体现区域教育定位；资源因素是特色定位最为直接的现实性的影响因素，特色定位既要充分考虑学校的办学资源、内部管理体制和教育科研等相关保障是否到位，也要积极传承和发展学校的办学传统；主体因素是特色定位中"人的因素"，也是决定性因素。

（三）特色建设落实不力

普通高中在落实特色发展的工作实践中存在的突出问题，可以归纳为"三重三轻"，即重课程设计轻课堂落实、重环境布置轻理念引领、重制度建设轻主体践行。

重课程设计轻课堂落实，这反映了学校在特色建设中存在课程与教学相互脱节的情况。各校无不重视课程建设工作，构建符合特色定位的课程体系,成为学校特色发展的基本目标和重要内容之一。但是,课程名目的多样化和课程类型的多维度设计,大都是"表面的繁华",未能在课堂教学中真正落地、生根。这集中表现为,学校所倡导的课程理念、目标往往很难在课堂教学的真实情境中得以贯彻和体现。例如,在以"培养学生自主发展能力"为课程目标的课堂教学中,学生的学习却体现不出明显的自主性,在以"责任教育"为课程理念的课堂教学中,我们却很少看到学生有"负责任"的表现。

重环境布置轻理念引领,这反映了学校在对特色发展理念作用的认知上存在一定的片面性。理念是行动的先导,学校特色发展必须坚持理念先行、理念引领的思路。基于特色发展的新理念作为一种应然的价值诉求,只有植根于校长和教师的内心,形成一种自觉的意识,才能最终体现在他们的实际行动上。理念的这种由人的"内心体认"到"主动践行"的过程,实质上就是一种文化的形成过程。环境熏陶作为文化体认的一个重要途径,受到绝大多数普通高中的高度重视。为了让全校师生员工能够方便、直观而全面地了解学校的特色发展"蓝图",普通高中都非常重视环境布置,在大厅、楼道、教室、会议室、校史馆、校园围墙等地方,设计装饰物、摆放展板,以各种物化形式,展示特色发展的价值陈述和阶段性成果。但是,这里我们需要注意的是,环境熏陶只是文化体认的一种手段,至于其能否达成这个目标,关键在于环境布置是否能够体现特色发展理念,而特色发展理念的科学性和可行性水平如何则是关键中的关键。只有符合教育规律和国家政策要求、基于学校发展实际、得到教师普遍认同的理念,才是科学的、可行的。事实上,一些学校虽然热衷于环境布置,却没有收到理想的效果,主要原因就在于学校对特色发展理念作用的认识不到位,所主张的特色发展理念在科学性上缺乏严谨的论证,在可行性上缺乏充分的民意基础,导致的结果是学校环境布置虽夺人眼球,但教师们对学校所倡导的特色发展理念往往视而不见、闻而不语、语而不知。

重制度建设轻主体践行,这反映了学校的特色发展仍基本停留在文本规划的层面，尚未能深入实务操作层面。制度是通过权利与义务来规范主体行为和调整主体间关系的规则体系。学校谋划特色发展，意味着将围绕育人模式进行系统性的建设，这必然会牵涉到学校内部管理制度的改革和完善。因此，制度建设是学校特色发展的一项重要内容，也是推动学校特色发展的一个有力保障。绝大多数学校对制度建设予以高度重视，制定了大量的制度文本，内容涵盖了学校特色发展的方方面面，形成了较为完善的制度体系。然而，需要指出的是，制度建设的规范性和制度内容的全面性，并不必然促成制度实施的有效性。这牵涉到一个重要问题，即什么制度是一个好的制度。一个好的制度应该具备四个特性，即适切性（制度符合学校实际，针对学校在特色发展中面临的真实问题）、系统性（各项制度彼此呼应、联系，具有内在的逻辑一致性）、有效性（制度能够切实落实到学校的管理工作之中）和开放性（制度本身留有一定的弹性空间，以适应于不可预期的外部环境的变化）。如果按照上面四个特性对每一个制度的性质做出评判的话，我们就会发现，学校中的一些制度本身就是多余的、虚构的、机械的、互相矛盾的、低效的。由此，我们就可以理解虽然一些学校为教师的专业化发展制定了大量的制度，但这些制度要求无法在教师的实际工作中得到体现。显然，一些学校在制度建设上进入了一个误区，即过于关注制度的"有没有"，而不是集中关注制度的"管不管用"，那些"不管用"的制度也就无法在制度所规范的主体身上发挥作用。

第三节　学科特色高中研究

学科特色高中属于特色高中一种特殊的办学类型。加强学科建设是通向学科特色高中的必由之路。普通高中学科建设的根本目的就是要使学科回归育人初心，凸显学科的育人价值，并使学科建设在学校组织管理、课程与教学、师资队伍建设、学生培养等方面占据"轴心"地位，发挥统领作用。在新高考新课程改革的时代背景下，学生学科修习和高考专业选择具有很强的关联度,这就要求普通高中必须树立学科建设的自觉意识,高度重视学科建设,形成学校的优势学科,为发展学生核心素养奠定基础。

一 何谓学科特色高中

中国古代的夏商西周时期,学校教育以"六艺"(礼、乐、射、御、书、数)为基本学科,[①] 春秋时期的孔子开办私学,他继承了西周贵族"六艺"教育传统,又根据现实需要创设新学科,以新"六艺"(诗、书、礼、乐、易、春秋)分科教授学生,培养学生在德行、言语、政事、典籍四个方面的素养。在中国封建社会的很长一段时期里,主要把《四书》(《大学》《中庸》《论语》《孟子》)作为儒学必读经典并设计秀才、明经、明法、贤良方正、孝廉、俊士、进士、明字、明算、一史、三史、开元礼、道举、童子等科目,通过科举考试选拔官吏。民国时期颁布的《大学令》规定大学以教授高深学术、养成硕学闳材、应国家需要为宗旨,分文、理、法、商、医、农、工七科。我们通常所说的"国学",指的是对中国传统学术文化的研究,中国传统学术体系内容包括哲学、古典学、史学、文学、宗教、语言、艺术等。[②] 中华人民共和国成立后,1952年学校院系调整仿照苏联模式,重工科轻文科,学科分类更加细化。改革开放以来,中国共发布了6版研究生学科专业目录,2018年更新的《学位授予和人才培养学科目录》,共设13个学科门类(文、史、哲、经、法、教、理、工、农、医、军、管、艺)111个一级学科,2022年发布的《研究生教学学科专业目录(2022年)》,在一级学科上增加了1个学科,即"交叉学科"。

学科是在一定历史条件下建构起来的规范化、制度化的知识体系或知识组织。知识是学科构成和学科划分的基本材料和依据,学科是

[①] 孙培青:《中国教育史》,华东师范大学出版社2000年版,第22页。
[②] 陈来:《中华文明的核心价值:国学流变与传统价值观》,生活·读书·新知三联书店2015年版,第134页。

知识成熟化的特定组织形式。学科和学科分类是科学进步的产物，是知识生产的必然结果，而学科知识和学科分类的日益复杂化，例如，新兴学科、前沿学科、交叉学科的大量出现，在一定程度上是人们认知能力提升和认知方式转型的结果。

《辞海》将学科定义为学术的分类，指的是一定科学领域或一门科学的分支。杜威把学科划分为三类，一是获得实践技能的特殊学科，如阅读、写作、计算和音乐，二是主要为获得知识的"知识性"学科，如地理、历史，三是更注重抽象思维的"推理的""训练性的"学科，如数学、形式语法等。[①] 在高等教育研究领域，学科包括学问分支（按照一定规则划分的科学或者知识领域，以生产知识、学问研究为主旨）、教学科目（学校教育内容的基本单位，以传递知识、教育教学为主旨）、学术组织（实体化的组织体系，包括学者、知识、学术资料等，以维护学术组织体系和开展学术活动为主旨）、规范制度（学术共同体共同遵循的学术和行为规范，以建构和完善学术运行机制为主旨）等四层含义。在基础教育领域，学科主要指的是教学科目或课程。就普通高中而言，根据《普通高中课程方案（2017年版2020年修订）》关于开设科目的有关规定，包括语文、数学、外语、思想政治、历史、地理、物理、化学、生物学、技术（含信息技术和通用技术）、艺术（或音乐、美术）、体育与健康、综合实践活动、劳动等14个科目，各个科目的内容包括国家课程和校本课程两种形态，并对应必修课程、选择性必修课程和选修课程三种类型。

学科特色高中是以某一个、多个或某类学科教育见长的特色高中。在中国一些省市开展的特色高中建设，主要体现在学科特色方面，把特色学科建设作为特色高中培育的一个主要抓手。例如，宁波市从2020年开始实施"1122"学校特色升级工程，遴选建设10所学

[①] [美]约翰·杜威：《我们怎样思维·经验与教育》，姜文闵译，人民教育出版社2005年版，第59页。

术性普通高中、10个科创教育基地、20所学科特色高中、20所项目特色高中,其中,部分学校提出创建的学科特色就包括艺术特色高中、科技特色高中、人文特色高中、生物学科特色高中、日语特色高中、美术特色高中、传媒特色高中、体育特色高中等。又如,山东省在2021年印发《关于实施强科培优行动 推进普通高中特色多样发展的实施意见》,提出"以特色学科培育为抓手,改革育人方式,提高育人质量,形成鲜明办学风格",在"十四五"时期,"建设200所以上涵盖人文、社科、理工、艺体、科技等多个领域的省级特色高中"。

二　普通高中学科建设的内涵释义

学科建设一词在《教育学名词》中的解释是"为中国高等教育界提出的概念。根据科学发展、社会需要和大学自身发展的需要,对学科发展方向进行选择和规划,整合相关科研与教学队伍,提升科研水平和培养高水平人才的相关活动"。[①] 在高等教育领域,学科建设的内涵主要包括学科定位、人才培养、学科队伍、科学研究、学科环境、学科基地、组织制度和学科文化等多个要素。

普通高中学科建设,秉持学科育人理念,以发展学生学科核心素养为目标,并遵循学校的人才培养目标,以国家规定的学科课程为主体,以校本课程为辅助,加强学科的课程体系化,建构必修课程、选择性必修课程和选修课程的结构体系,突出课程设置和课程实施特点,形成单一学科的"学科群化"和多个学科的学科建制,建设若干个特色学科,使学科成为普通高中深化课程改革、实现育人方式变革和促进学生全面而有个性发展的一个新的"增长极"。

学科建设在普通高中具备独特功能。具体来说:

第一,学科建设能力是普通高中学校内涵发展的一个重要保障。通常讲,学校的组织建构与管理、课程与教学、师资队伍和生源是决

---

① 转引自王建华《学科建设话语的反思与批判》,《现代大学教育》2016年第4期。

定一所学校办学水平的几个基本要素，只有通过学科建设才能把这些相对独立的要素整合在一起，凝聚学校发展的各方面力量，引领学校办学方向。

第二，学科水平是普通高中学校办学水平的一个重要标志。学科育人是普通高中实现育人方式变革的基本思想，而具有相当程度的学科水平是落实学科育人，实现立德树人的基本保障。由于各种原因，普通高中学校之间在学科水平上存在一定的差异性，而一所普通高中学校内部各个学科的发展也会表现出一定的不均衡性，相对而言，有的学科比较强，有的学科比较弱一些。因此，每一所普通高中都将面临三个方面的任务，一是从整体上提升学校的学科水平；二是加强本校的优势学科建设，形成特色学科；三是补齐短板，进一步提升相对弱势学科的发展水平。

第三，学科建设是加强教师队伍建设和吸引优秀生源的一个重要平台。毋庸讳言，人的因素在学科建设中居于首要位置。一方面，学科建设离不开学科带头人和学科团队的强力保障。其中，学科带头人的作用尤为重要，在一定意义上，学科的影响力取决于学科带头人的影响力。此外，学科团队建设是保障一个学科能够实现可持续发展的基石，同时，学科团队建设也是学校加强教师队伍建设的一个新的突破口，更能体现教师专业发展的学术性取向。另一方面，一所学校通过加强学科建设而在某一个或几个学科中实现突破，形成优势学科，向着学科特色高中发展，不断扩大优势学科的影响力，这必将能够吸引越来越多的优秀生源选择这所学校以满足自身的学科发展兴趣和专业选择的需要。

开展学科特色高中建设的基本思路是以学科建设为重心，通过打造本校的特色学科，在有关学科师资队伍、学科资源、教科研成果和人才培养质量、学科文化等方面形成自身的独特优势，不断提升学校的学科影响力。在师资队伍方面，注重培养学科名师、骨干，充分发挥学科带头人的引领示范作用，加强学科团队、学科教研组和学科共同体建设，使教师普遍具有较强的学科意识，具备能够"引导学生与学科建立联系的能力";[①] 在学科资源方面,注重优化学科课程结构,加强实验实训环境建设,不断拓展课程实施路径,丰富课程资源类型,实现课程资源的共建和共享;在教科研成果方面,不断积累形成高水平的学科教科研成果,包括教师承担高级别的项目、课题,教师出版的专著、发表论文,学生的竞赛获奖等;在人才培养质量方面,逐步强化学生高考专业选择与学校特色学科的关联度,不断提升学生被重点大学相关专业录取的比例;在学科文化方面,通过变革学科管理方式,更新学科组织机构,强化学科功能,创新学科评价机制,拓展学科育人空间,形成与之相适应的学科发展机制、学科话语体系和学科标准规范,逐渐积聚学科文化特色,建构师生学科教学和学校生活的新范式。一些普通高中学校在学科建设方面积累了较为丰富的经验,取得了明显成效。例如,江苏省前黄高级中学聚焦于基于学科本质的学科功能定位、课程设置与开发、教学改革、校本教研、教师专业发展和学科组织创新六个层面开展学科建设,[②] 专门设立了学科发展中心,组建了理论研习与实践研究学科共同体,促进学校育人模式转型,满足学生多样化教育需求。

三 学科特色高中建设案例解析

普通高中必须基于学校发展实际,客观分析阻碍学科建设的诸多因素,形成学科建设的清晰思路,构建学科建设的可行性路径。随着学校规模的不断扩大,江苏省锡山高中加强行政管理改革,通过实施级部制扁平化管理,强化教务管理职能,在一段时间内保障了学校的平稳发展。但是,这种过于依赖行政化体制的学校运行模式也使得深层次的问题逐渐暴露出来,教研组的教研职能被淡化,教研组长不专心搞教研,学校的学科建设被弱化,学校发展后续乏力。学校对此有

[①] [美]帕克·帕尔默:《教学勇气——漫步教师心灵》,吴国珍等译,华东师范大学出版社2014年版,第2页。
[②] 黄惠涛:《高品质高中学科建设的价值追求与实践路径》,《人民教育》2021年第24期。

足够的警醒，充分认识到造成学科建设薄弱的问题所在，以及对于学校未来发展的不利影响。学校从 2006 年开始推进学科建设，通过启动"找回教研组长"计划，培育学科领袖，加强学科组建设，提升教师专业发展能力，推进有效教学，创建教研中心，提炼学科宣言，整合学校课程，转变学习方式，实施《教研组三年发展规划》《学科三年发展规划》《学科特色建设规划》《学科质量评估标准》等制度措施，从信念作风、队伍建设、课程教学、校本教研、知识管理、特色建设等多个维度，构建了一个较为完整的学科建设的实施和评价体系。[1] 总的来讲，学校秉持了"以学科规划推动学科建设"的基本思路，不仅制订了学校整体层面的学科规划，还分别制订了各个学科的规划，加强对学科规划的实践、督导、评估、展示等各个环节的工作落实，不断总结和发展学科建设的理论成果和物化成果，形成了清晰而明确的分阶段学科建设的目标、方向和路径。在学科建设过程中，学校领导和教师无不渗透着"育人""成人"的哲学之思，由重点关注学科成绩向重点关注学科的育人价值转变，不断追问学科教育的本质，让教育回归到人本身。

江西省贵溪市象山学校依据国家课程标准和学科特点，立足区域实际和学校基础，基于学科育人理念，探索构建了校本化学科建设"三层九维"模型，[2] 包括由学科定位、课程优化、教学改革三个维度组成的目标层，由教师发展、校本教研、文化生成三个维度组成的过程层，由专家引领、变革领导、校际联动三个维度组成的驱动层，进而基于学科育人视角，系统回答了"为什么教、教什么、怎么教"的问题。学校立足本校教师个体、团队和教研组等学科组织，借助专家指导，实施校际协同创新，凝聚学科教育价值共识，开展对国家学科课程的校本化建设，形成了校本化的学科特色。该模型应用于语文、数学、英语、体育等学科的校本化建设，取得了良好成效。

---

[1] 参见唐江澎《学科建设，决定学校的教育高度》，《人民教育》2014 年第 13 期。
[2] 孙锦明、王从华、童新国：《中小学学科建设的"三层九维"模型构建与协同实践》，《教育学术月刊》2019 年第 1 期。

学科特色高中以发展学生养成卓越的学科核心素养为标识，它的孕育和发展必然经历一个从无到有、由小到大的过程。它可以始于一所学校的一个学科特色社团、一个学科兴趣小组、一个课程班，或者是几位同学科教师组成的学习共同体，也可以在另外一所学校的"母体"中得以"孵化"。例如，同济大学附属上海市科技高中（简称"上海科高"）依托曹杨二中走出了一条独特的校中校"孵化"新模式。曹杨二中是上海市首批实验性示范性高中。2009年，学校成为教育部与上海市合作项目"高中生创新素养培育项目实验学校"。2012年，学校与同济大学合作成立"曹杨二中德语理工苗圃"，构建德语理工融合特色，创建了由"大学理工先修课程""理工专业导读""科技工程课题""德语""新工科实践""社会人文素养""国际文化与理解"等组成的科技工程人才早期培养课程体系，侧重对学生进行科技工程素养和能力的培养与开发，在高中大学贯通和科技工程拔尖人才连续培养上做出了实质性突破。[①] 2017年，曹杨二中与同济大学深度合作共建同济大学附属上海市科技高中。上海科高在曹杨二中进行"孵化"，实行"一套班子、两块牌子、独立课程、资源共享"的办学模式，最终建成一所具有独立建制的公办普通高中。上海科高每年通过自主招生面向全市招收60名学生，编为德语理工、英语理工两个独立班级，与曹杨二中同届学生统筹排课，突出"科技工程素养"课程体系建设，学生的科技工程素养表现突出。

欧美一些发达国家也非常重视学科特色高中建设。例如，在美国纽约市有9所被人们称为特殊高中的学校，这9所学校均为公立选拔性高中，也是典型的学科特色高中。每所学校都有自己的学科特色、高水平的学术水准和人才培养导向，例如拉瓜迪亚艺术高中、布鲁克林科技高中和以数学、物理等科学领域为特色的布朗克斯科学高中，

---

① 王洋、易建平：《以特色"触动"学校整体变革——以曹杨二中"孵化"上海市科技高中为例》，《人民教育》2020年第23期。

该校在美国享有盛誉，自1938年建校以来，毕业生中有8名学生获得诺贝尔奖、6名学生获得美国新闻界最高奖——普利策奖。[1] 这些学校在招生方面体现高选拔性，具有一定的优先权，据统计，每年纽约市有近3万名学生报考特殊高中，争夺约4000个学位，总录取率不到14%。[2]

2002年，日本划拨专项预算，启动了"超级科学高中"计划，允许在指定的部分高中里实施前沿的理科教育，加强高中科技、理科数学教育，培养学生科学的能力与技能以及科学的思维力、判断力和表达力，从而培养将来能够活跃在国际舞台上的科学技术人才，[3] 为实现科技立国奠定人才基础。在超级科学高中项目中，被指定为超级科学高中的学校通常会设立超级科学班，实施相对独立的课程和教学活动，与普通课程班相区别。例如，川立高中是日本文部科学省指定的"超级科学高中"，学校内设"创新理数科班"，与普通课程班相区别，更加强调对学生进行科学和数学领域的教育，培养该领域的创新人才。又如，立命馆高中每年从招收的新生中挑选20多人编入超级科学班，对其进行专门的课程和教学活动。

第四节　学术性高中研究

学术性高中指的是秉持精英教育取向，面向少数资优学生（指那些与处在同一环境中的同龄学生相比，在智能、创新能力、领导能力、艺术能力等一个或多个方面的潜能或某个特定的学术领域的表现，明显高于平均水平的学生），以树立学生的学术志向、挖掘学术潜能、发展学术素养为主要目标的普通高中。学术性高中是普通高中

---

[1] 冯生尧：《高中课程与高考改革：走向多样化》，华东师范大学出版社2018年版，第43页。
[2] 付艳萍：《美国纽约市特殊高中入学考试存废之争评析》，《比较教育研究》2021年第5期。
[3] 金京泽：《日本的超级科学高中计划》，《上海教育》2014年第35期。

多样化有特色发展的产物,其办学遵循的是分层与分类相结合的逻辑,是一种专门以各类拔尖创新人才早期发现与培养为目标、体现卓越办学定位的一种普通高中学校类型。作为普通高中的一种新的办学类型,学术性高中的出现,是国家人才战略需求、教育政策激励和普通高中转型发展等多种因素相互交织的产物,存在一定的必然性。

一 学术性高中的内涵

对"学术"这一概念的理解,是认识学术性高中的前提。从字面意思看,"学"指学问、治学、学识,"术"指技术、方法、应用。由此,对学术的解释通常有两种思路,一种是侧重于"学",例如《辞海》将"学术"定义为"专门、有系统的学问",另一种是侧重于"术",例如将"学术"定义为"治学、做学问的艺术或方法"。上述两种定义各有侧重和指向,但都未能体现"学""术"二字的完整含义,也没有把"学术"背后所体现的思想、精神涵纳其中。对"学术"更为综合和全面的理解,至少包括三个层面,即系统而专门的知识、治学的过程与方法和治学精神。学术的基本属性包括思想性、理论性、互换性、综合性、预见性、批判性等。[1] 从对"学术"概念的理解层面来说,它应该包括学术知识、学术研究和学术精神三个方面的要素。其中,学术知识是人们通过开展学术活动而逐步积累形成的系统化的知识体系;学术研究是人们从事学术活动的基本范式,探寻未知的事物和探索已知事物的未知领域;学术精神是人们从事学术活动和学术本身所应追求的根本价值。学术的三要素可作为我们判断一个事物是否具有学术性,以及学术性程度大小的基本标准。

一所学术性高中必须从多个方面体现"学术性"这一根本特征,包括:有重视学术的优良传统,学校内形成了尊重、平等、民主、宽松、开放的学术风气,营造学术自由的学校文化,使师生、生生之间的交流互动更加体现"学术气质",也为教师和学生涵养"学术性"

---

[1] 李中赋:《关于"当代中国学术问题"的学术性思考》,《科技导报》2003年第1期。

创造了肥沃的文化土壤；有一支学者型的教师队伍，教师普遍具有较高的学科教学水平和学术修养；有高效服务师生发展的体现学术治理思想的专业组织和运行机制，例如成立学术委员会；能够开设大量学术性、前沿性和挑战性的课程，形成体现学术性特征的学校课程体系，课程目标指向于培养学术型人才；实施以学术探究为主的教学方式，培养学生的学术研究旨趣和能力；与研究型大学、科研机构、企业建立良好的合作关系；等等，为学生多元化发展创造更为便捷的通道和丰富的学术资源。

学术性高中培养的学生在总体面貌上集中表现为：有高度的社会责任感、强烈的好奇心、自律精神与坚毅品质，具有学科特长，创新精神和实践能力表现突出，综合素养优异，具备未来发展成为学术型、创新型拔尖人才的潜质，他们是"一批为中华民族伟大复兴而培养的'特种兵'"。[1] 一所"学术性高中"对于本校培养的"学术性学生"应做出校本化的解读。例如，东北师范大学附属中学将本校培养的"学术型学生"界定为：以自主学习能力、坚强意志品质、高阶创新思维、社会责任担当为素养内核，具有一定学术兴趣、具备基本学术素养，拥有一定学术能力。[2] 北京市十一学校在《学校战略》中提出，高水平、高定位将学校建设成为国际化学校，努力培养具有国际视野、通晓国际规则、能够参与国际事务和具有国际竞争力的国际化人才。[3]

学术性高中在学生入学门槛和毕业走向两个方面都体现出明显的高规格特征。一方面，由于学术性高中的招生数额相对偏少，愿意进入学术性高中的学生必须经过严格的选拔性考试（通常包括笔试和面试），并且成绩排名在前1%—5%；另一方面，学术性高中的绝大多数毕业生能够升入高水平研究型大学继续深造，他们中的一部分人日后成长为学术型、研究型人才，专门从事学术研究。可见，学术性高

---

[1] 陈玉琨：《为何要建学术性研究型高中》，《中国教育报》2020年7月26日第3版。
[2] 姜远才、刘玉新、宫海静：《论普通高中学术型学生的培养》，《中国教育学刊》2020年第5期。
[3] 李希贵：《学校如何运转》，教育科学出版社2019年版，第28页。

中培养的学生应具有较强的学术研究的基础素养,但并不是所有的学生将来都要从事学术研究工作。

二 学术性高中的国际视域

纵观国际,英国、美国、韩国等发达国家素有发展学术性高中的教育传统,这与其重视资优学生的早期培养,重视实施英才教育有着紧密关系。英才教育涉及一个国家的核心竞争力,是为国家建设培养和储备拔尖创新人才的一个重要途径。正如党的二十大报告提出"坚持为党育人、为国育才,全面提高人才自主培养质量,着力造就拔尖创新人才,聚天下英才而用之",实施英才教育具有一定的紧迫性和必要性,它是中国"提高人才自主培养质量""着力造就拔尖创新人才"的重要举措,是中国教育发展的重要战略任务。就高中阶段教育的价值和功能而言,坚持卓越与公平不可偏废,这就要求教育为能力各异的学生提供适合其需要的学习机会,这也包括为那些天赋聪颖的学生提供适当的教育机会,以此为实现真正有效的社会发展而积蓄最宝贵的人力资源。[1]

各国都非常重视通过政策和立法手段,推进英才教育发展。例如,美国高度关注英才教育问题。早在1957年苏联第一颗人造卫星成功发射之后,美国随即在1958年颁布《国防教育法》,联邦政府设专项资金用于培养数学、自然科学和外国语等方面的天才学生;1968年成立"白宫资优及特殊才能特别委员会";1969年美国联邦法案规定由美国教育委员会指导天才教育研究工作,并支持州政府制定和实施天才教育方案;1972年美国发布英才教育的第一份全国性报告《马兰德报告》,催生了后续英才教育政策和法律的颁布,同年,在教育部设立英才处,负责协调、推动、监督和处理各州英才教育的活动和计划;1978年修订了《初等和中等教育法》,制定了《天才教育法案》,界定了"资赋优异"的表现,扩大英才教育项目的财政支

---

[1] 联合国教科文组织总部:《教育——财富蕴藏其中》,联合国教科文组织总部中文科译,教育科学出版社1996年版,第191页。

持；1979年成立约翰·霍普金斯大学英才教育中心第一个英才教育中心，这是美国第一个由高校发起建立的英才教育研究机构，专门为基础教育阶段的资优学生提供测试、评估和教育服务；1983年卡耐基基金会提交了《高中：美国中等教育报告》，建议每所高中都应为资优学生提供特殊教育；1988年制定《贾维茨英才学生教育法案》，强调学校必须为资质优异的学生提供特殊的活动或服务；1993年，发布英才教育白皮书《国家卓越：培养美国的天才》，认为学校改革应重视对英才学生的关注；2002年颁布《不让一个孩子掉队法案》，没有对英才学生给以特殊关注，使大部分英才教育项目被中止；2010年美国的《教育改革方案》再次明确要求加强英才教育；2015年颁布《让每个学生成功法案》，要求各州继续推进实施英才教育，为高能力学生提供保障以实现更高层次的公平。

在高中教育阶段，举办学术性高中是实施英才教育的一个重要组成部分，目的在于为大学培养拔尖创新人才奠定基础。顾名思义，学术性高中必然要以追求学术为根本要旨，有的学术性高中在学校名称上就被冠以"学术"一词，例如休姆·弗格学术高中（Hume-Fogg Academic High School）。值得一提的是，在汪懋祖任苏州中学校长时期，他给苏州中学取的英文校名是"Soochow Academy"。

学术性高中通常只占一个国家高中学校总数的极小比例，学校规模偏小，在学生入学和毕业等方面有着较高的学术要求。例如，英国学术性高中的主体是公学和文法学校的第六学级（相当于高中阶段）。这类学校坚持精英教育传统，以严格的学生选拔、激烈的入学竞争、卓越的学术水平、高昂的学费和培养全面发展的社会精英而闻名，[①] 其数量占英国高中教育体系比例的10%，而且学校规模也偏小。例如，创办于1440年的伊顿公学，生源主要来自贵族和富裕家庭，每年招生人数都控制在极少的范围内，2001年学校参加高级水平考试的学生有252

---

① 祝怀新、应起翔：《今日英国公学的办学特色——哈罗公学个案研究》，《比较教育研究》2002年第12期。

人，升入大学的学生有246人，其中进入牛津和剑桥两所大学的学生有61人。据统计，从1992年到2001年的10年中，伊顿公学升入大学的学生比例一直保持在95%左右，其中升入牛津和剑桥大学的比例达到30%。①

学术性高中注重营造追求学术卓越的独具特色的学校文化，主张教育并不只是被动地吸收事实和文化传统，它向思维挑战，使思维具备积极的、胜任的、彻底的批判力，②重视发展学生的领导力、学习力和创新力，致力于培养各行各业的领袖人才。例如，美国的卡内基·范加特高中的教育使命："为把休士顿学区的天才学生培养成为今后全球化社会中的领袖人才奠定基础。"又如，日本的学术性高中专门制定学力标准，突出对学生学力的评价，强调培养学生的扎实学力。

选修课的门类、质量和数量，是一所学术性高中办学特色和办学实力的重要标志。例如，芬兰的罗素高中将课程分为必修课程和选修课程两类，其中，必修课只占到全部课程的30%，选修课中除了国家课程之外，也包括学校自设课程，共计占到课程的70%。学校能够尽量满足每一名学生的课程需求，开设了多达100多门选修课程。③反观中国普通高中课程安排中的校本课程修习学分占全部课程的比例是9.7%，相对偏少。又如，美国的学术性高中大都开设了以高水平学术研究为内容的课程，要求学生在校内或大学的实验室开展项目研修、课题研究、实验室研究等多种形式的学术工作。美国华盛顿托马斯·杰杰弗逊理科高中拥有十三个各具特色的实验室，全校85%的学生在学校实验室进行科学研究，其余学生在社会上的科研机构开展科学实验。④

---

① 孔凡琴、邓涛：《英国学术型高中探析》，《教育理论与实践》2013年第26期。
② [美]玛莎·努斯鲍姆：《功利教育批判：为什么民主需要人文教育》，肖聿译，新华出版社2017年版，第21页。
③ 何树彬：《罗素高中：芬兰高中教育的典范》，《上海教育》2009年第11期。
④ 沈之菲：《激活内在的潜能：学生创新素养的评价和培养》，华东师范大学出版社2013年版，第75页。

学术性高中除了非常重视对学生进行学科课程的学术性锻炼之外，还通过设置跨学科课程和教学，培养学生的学术能力。例如，新加坡莱佛士书院以项目化课程作为课程组织的重要形式，使学生可以接触到知识存在的真实环境和知识应用环境的复杂性，[1]更加明确所学的学术知识将有助于解决真实工作场景中的实际问题。

三 学术性高中的本土实践

创办学术性高中是对国家人才战略需求的积极回应。进入21世纪，全球掀起了以科技创造力为核心的新一轮国际竞争，前沿科技人才和高端管理人才成为争夺的目标，高层次人才在国家创新、经济发展和社会进步中的作用尤为凸显，加快人才发展是在激烈的国际竞争中赢得主动的重大战略选择。《国家中长期人才发展规划纲要（2010—2020年）》指出当前中国人才发展的总体水平同世界先进国家相比仍有较大差距，高层次创新型人才匮乏，人才创新创业能力不强。建设社会主义现代化强国，实现中华民族伟大复兴，培养堪当民族复兴大任的时代新人，要求我们必须实施人才强国战略，主动适应中国经济社会发展需要，积极应对日趋激烈的国际人才竞争。2018年，教育部等六部门联合发布《关于实施基础学科拔尖学生培养计划2.0的意见》，提出建设一批国家青年英才培养基地，选拔培养基础学科拔尖人才。其中，特别强调推进实施"中学生英才计划"，吸引一批具有创新潜质的中学生走进大学，参加科研实践、激发科学兴趣，成为拔尖人才的后备力量。2022年11月，中国科学技术协会办公厅、教育部办公厅印发《2023年"英才计划"工作实施方案》，计划在2023年从高一、高二年级遴选和培养1700余名品学兼优、学有余力，在数学、物理、化学、生物、计算机等基础学科具有浓厚兴趣的学生，以此促进普通高中教育与大学教育相衔接，建立高校与高中

---

[1] 段会冬、黄睿：《精英教育背景下新加坡莱佛士书院课程设置述评》，《世界教育信息》2012年第Z1期。

联合发现和培养青少年科技创新后备人才的有效模式。基础教育阶段，加强拔尖创新人才的早期培养，举办学术性高中，这是国家实施人才强国战略的一个有机组成部分，对于增强国家人才实力和人才国际竞争力具有深远意义。

创办学术性高中是国家教育政策激励的结果。《教育规划纲要》提出，面对世界多极化、经济全球化深入发展，科技进步日新月异，人才竞争日趋激烈的现实情况，培养创新人才迫在眉睫。要努力培养造就数以亿计的高素质劳动者、数以千万计的专门人才和一大批拔尖创新人才。高中阶段教育是学生个性形成和自主发展的关键时期，对培养创新人才具有特殊意义。要推动普通高中多样化发展，探索发现和培养创新人才的途径。《中国教育现代化2035》同样提出，鼓励普通高中多样化有特色发展，加强创新人才特别是拔尖创新人才的培养。开办学术性高中，是拔尖创新人才的早期发现和培养的一个重要途径，能为高等学校开展创新人才培养奠定基础。

创办学术性高中是普通高中分类办学改革的有益尝试。2021年，中国高中阶段教育毛入学率达到91.4%，高中阶段教育已进入以多样化特色发展为标志的全面普及时代。改变分层办学现状，通过实施分类办学改革，实现学校多样化办学和学生个性和特长的培养，为每个学生创造适合的教育，满足不同潜质学生发展的需要，将成为普通高中推进育人方式改革的一个基本目标。学术性高中在办学定位、学生培养目标、课程体系、教育评价等方面具有自身的独特性，体现明显的分类办学特点。创办学术性高中，对于深化普通高中育人方式改革，推进普通高中由分层办学转向分类办学，真正实现多样化发展具有积极意义。

创办学术性高中是优质高中实现转型发展的战略选择。学校教育是人才培养的一个基本途径，要培养创新型人才，必须创新人才培养模式，探索创新型教育方式方法。从学校教育的层面而言，探索拔尖创新人才早期发现和培养的路径是多元的，既可以采取一个班级"单兵突破"的方法，例如，广州市执信中学实施"元培计划"，选拔具有创新潜质的学生进入"元培实验班"，致力于培养"全面发展，科学见长"的创新拔尖人才,也可以采取若干个学科"先行探索"的方法,例如,学校可招收一些学科特长优异的学生,并配之以相应学科的优秀师资,而如果要以一个学校的整体"建制"为单位,这就对学校的整体师资条件和教育教学质量提出了更高的要求。因此,建设学术性高中的重任必然落在了那些具有雄厚教育教学实力的少数优质高中身上。然而,并不是所有的优质高中都有举办学术性高中的意愿和能力,这是因为学术性高中作为普通高中分类办学的新生事物,不是单纯追求高分数、高升学率,更重要的是要为培养高层次创新型精英人才奠基,并在普通高中的人才培养和教育改革中发挥典范作用。那些以建设学术性高中为办学目标的少数优质高中,应站在服务国家人才战略需求的高度,拥有为拔尖创新人才奠基的使命担当和文化自觉,积极探索学校转型发展的方向,为国家创新型人才培养积蓄力量。

自2010年《教育规划纲要》颁布以来,在鼓励普通高中多样化特色发展、探索拔尖创新人才培养的政策背景下,中国部分教育发达地区的一些优质普通高中(重点高中、示范性高中)顺应国际高中教育潮流,回应国家人才战略需求,结合学校自身定位和办学传统,把创建"学术性高中"(有的称为"学术型高中"或"研究型高中")作为办学目标,实现高中办学类型的转型发展,据此破除精英化高中的同质化发展趋势,凸显学校办学定位和育人目标的学术取向,提升普通高中教育品质,为培养各领域的拔尖创新人才奠基。例如,北京十一中学、上海市七宝中学、杭州第二中学、宁波中学、厦门双十中学基于创新型国家建设对人才培养的要求,提出了建设"学术性高中"的规划愿景。

总体来说,学术性高中的建设在中国仍处于初创阶段,主要以个别地区和一些学校的自主探索为基本形式,在内涵提炼、建设要素和发展路径等方面形成了一些理论成果,积累了较为丰富的实践经验,与此同时,也有一些突出的问题亟待解决,继而朝着更加成熟的方向发展。

加强区域对普通高中分类办学的统筹规划。建设学术性高中，离不开区域层面的政策保障、舆论引导和资源供给，在教师选聘、教学管理、课程建设、经费使用、招生考试、教育评价等方面赋予学校更大的办学自主权。从省级层面和区域层面整体规划建设学术性高中的地方仍不多见，浙江省在这方面表现较为突出。浙江省在2020年实施普通高中学校分类办学改革，明确提出建设学术高中，并把学术高中和数理高中、工程技术高中三者统称为科技高中，以期形成科技人才培养的办学优势和风格。宁波市制订《关于深化课改 推进普通高中高质量发展行动计划（2019—2022年）》，提出建设10所左右学术型普通高中的目标；温州市在2020年印发《关于推进普通高中高品质发展的实施意见》，提出以特色普通高中为基础，以学术为导向，打造10所以上学术性高中，逐步扩大学术性高中的招生自主权。

强调学校的自主探索。建设学术性高中，除了借鉴欧美发达国家的相关经验外，在国内尚无成熟的案例进行系统化的学习和效仿，必须发挥学校自身的主体性和主动性，在实践中不断摸索和总结经验。学术性高中与其他普通高中的特别之处在于"学术性"，即在办学定位、培养目标、教学管理、课程设置、考试评价等学校育人的各个方面，充分体现基于普通高中教育的"学术性"。因此，科学准确地界定普通高中的"学术性"、把握学术性高中的类型特征，这是建设学术性高中的前提条件和理论基础。校长作为学校的领导者，必须心怀强烈的文化自觉，从"行政权威"走向"专业权威"，[①]对学术性高中建设形成清晰的理解和认识，只有这样才能有效领导学校改革，使学校向着预定目标发展。时任深圳中学校长王占宝深刻意识到要培养拔尖创新人才，必须建设学术性高中，为创新人才的成长提供三个方面的支持，即为学生创造力的发展创设良好的文化环境，为创新人才的学术发展打下良好的基础，将创新人才输送到一流的研究型大学。

---

① 钟启泉：《教育的挑战》，华东师范大学出版社2019年版，第265页。

他认为创新人才包括学术与艺术大师、思想者、社会领袖和富有创造性的专业认识,学术性高中应将创新人才的培养定位为自身的教育使命。①

注重教师学术性的培育。教师是从事教育教学工作的专业人员。中小学教师的教育教学工作体现一定的个人化的风格和特点,表现为一些教师在特定的教育教学情境中,对教育教学问题的认知不同、因之而采取的教育教学方法、策略不同,继而形成的教育教学理念、思想和对教师职业的认知也会有所差别,这为教师学术性的培育奠定了基础。中小学教师的学术性与高等院校教师的学术性既有区别又有联系。区别之处在于,高等院校的教师主以生产知识、形成理论、构建体系、开发应用为主,其学术性表现是较为全面的,包括了知识的发现、综合、运用和创造,属于创生取向,而中小学教师以对理论知识的学习、整合和应用,以及在教育教学中的实践为主,其学术性偏重于知识的应用,属于行动取向。联系之处在于,由于中小学教育教学实践的复杂性和不确定性越来越突出,那种面对众多学生采取照本宣科、灌输教育教学知识的方式,已经落后于教育改革的要求,更无法适应学生多样化发展的需要。为此,教师必须实现转型,即由知识的传授者转向知识的研究者,由教师职业身份的"他者认定"转向"自我重塑"。教师实现转型的目标是成为研究型教师,其特征是"能够创设基于研究为本的课程,营造基于研究为本的教学环境,用基于研究为本的教,引导和启发学生进行基于研究为本的学"。②

突出学术性课程体系建构。学术性高中与其他普通高中一样,处于基础性通识教育的高级阶段,不同之处在于,学术性高中要为那些即将接受学术性专业教育的学生提供更为丰富的、能够充分体现学术性的教育,建构体现浓厚学术性色彩的学校课程体系。因此,学术性

---

① 王占宝:《培养创新型人才呼唤建设学术性高中》,《人民教育》2011年第12期。
② 联合国教科文组织国际教育局:《教育展望:在不同的情境脉络中评价学生的成绩》,华东师范大学出版社2006年版,第165页。

高中应秉持学术育人的课程理念，凸显学术的育人价值和育人功能，注重挖掘和培养每一个学生的学术潜能和学术素养。在此基础上，根据学校的培养目标，形成本校明确的课程目标，形象刻画颇具学术潜质的毕业生形象，并在课程设置上凸显课程的丰富性、选择性和学术性，满足学生的个性化需求，服务学生的自主发展，继而能够产出反映学校特色课程体系的学术成果，例如，出版专著、发表论文、获得基础教育省级、国家级教学成果奖等。

在课程设置上，学术性高中应兼顾课程的忠诚和创生理念，在遵循国家课程统一规范的基础上，将校本课程融入其中，形成本校特有的体现学术取向的课程结构。例如，深圳中学的课程建构坚持在尊重国家课程标准的基础上进行校本化处理，提出了"本校的课程"的课程理念，形成由基础学术课程和文凭课程两部分组成的课程体系。基础学术课程指的是面向高考科目的基础课程，涵盖必修、选择性必须两类课程，以落实国家课程为主，文凭课程由校本必修、特色选修、学校公共选修、校外选修四部分组成，根据学生培养目标而细化为认知技能、自我成长、文化审美、体育健康、实践服务、研究创作六个方面的课程群，每个课程群包含若干课程或课程组。又如，东北师大附中将"中学生学术力成长课程"分为理科基础、新工科、科技创新、语言文学和人文社科五个课程集群，每个集群的课程分别由学科课程、综合课程和活动课程构成。[①]

在课程实施上，学术性高中应基于普通高中课程改革要求，围绕发展学生的核心素养和培养学生的学术性思维，开展教学改革，实现创造性实施。例如，上海市市西中学通过深化课堂教学改革，创造性统整和实施国家课程，形成了"主题式"跨学科融合教学、漫思实验室"学思做"结合教学、基于 TeaheAI 平台研发的"目标引领—自

[①] 刘丽君、蒋礼、张冬梅：《走向新时代中学生学术力自觉成长的课程——基于东北师大附中中学生学术力成长课程的探索》，《中国教育学刊》2020 年第 5 期。

主预学—反馈评价—拓展深化—思辨提升"教学流程等多种教学路径，促进学生学术素养的培育和提升。①

建立学术性高中与高等学校人才联合培养机制。学术性高中应加强与大学、科研院所、政府、社区、企事业单位、校友等部门、机构和人士的衔接与合作，从课程、教学、机制、技术、实验场馆等方面全方位统筹教育资源，开发优质课程，拓展学习空间，营造学术文化氛围。例如，学校可以依托区域性人才培养项目，联合高等院校合作开展教育教学。像北京市的"翱翔计划"、上海市的"创新素养培育项目"都是针对基础教育培养拔尖创新人才而设立的政府专项，它将优质高等教育资源与普通高中学校的学生培养需求相对接，形成了双方合作、联合培养的新路径，为有天赋或学习能力强的学生提供专门的教育。又如，为加强普通高中和高等教育的衔接与融合，重庆八中在"学段贯通、系统培养"的融合教育理念指导下，坚持"理念融合、课程融合、评价融合"的融合方向，建立了"资源共享、课程共建、项目共振、价值共生"的融合教育机制，构建了中学与大学教育协调融合、相互促进的系统性育人方式。通过与大学的持续和深度合作，学校毕业生质量不断提高，也更加赢得了大学的认可，成为众多一流大学的优质生源基地，融合教育的育人成效更加凸显，育人价值受到大学的高度肯定。②再如，学校可以与大学、科研院所建立以涉猎一定领域的专门课程开发与授课、创新实验室建设、项目与课题指导等为载体的实质性合作，让专家教授走入中学课堂，担任学生导师，开展教学与指导。上海市七宝中学斥巨资建立了地质科普博物馆、化学检测实验室、科学探索馆、微纳米实验室等19个跨学科、综合性、多功能、开放型的具有现代教育理念的创新实验室、博物馆，成为激发学生研究兴趣、课题项目孵化实施、实验探究和成果展

---

① 董君武：《以学术性高中的创建为核心，聚焦学生学术素养的培育》，《上海教育》2021年第12期。
② 周迎春：《中学与大学融合教育：全面提升学生素养》，《人民教育》2021年第5期。

示交流的新型学习研究空间。[1] 此外,学校可以与大学合作开设大学先修课程或设立大学先修实验班,鼓励高校将大学先修课程学习所获得的学分纳入自主招生的重要依据[2],一次引导高中学生提前掌握大学的学习内容、学习方式和研究方法,丰富学生的学术经历,培植学术涵养,保持拔尖创新人才培养衔接的连贯性。

---

[1] 朱越:《浅谈研究型高中创建的实践路径与策略——以上海市七宝中学为例》,《上海教育科研》2020年第3期。

[2] 朱永新等:《教育改革进行时》,山西教育出版社2015年版,第213页。

第八章　普通高中多样化办学区域性制度设计

在全面普及高中阶段教育的时代进程中，多样化办学已成为中国普通高中教育政策的一个重要主题。学界围绕普通高中多样化办学政策所开展的理论研究与地方政府落实普通高中多样化办学政策的制度探索二者协同共进，取得了较为丰硕的阶段性研究成果，并在局部区域发挥了明显的实践成效，但也存在着明显的"视角单一"问题，即大都只从普通高中自身发展的单一视角出发，而缺乏从高中阶段教育的整体发展、普职协调发展等多重视角的审视和把控。普通高中多样化办学区域性制度设计，从区域实际出发，依据高中阶段实现全面普及的整体发展目标，贯彻普职协调发展思想，遵循系统论思维，将普通高中教育与中等职业教育发展相关联、相融通、相统筹，构建体现区域性特征的制度进阶路径。

第一节　区域性制度理念

制度理念是制度本身所富有的价值意蕴和理想愿景，它对制度的设计、实施和调整具有指导作用。普通高中多样化办学区域性制度理念，坚持以区域发展为本的指导思想，重在激发区域办学活力，深化育人方式改革，促进区域教育公平，提高教育质量，满足学生多样化的教育需求。

一 因地制宜、分区规划

由于中国区域发展不平衡依然凸显,因经济发展、教育文化而形成的东西、南北区域间的教育发展差异也较为明显,各地因高中阶段教育发展基础不同,在普通高中的规模、结构、布局、财政投入、教育质量乃至文化认知等方面都会呈现一定的差异性,这就决定了各地开展普通高中多样化办学制度设计,应根据当地经济、文化基础和其他条件,坚持因地制宜、分区规划理念,坚决杜绝"一刀切"的思维惯式。

从国家层面而言,要在加强宏观统筹和顶层设计的基础上,鼓励各地采取区域化发展策略,制定符合本地教育发展实际的普通高中多样化办学制度,坚持分区、分层和分类等多种方式,梯度推进普通高中多样化发展,继而充分体现出区域之间的多样化和特色化。例如,2020年10月,浙江省温州市印发《关于推进普通高中高品质发展的实施意见》,要求普通高中学校应从办学历史和传统出发,立足科技、人文、社科、体艺、语言、传媒等不同领域优势,形成稳定而独特的办学思路和育人模式,实现错位发展,有效满足学生多样化学习需求。到2025年,全市拟培育普通高中分类办学示范区3个,打造特色普通高中30所;孵化特色学科基地和特色项目基地各50个,总体覆盖率达80%以上。建设10所以上"以学术为导向"的特色普通高中,鼓励学术高中与大学或科研机构合作,引入大学先修课程。[①] 通过实施高品质发展行动,温州市旨在打造包括学术高中、特色高中、特色学科和特色项目高中和分类办学示范区的多样化有特色普通高中发展格局,构建温州市普通高中高品质发展高地。

---

① 《温州拟建设特色普通高中30所 打造学术高中10所以上》,2020年10月14日,http://news.66wz.com/system/2020/10/14/105316665.shtml,最后浏览日期:2022年8月26日。

二 放权赋能、激发活力

普通高中学校是家长和学生教育需求的直接供给方，在促进学生全面而有个性的发展中肩负重任。学校是否拥有强劲的办学活力，不仅关系到学校的长远发展，更关系到学生的终身发展。现实中，一些普通高中学校的办学活力不足，校长缺乏办学治校的整体思维，教师职业倦怠严重，教学改革意识淡薄，学生培养始终围着分数转，科学的教育质量观无法得到全面落实和体现。

激发普通高中学校的内生动力，促进普通高中多样化办学，必须进一步深化教育"放管服"改革，不断完善普通高中多样化办学激励机制，充分赋予普通高中在课程建设与实施、招生、经费使用、机构设置、职称评聘和岗位设置与聘用等方面的自主权。与此同时，要加强普通高中学校多样化办学的能力建设，尤其是注重提升校长的学校领导力和课程领导力，在学校发展规划、优势学科（领域）建设、课程体系构建、教育资源整合等方面增强实力，不断积聚学校优势，逐步形成办学特色，最大程度上丰富教育供给，满足家长和学生的教育需求。以扩大自主招生权为例。为深化考试招生综合改革，2021年，上海市印发《上海市高中阶段学校招生录取改革实施办法》，规定高中阶段学校招生录取工作分为自主招生录取、名额分配综合评价录取和统一招生录取三种类型，针对不同对象、不同学校特点，系统设计招生类别和录取机制，以进一步促进普通高中学校多样化发展，深化育人方式改革。

三 注重公平、提高质量

实施普通高中多样化办学制度的根本价值指向在于促进教育公平，提高教育质量。在全面普及高中阶段教育的时代背景下，中国高中教育公平发展到了一个新的阶段，我们要从教育机会、教育条件、教育规则、教育质量、教育保障等方面，促进普通高中教育能够惠及每一个学生的全面发展。发展普通高中教育，不仅仅是学校在数量和规模层面上量的增长,还要提升和转换发展的观念和模式,防止一味追求教育规模扩张而拉低教育质量的低质量发展。

实现高水平高质量发展,必须调整普通高中教育发展机制,实现更加科学合理的普通高中教育供给结构,处理好普及与提高、改革与发展、公平与效能的关系。从普通高中实现多样化发展的动因来看,其中的一个重要因素在于经济发展转型对于劳动力素质的要求在不断提高,因此,多样化发展的根本目的在于提高人的综合素质。从这个角度来说,实施普通高中多样化办学制度的落脚点在于我们要培养学生具备哪些素养,使其在群体层面能够满足国家发展对人力资源的需求,也在个体层面能够为自己未来的就业和升学做好准备。

第二节　区域性制度目标

虽然制度路径各有不同,但是,区域性制度目标是趋于一致的。遵循回应教育政策和回归教育初心的原则,各地通过实施普通高中多样化办学制度,最终在区域内形成普通高中多样化有特色发展格局,促进普通高中学校的类型定位和转型发展,最大程度上满足学生多样化的教育需求。

一　为每个学生提供适合的教育

学生们凭着相应的分数进入一所与之相匹配的普通高中,由此,为学生的分数负责,事实上成为大多数普通高中办学的基本遵循。普通高中这种固有的分数偏好无形中成为其过度同质化竞争的导火线。同质化竞争的结果是在普通高中学校中形成了一定的差等格局,不同的学校占据相应的层次,体现为不同的分数线门槛,继而让学生的分数不得不附着在一个特定学校之上。不同学生因分数差距而进入相应不同的学校,这进一步固化了普通高中因生源差异形成的较为稳定的差等格局,客观上造成了强者愈强、弱者愈弱的不健康生态。由此,我们应反思,由建设重点高中、实验性示范性高中、星级高中等方式推进区域普通高中发展的思路在本质上是一种以分数、升学评价为主的单维度分层办学思想的体现,是"以制造极差的方式推动学校发展"。① 这是普通高中高度同质化发展的必然结果。

中国普通高中教育处于基础教育的"高级阶段",承担着为学生终身发展做好准备、打下良好"基础"的重要任务。与中等职业教育面向人的全面发展的"职业""就业""技术知识"属性相比,普通高中教育更加凸显了"学术""基础""科学知识"属性。对于一个即将初中毕业、面临分流的学生来说,如何在中等职业教育和普通高中教育二者之间做出理性的选择,这主要取决于其个体发展的当时状态更加符合上述哪类教育的基本属性特征。其中,普通高中教育所特有的"学术"属性与考试分数紧密相关,并以中考分数线的形式作为学生选拔的主要依据,客观上造成了等级分明的人群区隔,抬高了选择的门槛,使一些学生望而却步。如果说选择中等职业教育的学生还具有较为自如的选择性,因为,一方面,中等职业学校普遍较低分数线不至于成为学生选择就读此类学校的障碍;另一方面,学生们可以在普通中专、职业高中、技工学校等几种类型的学校中做出自己的个性化选择,那么,就当前选择就读普通高中的学生而言,他们的可选择项并不多,因为,决定他们实际就读哪一所普通高中学校的主要因素是标榜其"学术"属性的学生所得的中考分数,而不是学生当前的兴趣、志向、潜能等非分数性因素。因此,从这个意义上来说,普通高中多样化办学的目的就是为每个学生提供适合的教育,让他们能够依据自身的发展潜能做出最佳选择。

通过实施普通高中多样化办学制度,切实转变普通高中"千校一面"高度同质化发展倾向,实现多样化有特色发展,为不同性格禀赋学生提供更加适宜的教育,更加关注学生的成长和未来的自我实现,②

---

① 徐士强:《走向多维分类发展:增强普通高中活力的一种选择》,《教育发展研究》2021年第8期。
② [美]亚伯拉罕·马斯洛:《动机与人格》,许金声等译,中国人民大学出版社2012年版,第214页。

为他们的发展创造积极的可能性,[①] 这就要求我们在一定程度上淡化普通高中教育的"学术"属性,强化"基础"属性,即充分发挥课程在立德树人中的关键作用,开展以课程标准为基准的教学活动,主要依据学业质量标准开展督导评价,具体在语数外、理化生、政史地等各门课程中严格限制教学内容和作业难度,把各学科课程的基础知识和核心素养作为教育目标,为学生的终身发展奠定坚实基础。

二 形成普通高中学校多样化有特色发展格局

《教育规划纲要》提出"推动普通高中多样化发展"。《关于新时代推进普通高中育人方式改革的指导意见》对普通高中多样化发展又提出了新的要求,即要形成普通高中多样化有特色发展的格局。就"多样化"和"有特色"二者之间的关系而言,我们所倡导的"有特色",是在与同质化发展相区别的多样化发展背景下的"有特色",我们所倡导的"多样化",是在与一般化发展相区别的"有特色"发展基础上的"多样化"。可以说,多样化是关于普通高中办学体制、办学类型、培养模式的表征,而"有特色"是关于普通高中发展程度的表征。二者是用于反映普通高中发展状态的两个维度,二者共同定位了一所普通高中现实的发展状态。[②]

各地应通过实施符合本地实际特点的普通高中多样化办学制度,加强普通高中办学类型多样化的区域性改革试验,形成以综合高中、学科特色高中为主要办学类型的普通高中多样化办学格局。一是开展多样化综合高中建设。综合高中是一种以校内分流代替校际分轨的办学模式,[③] 开设各种普通型、学术型和技能型课程,兼顾传授普通文化知识、提供学术性升学准备和传授职业技术知识三

[①] [美]约瑟夫·穆非、丹妮艾拉·托尔:《校园文化:发现社团的价值》,高凌飞、刘慧译,黑龙江教育出版社2016年版,第84页。
[②] 杨东平主编:《中国教育发展报告(2020)》,社会科学文献出版社2020年版,第22页。
[③] 刘宝存主编:《综合高中发展模式的国际比较》,山西教育出版社2019年版,第6页。

个方面的教育职能。综合高中培养目标多元，培养模式实行分科制，包括以为大学培养学生为目标的学术科，以让学生掌握必备的文明素养、做社会良好公民为目标的普通科，以培养学生就业所需知识与技能为目标的职业科。作为以普职融通办学形态为基本特征的综合高中，对于消解高中阶段教育中普通教育和职业教育分轨办学所造成的诸多弊端具有积极意义，其优势在于帮助学生根据自己的能力、水平、志趣和个性进行有针对性的分流。① 让分流成为学生的自主选择而非被动淘汰，实现因材施教。因此，应重视建设综合高中，创新综合高中多样化办学制度。二是开展多样化学科特色高中建设。在新高考招生考试制度改革背景下，学生的高考科目与大学专业选择产生了更强的关联度，在一定程度上，学生选择就读哪一所普通高中是由其能否提供相应的特色学科教育决定的。因此，普通高中学校可结合本地区产业发展需求和人才需求，加强与本地中职类学校、职业院校、普通高等院校的资源整合，增强师资和办学优势，在2—3个学科上形成自身的教育特色，并与相应层次高校的专业设置形成对接关系，建设学科特色高中。

第三节 区域性制度路径

新时代背景下，"协调发展"已经成为主流发展观。《中国教育现代化2035》确定到2035年实现全面普及高中阶段教育的发展目标，并在战略任务的部署中提出"推进中等职业教育和普通高中教育协调发展"，这是中国首次在国家政策层面对高中阶段教育"普职协调发展"做出规定。2022年新修订的《中华人民共和国职业教育法》同样指出"国家优化教育结构，科学配置教育资源，在义务教育后的不同阶段因地制宜、统筹推进职业教育与普通教育协调发展"。推进

---

① 李天鹰、杨锐:《美国普通高中多样化发展的经验与启示》，《东北师大学报》（哲学社会科学版）2019年第3期。

普职协调发展，符合高中教育发展的国际趋势，基于中国高中阶段教育中普通教育和职业教育在发展规模上的不平衡性、在资源配置上的不均衡性、在教育发展质量上的不充分性等现实问题，而从根本上是为了充分尊重和满足每一个学生接受高中阶段教育的选择权，为其提供更加适合的教育，促进学生全面而有个性的发展。普职协调发展的质的规定性，在宏观、中观和微观层面，会对一个地区普通高中多样化办学制度的实施产生系统性影响，一个地区普职协调发展的程度与普通高中多样化办学制度的实施具有紧密关联。

一 普职协调发展内涵释义

按照"输入—过程—结果"的框架结构，我们可以从普职结构、普职融通和普职质量等三个维度界定普职协调发展，即在高中阶段教育中，普通高中教育和中等职业教育在规模结构、关联融通、质量水平等方面形成的整体、平衡和统一的发展秩序。其中，规模结构主要指两类教育在学校、师资和学生等方面形成较为合理的数量关系；关联融通主要指两类教育在教育理念、培养模式、资源投入与使用等方面建立的融通机制；质量水平主要指两类教育在人才培养规格上具备相对同等层次，并在培养质量标准上体现相对同等水平。

普职等值是普职协调发展的学理依据。职业教育与普通教育两者是"不同类型、同等重要"的基本定位，对于中等职业教育和普通高中教育同样适用。发展中等职业教育是建设中国特色现代化职业教育体系的重要基础，中等职业教育培养的技术技能型人才应在技能型社会建设中扮演重要角色，具有与普通高中教育同等的价值，并获得相应同等的社会地位。例如，在德国，许多州规定具有中等教育和继续职业培训资格的学生可报考大学，承认中等职业教育与普通高中毕业生具有报考大学的同等学力和资格。[①] 在升学路径上，职业型人才

[①] 葛新斌等：《高中教育发展战略问题研究——以广东省深圳市为例》，吉林大学出版社2019年版，第92页。

和研究型人才无异。实现普职等值，需要国家逐步建立和完善职业资格框架，强调学历证书与职业资格证书"等值"，畅通与社会阶层升级相匹配的职业发展通道，在社会上形成各安其位、各司其职、各尽其才、各显其能的可持续的健康的人才发展生态。实现普职等值，需要重构中等职业教育和普通高中教育的关系，使二者在对话中逐步建构起"我—你"关系，而不是相互区隔的"我—它"关系。[①]

两点论和重点论的统一、平衡和不平衡的统一、发展短板和潜力的统一，是普职协调发展的方法论基础。进入21世纪，中国中等职业教育在与普通高中教育的竞争中处于弱势地位，发展受到较大影响，成为高中阶段教育中"非重点""不平衡端""短板"的一方，内涵建设乏力、吸引力不足成为不争的事实。2019年，国家从政策层面确立了中等职业教育作为一种类型教育的定位，为其健康发展廓清了道路。以到2035年基本建成技能型社会为时间节点，中等职业教育应成为全面普及高中阶段教育和实现普职协调发展工作中的"重点""平衡端"和"补长的短板"。

普职融通是普职协调发展的实践路径。第一，在教育理念上，一是在教育功能上，中等职业教育应强调在技术技能型人才培养体系中的基础性地位，与此同时，普通高中教育应进一步突出培养综合型人才的功能，将学术型、工程型、技术型和技能型人才均纳入培养视野。二是在培育学生核心素养上，树立普职相互融合共同促进的教育观。第二，在培养模式上，建立普职合作培养机制、高中内部分流机制和课程互通、学分互认机制，形成普职双向贯通教育模式，赋予学生更多和更为公平的教育选择和发展的机会。第三，在财政投入上，应加大对中等职业教育财政投入力度，提高中职生均财政公用经费标准。

总之，我们应根据区域经济社会转型发展对高中阶段基础人才的需求结构与层次规格的变化，建立适应新发展格局的普职协调发展机

[①] ［德］马丁·布伯：《我与你》，陈维纲译，商务印书馆2015年版，第118页。

制，全方位构建招生、教育教学、学籍管理、高考升学等一体化政策体系，实现二者的融通式发展，为高中阶段学校多样化发展奠定基础。

二 普职协调发展对普通高中多样化办学制度的系统性影响

普通高中多样化办学制度的有效实施对于普职协调发展具有强依赖性。在宏观层面，主要是普职教育结构的影响。全国各省市对普职比"大体相当"政策的落实情况差异较大，继此形成的普职教育结构[①]分殊，反映在"普职比"上基本包括四种形式，即5∶5、6∶4、7∶3、8∶2。一个地区普通高中教育的相对规模是推进普通高中多样化办学的一个重要影响因素。理论上说，一个地区的普通高中教育在规模上越是接近"普职比大体相当"，越有利于促进普职协调发展，同时也有利于实现多样化办学。如果一个地区普通高中教育规模占比偏大，不仅会对中等职业教育发展空间造成"挤压"，不利于促进普职协调发展，同时，会造成普通高中教育自身实现多样化办学所需投入的政策、财政、人力、时间等诸多方面成本的叠加，在客观上增加了多样化办学制度的实施难度。

在中观层面，一个地区普职协调发展程度越高，就越能为普通高中多样化办学制度的实施创造更大的空间和条件。普职协调发展是中国高中阶段教育实现全面普及的一个必不可少的重要指标，也是实现普通高中多样化发展的重要基础。如果一个地区的普职协调发展不充分，那么它的"全面普及"就是低质量的，或者说是"不全面的"，这个地区的普通高中多样化发展也会失去应有的价值。一个较为极端的例子是，如果一个地区的中等职业教育长期处于低迷期，发展空间被极大地压缩，只有普通高中"一枝独秀"，这说明该地区的中等教

---

① 从1996年到2016年的20年时间里，OECD各国高中阶段教育的平均"普职比"趋势是普通教育占比略有增长，但在总体上基本保持在50%左右的合理区间。具体为1996年普通教育占47%，职业教育占53%；2015年普通教育占56%，职业教育占44%。数据来源：刘丽群《高中阶段普职结构改革的国际经验与中国选择》，《比较教育研究》2020年第9期。

育人才培养出现了明显的结构性失衡，在高中阶段教育实现"全面普及"过程中，其内部存在明显的不平衡性。在这种情况下，该地区的普通高中多样化发展不管在表面上有多风光，其终究难以完全体现高中教育体系的高质量发展要义，也很有可能遭到道义上的责难，因为其未能满足那些本应接受中等职业教育学生的教育需求。

在微观层面，一个地区普职协调发展的程度会对普通高中学校培养模式的多样化设计产生影响。普通高中多样化办学制度反映在学校内部层面主要指向于培养模式的多样化设计，它追求的是学校结合自身的教育资源、师资结构和生源结构等特点，形成独具特色的办学目标与培养模式，使不同需求的受教育者可以自由选择进入相应类型的学校。[1] 普通高中学校能否采取充分体现普职融通特点的培养模式，这在一定程度上会受到区域内普职协调发展的影响。一是在办学目标上是否能够将学术教育与职业技能教育二者相兼顾；二是在育人目标上是否更加突出培养学生的动手实践能力；三是在课程内容上是否更加合理地融入了职业技能类课程；四是在课程资源和师资配备上是否将职业教育学校及教师作为一个重要补充；五是在教学管理上是否能够建立起普职学分互认机制等。

三　普职协调发展视角下普通高中多样化办学制度路径

从终极意义上讲，制度形态是不以人的意志为转移的，是与社会生产力的发展水平和社会发展阶段相适应的，也就是说，制度的产生是一个自然的历史过程。但在特定的历史发展阶段，具体制度的具体内容、形式则是多样化的，是可设计的。不同制度主体给予不同的价值评判、前提、假设、思维行为模式，就可能设计出不同的制度。[2] 依据区域间、区域内普职协调发展的不同阶段和程度，各地区（省市）普通高中多样化办学制度的实施大致可设计为如下三

---

[1] 王智超：《普通高中多样化发展的现实困境与理论探索》，《东北师大学报》（哲学社会科学版）2013年第2期。

[2] 辛鸣：《制度论：关于制度哲学的理论建构》，人民出版社2005年版，第12页。

个阶段。

第一阶段,实施分层办学。在这个阶段,普职发展不相协调,中等职业教育发展相对较为薄弱,而普通高中总体教育质量较高且内部形成了鲜明的层次结构。主要表现为:在一个地区内,普通高中学校依生源和教育资源配置的强弱而形成了明显的梯次等级结构,处在上端的是少数重点高中(实验性示范性高中)、处在中段的是一般高中、处于底端的是薄弱高中,而且这种"重点——一般—薄弱"的梯次分布与人们依升学率高低对普通高中形成的"好—中—差"的单维度分类基本吻合。事实上,在中国很多地区现实存在的这种分层办学的固有制度模式是普通高中同质化发展的产物,而不是多样化发展的初衷,但我们并不能因此就完全否认这种梯次等级结构本身所体现的"多样化"色彩,因为它在客观上仍然为受教育者增添了更多的选择机会。

第二阶段,分层办学与分类办学相结合。在这个阶段,普职发展趋于协调,中等职业教育的持续健康发展在一定程度上疏解了一些家长和学生的中考压力,这就为普通高中多样化办学实践腾出了更大的空间,那种长期固守的"重点高中""示范性高中"政策所带来的分层为主导的普通高中教育格局将逐渐被打破。[①] 主要表现为:在一个地区内,普通高中学校和中职类学校二者发展相对较为平衡,且各自都能够体现出一定的办学特色。一部分条件较为成熟的普通高中学校立足人才培养需要和自身办学实际,从数理、科技、人文、社科、艺体、综合等多个领域中选择某一个领域,以学科(课程)建设为抓手推进育人方式改革,逐步形成自己的办学特色,满足学生在全面发展基础上的个性化发展需求。普通高中学校能够科学确定办学定位,找准特色发展的学科领域,构建特色学科课程体系和以生涯规划教育制度、选课制度、走班教学制度、学分制度和评价制度为核心的实施

---

① 李建民:《"全面普及高中阶段教育"的内涵释要与路径选择》,《教育研究》2019年第7期。

体系，形成独具特色的育人方式，这是走向分类办学的基本路径。需要指出的是，在普通高中分类办学中，综合高中是实施普职一体化教育的一种高中学校类型，[①] 以形成较为成熟的普职融通特色课程体系为标志，能为学生提供学术进阶、职业发展或社会就业等多角度的发展通道。举办综合高中是推进高中阶段教育结构改革和深化实施普通高中分类办学的一项重要举措，也是高中多样化办学的未来趋势。

第三阶段，实施分类办学。在这个阶段，普职协调发展更加充分，普职融通机制健全，学生能够在普通高中和中职类学校二者之间实现自由转换，且中职学生就业体系完善、升学通道顺畅，这为普通高中多样化办学创造了更为自由和宽松的条件。主要表现为：一方面，在一个地区内，那些先行开展分类办学实验的一部分普通高中构建了较为成熟的特色学科课程体系及实施体系，形成了人才培养的办学优势和风格，总结提炼出可复制、可推广的发展范式，产生较强的社会影响力，在区域及更大范围内发挥示范引领作用，协同带动其他学校探索育人方式转型；另一方面，区域内普通高中学校分类办学的总体布局日益成熟，鼓励普通高中分类办学的制度体系更加完善，保障学校能够在组织管理、教师选聘、经费使用、自主招生、课程开发、教育评价等方面拥有更大的办学自主权。

四 普通高中多样化办学制度的保障措施

普职协调发展是中国当前及今后一段时期高中教育改革与发展应坚持的一个基本原则，是优化高中阶段教育供给侧结构的一个基本前提，是统筹推进中等职业教育和普通高中教育发展的一个基本理念，是联结普通高中教育和中等职业教育，并使二者实现融通式发展的桥梁。新《职业教育法》明确指出"职业教育是与普通教育具有同等重要地位的教育类型""职业学校学生在升学、就业、职业发展等方

[①] 马庆发：《综合高级中学：普及高中阶段教育的最佳选择》，《上海教育科研》1998年第10期。

面与同层次普通学校学生享有平等机会"。我们坚持普通高中多样化办学不能以削弱或排挤中等职业教育为代价,而应以统筹和协助中等职业教育发展为要义。鉴于中国普职发展仍不协调①的客观实际,地方政府要在明确普通高中由分层办学为主逐步转向分类办学这一根本制度路向的前提下,突破普通高中内部"革新"、一家独大的狭隘思路,贯彻普职协调发展理念,大力推动普职融通,为提升普通高中多样化办学制度的实施成效提供坚实保障。

完善普通高中分类办学的区域性保障措施。针对不同地区高中阶段教育普职协调发展实际,普通高中多样化办学制度的实施必然会体现出相应的阶段性和过程性,而我们必须明确的是,实施普通高中多样化办学制度的最终目的是在区域内形成普通高中多样化分类办学格局。为此,必须不断完善区域性的相关保障措施,激发普通高中学校开展多样化分类办学的主动性和积极性,为推进普通高中多样化办学制度的实施创造有利条件。首先,改革普通高中招生方式。一是逐步扩大优质普通高中学校招生名额平均分配到区域内初中的比例,二是赋予开展分类办学试验的普通高中一定的招生自主权,允许其依据自身办学类型自主招收一定比例的学生。其次,统筹普通高中教育资源,在经费使用、教师选聘和交流、优势学科建设、办学条件提升等方面,向开展分类办学试验的普通高中倾斜。最后,加强普通高中学校实施多样化办学的能力建设,在学校规划、优势学科(领域)建设、学校课程体系建设与实施、课程资源整合等方面为普通高中学校提供专业指导,帮助其不断积聚办学优势,形成办学特色。

深化普职融通的高中教育体制机制建设。一是逐步将高中阶段教育中普通教育与职业教育分轨制转化为融通制,在保持二者在类型教育属性明确、地位相对独立和平等的基础上,增强普通高中的职业教育功能和中等职业教育的文化教育功能,在要求普通高中学生必须具

---

① 2017年4月,教育部、国家发展和改革委员会、财政部和人力资源社会保障部等四部门共同印发《高中阶段教育普及攻坚计划(201—2020年)》,指出"普通高中教育与中等职业教育发展不协调,部分地区中等职业教育发展明显滞后"。

备一定的职业技能素养的同时，提高中等职业学校学生的文化教育素养要求；二是对于高中生学籍和教师编制，应实行统一管理；三是制定高中阶段教育质量评价标准，对区域内普通高中教育和中等职业教育进行统筹考核和评估；四是围绕课程教学、学生评价、教师发展、校际合作等方面，建立普通高中和中职类学校合作机制，探索开展课程互选、学分互认、学籍互转、资源互通。

  加强普职协调发展的政府统筹力度。一是省级政府强化"统筹"责任，注重顶层设计，在考试招生、教育教学、人事任用、经费使用、职称评聘等方面向普通高中和中职类学校放权赋能，为区域内普职协调发展创造较为宽松的政策空间，营造良好氛围；二是各地根据本地经济、社会和教育发展实际，调整并统一普通高中教育和中等职业教育的政府管理层级，建立以县（区）为主或以市（地）为主两种高中教育管理机制，明确政府举办和管理高中阶段教育的主体责任，开展高中阶段教育普职协调发展情况评估验收，并将其纳入对地方政府履行教育职责评价的重要内容；三是联合教育行政部门、人力资源社会保障部门、机构编制部门、发展改革部门、财政部门和物价部门等，成立高中教育统筹协调领导小组，建立部门分工协作机制，整合区域内高中教育资源配置，对普职协调发展进行总体布局和谋划。

第九章　高中阶段普职教育结构分析

普职教育结构能够集中反映一个地区普职协调发展的程度，而普职教育结构性失衡的现实问题反映了我们没有把中等职业教育置于和普通高中教育同等的地位，使其未能发挥应有的教育功能。优化普职教育结构，必须科学统筹普通高中教育和中等职业教育发展，确保二者具有同等地位，发挥同等作用，它是实现普职协调发展的重要内容和基本保障，因而也是普通高中多样化办学制度有效实施的基础性条件。

第一节　普职教育结构性失衡

长期以来，中国普通教育和职业教育是两条相对独立的教育通道，在培养目标、教育内容、升学途径和发展轨道上各成体系。高中阶段的普职教育界限分明，缺乏横向融通，并逐渐形成了普职分殊、地位有别的发展态势。

一　高中阶段教育内部发展不平衡问题凸显

从改革开放到1999年高等教育实施扩招政策的这段时间里，中等职业教育的办学规模曾一度超过普通高中，并在教育质量上保持较高水平，再加上"毕业包分配"的制度优势，这使得中等职业教育享有良好的社会声誉。而1999年高等教育扩招政策的实行，一方面，促进了普通高中的快速发展，使其办学规模不断扩大；另一方面，对中等职业教育发展造成了明显的"挤压",使其招生规模缩减,优秀生源大幅减少,学生素质下滑明显,渐趋沦为"差生"的教育。中等职业教育的声誉在初中毕业后的分流中一落千丈,[①] 在生源素质、办学条件、教育质量和毕业生走向等诸多方面与普通高中教育产生了较大差距。

反观普通高中,由于其"应试教育"倾向严重、办学特色不突出等问题始终难以得到有效解决,致使多样化办学的政策导向日趋强烈。自 1993 年 2 月,中共中央、国务院印发《中国教育改革和发展纲要》,第一次指出"普通高中的办学体制和办学模式要多样化"以后,国家相继出台了系列文件,包括《关于大力办好普通高级中学的若干意见》(1995 年)、《面向 21 世纪教育振兴行动计划》(1999 年)、《关于基础教育改革与发展的决定》(2001 年)、《2003—2007 年教育振兴行动计划》(2004 年),从办学体制多样化、办学模式多样化、课程体系多样化等方面,强调普通高中要实施多样化办学。2010 年,《教育规划纲要》颁布,在"高中阶段教育"中单列一条集中阐述了推动普通高中多样化办学的政策思路,并在融入职业教育元素方面有所强调,如"增加职业教育的教学内容""为在校生和未升学毕业生提供职业教育",而对于中等职业教育发展并没有做出专门性的规定,只是强调在招生规模上要和普通高中教育保持"大体相当"。可见,当时中国高中阶段教育侧重于发展普通高中教育的政策思路是比较明确的,没有将中等职业教育置于同等地位予以考虑。而普通高中多样化办学的倡导和实施,在一定程度上提高了普通高中的教育质量,但这也在客观上进一步拉大了普通高中教育与中等职业教育的差距,更加强化了中等职业教育作为"托底教育"的社会偏见。因此,在中等职业教育和普通高中教育不具有同等地位的情况下,中等职业教育自然处于弱势地位,普职发展不协调问题凸显,在此前提

---

① 王辉、陈鹏:《中等职业教育的发展历程、特征及未来走向》,《教育与职业》2020 年第 9 期。

下，推进普通高中多样化办学实际上秉持的是普通高中教育优先发展的理念，而在普通高中教育中渗透职业教育元素，只是起到了"点缀"的作用，难以从根本上提高中等职业教育地位。

二 中等职业教育的新定位

发展中等职业教育在扩大就业、推动区域经济发展、改善民生方面做出了积极贡献。2020年，中国劳动年龄人口平均受教育年限为10.8年，相当于高中一年级的教育程度，而中国新增劳动力平均受教育年限达到13.8年，相当于已进入高等教育阶段。总体来说，中国劳动力人口结构仍为金字塔型，数以亿计的初、中级劳动力人口构成了金字塔的主体，其中一部分新增劳动力人口是中等职业教育所要面对的主要人群，从这个角度来看，中等职业教育凭借其独特的教育功能，必将在劳动力人口结构调整和劳动力素质改善中发挥重要作用。

然而，一段时期以来，中等职业教育主要定位于"就业教育"，主要服务于考不上普通高中的初中毕业生和一部分高中毕业生，以胜任职业岗位直接需要的知识、技能和态度为内容，以培养初、中级技术技能型人才为主要目标，毕业生掌握了一定的职业技能之后即可就业。

随着中国高中阶段教育和高等教育都进入了普及化阶段，中等职业教育毕业生的升学通道越来越通畅，他们向上流动的可能性也得到更为充分的保障，很多初中毕业生更愿意选择继续升学而不是直接就业。因此，中等职业教育应定位于职业基础教育，体现职业教育和基础教育的双重属性，具有就业和升学的双重功能，[1] 为中职毕业生做好升学和就业的双重准备，以此吸引更多的初中毕业生选择接受中等职业教育，保障他们享有多样化的教育需求，满足他们向上流动的需要。

---

[1] 李玉静：《中等职业教育的基础性地位：内涵与价值》，《职业技术教育》2018年第25期。

一个国家的人才，可以分为学术型人才和应用型人才两大类。应用型人才可以再细分为工程型人才、技术型人才和技能型人才，也就是通常所讲的工程师、技术员和技术工人。一般来说，应用型人才在一个国家中应该至少占到70%。"中等职业教育的就业功能基本完成历史使命后，它的另一个重要功能正在出现，即成为应用型人才培养体系的基础教育，或者说是为应用型人才培养奠定高中教育基础。"① 目前的优质中职类学校数量偏少，大量中职类学校的办学定位不准、办学质量层次不齐，必须通过办学形态的改制和转型，以适应和满足这一新的功能定位。一是"升格"一批。将部分优质中职类学校升格为职业专科学校，大力加强专业建设，扩大教育服务范围。二是"转普"一批。将一些专业陈旧、供给过剩、就业率低、人才培养严重脱节的中职类学校，专制为普通高中，通过整合课程资源，构建特色课程体系，形成具有一定职业技术专业优势的特色高中。三是"保留"一批。保留和建设好若干所符合当地经济社会发展需要，具备紧密对接产业链、创新链专业优势的中职类学校，加强资源供给力度，不断提升办学效益。四是"重组"一批。鼓励优质中职类学校通过合并、合作、托管、集团办学等形式，整合办学资源。对一些定位不明确、办学质量低、服务能力弱的中职类学校实行调整改造或兼并重组。

第二节　普职教育结构实证分析

基于2000—2021年的相关数据，从学校数、招生数、在校生数、毕业生数和东中西部地区学校数等多维度和分区域层面，对中国高中阶段普职教育结构进行分析，整体把握中国普职教育结构发展态势，为普职教育结构优化提供实证依据。

---

① 徐国庆：《中等职业教育的基础性转向：类型教育的视角》，《教育研究》2021年第4期。

一 高中阶段教育学校数的普职比分析

从2000年到2021年,中国高中阶段教育学校数的普职比依时间段呈现出三个典型数值,分别是:在2000—2016年,普通高中学校数量在小幅增长后又出现回落,中职类学校的学校数量呈减少趋势,二者在数量规模上基本保持平衡,普职比维持在5∶5;在2017—2020年,普通高中学校数量逐步止跌并有所回升,而中职类学校数量持续减少,普职比逐步调整为6∶4;在2021年,二者依然保持了上述趋势,普职比接近7∶3。在这20多年间,普通高中的学校规模总体上保持在1.46万所,其间,最大值为2006年的1.62万所,最小值为2015年的1.32万所;中等职业教育的学校规模大幅缩小,由2000年的1.97万所减少为2021年的0.73万所,共减少了1.24万所。

表9-1　2000—2021年中国高中阶段教育学校数的普职比[①]

(单位:万所)

年份	学校数		
	普通高中教育	中等职业教育	普职比
2000	1.46	1.97	4.3∶5.7
2001	1.49	1.76	4.6∶5.4
2002	1.54	1.59	4.9∶5.1
2003	1.58	1.47	5.2∶4.8
2004	1.60	1.45	5.2∶4.8
2005	1.61	1.45	5.3∶4.7
2006	1.62	1.50	5.2∶4.8
2007	1.57	1.48	5.1∶4.9

---

① 数据来源:根据《全国教育事业发展统计公报》(2000—2021年)整理而成。

续表

年份	学校数		
	普通高中教育	中等职业教育	普职比
2008	1.52	1.48	5.1∶4.9
2009	1.46	1.44	5.0∶5.0
2010	1.41	1.39	5.0∶5.0
2011	1.37	1.31	5.1∶4.9
2012	1.35	1.27	5.2∶4.8
2013	1.34	1.23	5.2∶4.8
2014	1.33	1.19	5.3∶4.7
2015	1.32	1.12	5.4∶4.6
2016	1.34	1.09	5.2∶4.8
2017	1.36	1.07	5.6∶4.4
2018	1.37	1.02	5.7∶4.3
2019	1.40	1.01	5.8∶4.2
2020	1.42	0.99	5.9∶4.1
2021	1.46	0.73	6.7∶3.3

二 高中阶段教育招生数的普职比分析

2000—2020 年，中国高中阶段教育招生数的普职比保持在 5∶5 和 6∶4 之间，具体为：2000—2005 年，普通高中学校和中职类学校的招生数均呈增长趋势，二者在数量规模上的普职比基本维持在 6∶4；2006—2012 年，普通高中学校的招生数量呈小幅下降趋势，而中职类学校的招生数量出现了一个先增长后回落的阶段，二者在数量规模上的普职比调整为 5∶5；2013—2020 年，普通高中学校和中职类学校的在校生数量均呈现为逐步止跌并有所回升的趋势，其中，普通高中学校的招生规模增长了 51.7 万人，而中职类学校的招生规模在总体上仍减少了30.1万人，二者在数量规模上的普职比又回到了6∶4。2021年，普通高中学校招生数比2020年增长了30.6万人，中职类学校招生数较2020年减少了155.7万人，普职比接近7∶3。在这20多年间，普通高中学校的招生规模总体上保持增长趋势，由2000年的472.7万人增长为2021年的905.0万人，共增长了432.3万人，而中职类学校的招生规模虽在整体上有所增长，但中间呈现出先增后减的趋势，即在2010年达到了波峰值870.4万人之后持续减少为2021年的489.0万人，共减少了381.4万人，相较于2000年的333.4万人而言，仅增加了155.6万人。

表9-2　　2000—2021年中国高中阶段教育招生数的普职比[①]

（单位：万人）

年份	招生数		
	普通高中教育	中等职业教育	普职比
2000	472.7	333.4	5.9∶4.1
2001	558.0	399.0	5.8∶4.2
2002	676.7	473.6	5.9∶4.1
2003	752.1	515.8	5.9∶4.1
2004	821.5	566.2	5.9∶4.1
2005	877.7	655.7	5.7∶4.3
2006	871.2	747.8	5.4∶4.6
2007	840.2	810.0	5.1∶4.9
2008	837.0	812.1	5.1∶4.9
2009	830.3	868.5	4.9∶5.1
2010	836.2	870.4	4.9∶5.1
2011	850.8	813.9	5.1∶4.9

① 数据来源：根据《全国教育事业发展统计公报》（2000—2021年）整理而成。

续表

年份	招生数		
	普通高中教育	中等职业教育	普职比
2012	844.6	754.1	5.3∶4.7
2013	822.7	674.8	5.5∶4.5
2014	796.6	619.8	5.6∶4.4
2015	796.6	601.2	5.7∶4.3
2016	829.9	593.3	5.8∶4.2
2017	800.1	582.4	5.8∶4.2
2018	792.7	557.1	5.9∶4.1
2019	839.5	600.4	5.8∶4.2
2020	874.4	644.7	5.8∶4.2
2021	905.0	489.0	6.5∶3.5

三 高中阶段教育在校生数的普职比分析

2000—2020年，中国高中阶段教育在校生数的普职比保持在5∶5和6∶4之间，具体为：2000—2007年，普通高中学校和中职类学校的在校生数均呈增长趋势，二者在数量规模上的普职比基本维持在6∶4；2008—2012年，普通高中学校的在校生数量基本保持稳定，而中职类学校的在校生数量呈增长趋势，二者在数量规模上的普职比调整为5∶5；2013—2020年，普通高中学校和中职类学校的在校生数量均呈现为逐步止跌并有所回升的趋势，其中，普通高中学校的在校生规模增长了58.6万人，而中职类学校的在校生规模大幅减少了259.6万人，二者在数量规模上的普职比又回到了6∶4。2021年，普通高中学校在校生数比2020年增长了110.5万人，中职类学校在校生人数较2020年减少了351.6万人，普职比接近7∶3。在这20多年间，普通高中学校的在校生规模总体上保持增长趋势，由2000年的1201.3万人增长为2021年的2605.0万人，共增加了1403.7万人，而中职类学校的在校生规模出现先增后减的趋势，即在 2010 年达到了波峰值 2237.4 万人之后持续减少为 2021 年的 1311.8 万人，共减少了 925.6 万人，相较于 2000 年的 1284.5 万人而言，仅增加了 27.3 万人。

表 9-3　2000—2021 年中国高中阶段教育在校生数的普职比[①]

（单位：万人）

年份	在校生数		
	普通高中教育	中等职业教育	普职比
2000	1201.3	1284.5	4.8∶5.2
2001	1405	1164.9	5.5∶4.5
2002	1683.8	1190.8	5.9∶4.1
2003	1964.8	1256.7	6.1∶3.9
2004	2220.4	1409.2	6.1∶3.9
2005	2409.1	1600.0	6.0∶4.0
2006	2514.5	1809.9	5.8∶4.2
2007	2522.4	1987.0	5.6∶4.4
2008	2476.3	2087.1	5.4∶4.6
2009	2434.3	2194.2	5.3∶4.7
2010	2427.3	2237.4	5.2∶4.8
2011	2454.8	2204.3	5.3∶4.7
2012	2467.2	2112.7	5.4∶4.6
2013	2435.9	1923.0	5.6∶4.4
2014	2400.5	1755.3	5.8∶4.2
2015	2374.4	1656.7	6.0∶4.0
2016	2366.6	1599.0	6.0∶4.0

① 数据来源：根据《全国教育事业发展统计公报》（2000—2021 年）整理而成。

续表

年份	在校生数		
	普通高中教育	中等职业教育	普职比
2017	2374.5	1592.5	6.0∶4.0
2018	2375.4	1555.3	6.0∶4.0
2019	2414.3	1576.5	6.0∶4.0
2020	2494.5	1663.4	6.0∶4.0
2021	2605.0	1311.8	6.6∶3.4

四 高中阶段教育毕业生数的普职比分析

2000—2021年，中国高中阶段教育毕业生数的普职比逐步由5∶5过渡为7∶3，具体为：2000—2009年，普通高中学校和中职类学校的毕业生数均呈增长趋势，二者在数量规模上的普职比很快就由5∶5调整为6∶4；2010—2013年，普通高中学校的毕业生数量呈下降趋势，而中职类学校的毕业生数量呈增长趋势，二者在数量规模上的普职比又调整为5∶5；2014—2020年，普通高中学校的毕业生数量保持基本稳定，而中职类学校的毕业生数量呈下降趋势，二者在数量规模上的普职比又调整为7∶3。在这20多年间，普通高中学校的毕业生规模总体保持增长趋势，由2000年的301.5万人增长为2020年的786.5万人，共增加了485万人，而中职类学校的毕业生规模出现了明显的先增后减的趋势，即在2012年达到波峰值674.9万人之后持续减少为2020年的484.9万人，共减少了190万人，相较于2000年的388.2万人而言，增加了96.7万人。

结合2000年和2021年的相关数据发现，普通高中的学校数基本上未发生变化，均为1.46万所，但在招生数、在校生数和毕业生数等三个方面的增幅非常大，例如，招生数增加了432.3万人，在校生数增加了1403.7万人，校均在校生数由2000年的824人增长为2021年的1784人，增加了960人。而中职类学校的学校数缩减了1.24万所，招生数、在校生数和毕业生数虽有增加，但增幅并不大，例如，招生数增加了 155.6 万人，在校生数仅增加了 27.3 万人。由于中职类学校数量的锐减，校均在校生数由 2000 年的 652 人增长为 2021 年的 1797 人，增加了 1145 人。当前，普通高中学校和中职类学校的校均在校生数已经基本持平，但是，中职类学校数量上的大幅缩减和学生总体规模的少量增长，意味着中等职业教育发展正面临困境。

表9-4 2000—2021 年中国高中阶段教育毕业生数的普职比[①]

（单位：万人）

年份	毕业生数		
	普通高中教育	中等职业教育	普职比
2000	301.5	388.2	4.4∶5.6
2001	340.5	362.0	4.8∶5.2
2002	383.8	335.0	5.3∶4.7
2003	458.1	348.5	5.7∶4.3
2004	546.9	359.2	6.0∶4.0
2005	661.6	418.2	6.1∶3.9
2006	727.1	479.1	6.0∶4.0
2007	788.3	531.0	6.0∶4.0
2008	836.1	580.7	6.0∶4.0
2009	823.7	625.2	5.7∶4.3
2010	794.4	665.3	5.4∶4.6
2011	787.7	660.3	5.4∶4.6
2012	791.5	674.9	5.4∶4.6
2013	799.0	674.4	5.4∶4.6
2014	799.6	623.0	5.6∶4.4

---

① 数据来源：根据《全国教育事业发展统计公报》（2000—2021 年）整理而成。

续表

年份	毕业生数		
	普通高中教育	中等职业教育	普职比
2015	797.7	567.9	5.8∶4.2
2016	792.4	533.6	6.0∶4.0
2017	775.7	496.9	6.1∶3.9
2018	779.2	487.3	6.2∶3.8
2019	789.3	493.5	6.2∶3.8
2020	786.5	484.9	6.2∶3.8
2021	780.2	375.4	6.8∶3.2

五 东中西部地区高中阶段教育在校生数的普职比分析

以 2019 年的相关数据为例，按照东部地区、中部地区和西部地区的划分，检测各地区普职比的实际情况。

表 9-5　2019 年东部地区高中阶段教育在校生规模普职比情况[①]

（单位：万人）

省份	普通高中	中职类学校	普职比
北京	15.3	4.9	7.6∶2.4
天津	15.9	8.1	6.6∶3.4
上海	15.9	10.0	6.1∶3.9
浙江	78.4	54.2	5.9∶4.1
河北	141.2	77.5	6.5∶3.5
福建	63.9	33.5	6.6∶3.4
辽宁	60.2	26.5	6.9∶3.1

---

① 数据来源：郅庭瑾、钱冬明、李廷洲《国家教育发展报告（2019）》，华东师范大学出版社 2021 年版，第 34、41 页。

续表

省份	普通高中	中职类学校	普职比
广东	183.7	86.0	6.8∶3.2
江苏	105.0	62.2	6.3∶3.7
山东	167.2	73.0	7.0∶3.0
海南	17.3	11.7	6.0∶4.0

东部地区高中阶段教育在校生规模普职比分布情况为：普职比能够保持在6∶4是浙江、海南、上海、江苏，约占36%；普职比接近或达到7∶3的是河北、天津、福建、广东、辽宁、山东，约占55%；普职比接近8∶2的是北京，约占9%。

表9-6　2019年中部地区高中阶段教育在校生规模普职比情况①

（单位：万人）

省份	普通高中	中职类学校	普职比
山西	66.0	29.7	6.9∶3.1
江西	105.5	38.5	7.3∶2.7
吉林	41.8	11.8	7.8∶2.2
安徽	108.8	75.1	5.9∶4.1
河南	215.9	111.1	6.6∶3.4
黑龙江	55.2	16.8	7.7∶2.3
湖北	85.2	39.2	6.8∶3.2
湖南	122.1	67.0	6.5∶3.5

① 数据来源：郅庭瑾、钱冬明、李廷洲《国家教育发展报告（2019）》，华东师范大学出版社2021年版，第34、41页。

中部地区高中阶段教育在校生规模普职比分布情况为：普职比能够保持在6∶4的是安徽，占12.5%；普职比接近或达到7∶3的是湖南、河南、湖北、山西、江西，占62.5%；普职比接近8∶2的是黑龙江、吉林，占25%。

表9-7　　2019年西部地区高中阶段教育在校生规模普职比情况①

（单位：万人）

省份	普通高中	中职类学校	普职比
内蒙古	40.6	16.9	7.1∶2.9
重庆	61.7	31.7	6.6∶3.4
广西	109.1	68.0	6.2∶3.8
四川	139.8	79.6	6.4∶3.6
云南	90.9	51.3	6.4∶3.6
陕西	68.4	25.8	7.3∶2.7
青海	12.6	8.2	6.1∶3.9
贵州	99.2	43.8	6.9∶3.1
宁夏	15.3	7.5	6.7∶3.3
甘肃	52.6	18.7	7.4∶2.6
新疆	52.8	25.5	6.7∶3.3
西藏	6.6	2.5	7.3∶2.7

西部地区高中阶段教育在校生规模普职比分布情况为：普职比能够保持在6∶4的是青海、广西、四川、云南，约占33%；普职比接近或达到7∶3的是重庆、宁夏、新疆、贵州、内蒙古、陕西、西藏、甘肃，约占67%。

---

① 数据来源：郅庭瑾、钱冬明、李廷洲《国家教育发展报告（2019）》，华东师范大学出版社2021年版，第34、41页。

通过上述简要分析可以看出，2019年高中阶段教育在校生规模的普职比，全国各地没有一个省份能够达到5∶5；普职比能够基本保持在6∶4的省份中，中部地区只有安徽，东部和西部地区各有4个省份；普职比接近或达到7∶3的省份中，西部地区有8个省份，中部地区有5个省份，东部地区有6个省份；普职比接近8∶2的省份中，东部地区是北京，中部地区是黑龙江、吉林。总的来说，全国仅有9个省份的普职比能够保持在6∶4，其他地区的普职比都已接近或超过7∶3，个别地区已接近8∶2。这里，需要指出的是，如果把东北三省（辽宁、吉林、黑龙江）的相关数据相加，可以得出，东北地区的普职比已超过7∶3，达到了7.4∶2.6。从数据来看，全国各地的高中阶段教育普职比存在着明显的差异性，而且越来越向着"不相当"的趋势发展，这种差异性和趋势不仅表现在区域间，也表现在区域内。可见，普职比"大体相当"政策并没有得到数据的有力支撑，难以得到完全落实，因此，对其做出调整势在必行。

第三节　普职教育结构优化

优化教育结构是教育供给侧改革的一个重要方面，是提高教育质量、推进教育内涵发展的重要路径，也是实现全面普及高中阶段教育目标的基础条件，而从长远来看，普职分流机制改革对于普职教育结构优化具有根本性的影响作用。

一　普职比"大体相当"政策回溯

普职比"大体相当"政策是中国在改革开放后大力发展职业技术教育的时代背景下提出的，目的是为"四化"建设培养大批初、中级技术、管理人才和大批有文化、有技术知识的劳动后备力量。党的十一届三中全会以后，国家非常重视发展职业教育，1983年5月，教育部、劳动人事部、财政部、国家计委联合印发《关于改革城市中等教育结构、发展职业技术教育的意见》,提出"力争到1990年,使各类职业技术学校在校生与普通高中在校生的比例大体相当"。这是在国家层面首次提出普职比"大体相当"政策。1985年,《中共中央关于教育体制改革的决定》指出"调整中等教育结构,大力发展职业技术教育","力争在5年左右,使大多数地区的各类高中阶段的职业学校招生数相当于普通高中的招生数"。1995年6月,国家教育委员会印发《加强薄弱普通高级中学建设的十项措施(试行)》的通知,提出"要制定政策和措施,扩大初中毕业生分流到职业教育的比例,使职业学校学生占高中阶段在校生数的60%左右……职业教育相对薄弱的地方,在不影响合理布局的前提下,可以将一些普通高中转办成职业高中"。从20世纪80年代初期,一直到90年代中后期,高中阶段教育普职比始终向着"5∶5"的目标发展,甚至在短时间内接近或达到"4∶6"。例如,上海市1997年各区县高中阶段招生普职比基本上都在4∶6以下。全市初中毕业生进入普通高中学习的不到35%。[①]

在1999年高等学校开始实施扩招政策10年的这段时间里,国家对普职比没有做出政策规定。直到2010年《教育规划纲要》再次提出今后一个时期总体保持普通高中和中等职业学校招生规模大体相当。2014年6月13日,教育部、国家发改委等六部门组织编制《现代职业教育体系建设规划(2014—2020年)》,提出"中等职业教育是职业教育发展的重点,今后一个时期总体保持普通高中和中等职业学校招生规模大体相当"。2014年6月22日,国务院印发《关于加快发展现代职业教育的决定》,指出到2020年中等职业教育在校生达到2350万人。各地要统筹做好中等职业学校和普通高中招生工作,落实好职普招生大体相当的要求,加快普及高中阶段教育。"2017年1月,《国家教育事业发展"十三五"规划》提

[①] 张文周:《上海市普通高中学校布局设点问题的研究》,《上海教育科研》1998年第10期。

出"保持普通高中和中等职业教育招生规模大体相当,在中西部地区以中等职业教育为重点发展高中阶段教育",并将2020年中职在校生的比重设定为45%。2019年2月,国务院印发《国家职业教育改革实施方案》,明确强调"职业教育与普通教育是两种不同教育类型,具有同等重要地位",这就在国家政策层面首次把职业教育定位为一种类型教育,这标志着中国职业教育进入了类型教育发展的新阶段,必将对中国职业教育发展产生深远影响。同时,还提出"优化教育结构,把发展中等职业教育作为普及高中阶段教育和建设中国特色职业教育体系的重要基础,保持高中阶段教育职普比大体相当,使绝大多数城乡新增劳动力接受高中阶段教育"。2020年9月,教育部等九部门印发《职业教育提质培优行动计划(2020—2023年)》,提出"把发展中等职业教育作为普及高中阶段教育和建设中国特色现代职业教育体系的重要基础,保持高中阶段教育职普比大体相当"。2021年3月,教育部办公厅下发《关于做好2021年中等职业学校招生工作的通知》,强调指出"保持高中阶段教育职普比大体相当……职普比例较低的地区要重点扩大中等职业教育资源,要提高中等职业教育招生比例"。

一些省市进一步加快了职业教育改革步伐,力图尽快缩小职普比"大体相当"的差距。例如,四川省在2020年9月出台《四川省职业教育改革实施方案》,提出"加强省级统筹,到2022年,全省中等职业学校和普通高中在校生比例实现大体相当",而且,"高等职业学校招收中等职业学校毕业生的计划比例达到50%左右"。

2021年4月,全国职业教育大会强调了职业教育"不同类型、同等重要"的基本定位,提出建设技能型社会的理念和战略,强调要践行类型教育新理念,把职业教育办成类型教育,形成淡化学历崇尚技能的社会氛围。时任教育部部长陈宝生撰文写道,这是中国教育理念的一次重大变革,也是党和国家把握教育发展规律、职业教育办学规律、人的全面发展规律做出的一个重大判断。在谈到发展中等职业教育时,陈宝生强调要总体保持职普比"大体相当"的战略定位不动摇,加强省级统筹和分类指导,使中职类学校和普通高中在办学投入、培养质量和学生收益等方面大体相当,通过职普协调均衡发展,实现职普规模大体相当。①

关于普职比"大体相当"政策的学术讨论似乎正在发生转向。一些研究显示,在新时代,该政策已经明显不适合中国高中教育发展的现实情况,也无法满足中国产业转型升级对应用型人才的需求。例如,有学者指出普职比"大体相当"并不符合各地实际,很多地区在落实普职比"大体相当"政策要求时均存在很大的压力,而且这也在一定程度上加剧了家长的教育焦虑。为此,应取消强制性的、全国统一的"大体相当"政策,由各地区根据当地经济发展需要、民众教育需求和教育规律、教育供给情况自主确定普职比例。② 应综合各个区域的经济发展程度、教育发展水平、就业结构、对人才类型的需求以及学生的教育需求等因素,合理调整普职供给结构,尤其要进一步充分保证农村初中毕业生获得高中阶段教育的机会,提高农村地区高中阶段教育毛入学率。③

普职比"大体相当"在政策实施和解读层面也发生了变化。2019年,中共中央、国务院印发《中国教育现代化2035》,提出"推进中等职业教育和普通高中教育协调发展"。2021年10月,中共中央办公厅、国务院办公厅印发《关于推动现代职业教育高质量发展的意见》,进一步强化职业教育类型特色,巩固职业教育类型定位,明确中等职业教育的基础地位,要提升中等职业教育办学质量,因地制宜、统筹推进职业教育与普通教育协调发展。需要指出的是,文件并未对"普职规模大体相当"做出规定。在教育部2022年新闻发布会上,有关负责人进一步强调了义务教育后实行普职分流的必要性,表

---

① 陈宝生:《办好新时代职业教育 服务技能型社会建设》,《光明日报》2021年5月1日第7版。
② 朱新卓、赵宽宽:《我国高中阶段普职规模大体相当政策的反思与变革》,《中国教育学刊》2020年第7期。
③ 王星霞、牛丹丹:《农村初中毕业生的教育选择——基于某省两个县的调查》,《教育发展研究》2020年第6期。

示教育部将积极推动各地根据区域经济社会发展程度、本地产业发展需要、应用型人才发展、健全现代职教体系建设等因素，合理规划中等职业学校和普通高中的招生规模。一些地方也对普职规模结构做出了新的规定，例如，浙江省教育厅印发《关于做好 2022 年普通高中招生管理工作的通知》，提出各地要加强本区域学龄人口变化监测，综合考虑本地初中毕业生数量、未来一段时间高中阶段教育普及提升目标、教育资源供给和普职教育协调发展等因素，结合人民群众的教育需求和愿望，合理确定普职招生比例。

二 普职教育结构调整

相关研究显示，一个国家或地区的经济发展水平与普通高中教育规模存在正相关，即经济发展水平处于较低阶段，普通高中教育规模相对较小，与此同时，中等职业教育发展需求较为强烈；而当经济发展水平处于较高阶段，普通高中教育规模相对较大，与此同时，中等职业教育发展规模相对缩小。姜大源比照了 1991—2015 年中国中职招生比、国内生产总值的数值，发现在宏观经济指标 GDP 下降时，普职比也几乎在同步下降，两者枯荣线的对比，呈现出一种正相关的关系。[①] 余晖对 1996—2015 年 OECD 国家的普职比重结构调整情况的研究发现，在 OECD 国家人均 GDP 保持稳定且有增长的情况下，总体而言，OECD 国家呈现明显的"提高普高在校生比重/降低职高在校生比重"的趋势，其中包含了不少素以职业教育闻名的国家，如德国、英国、法国、意大利、丹麦和瑞典，数据显示，提高普通高中比重已成为许多发达国家的政策选择，有近三成国家的普通高中在校生比重已接近或超过 66%，为中职学生的两倍。他认为一个国家普职结构是其教育体系内外部多种因素综合作用的结果，其中，外因包括一个国家或地区的经济发展水平、劳动力市场需求，内因包括高等教

[①] 姜大源：《关于加固中等职业教育基础地位的思考》，《中国职业技术教育》2017 年第 9 期。

育入学率、普职两轨融通度以及高中和成人继续教育普及度等教育体系的自身因素。① 但就总体而言，OECD国家高中阶段教育中普通高中占比的平均值为54.3%，高中阶段教育普职比仍处于"大体相当"范畴之内。其中，一些国家的普通高中占比明显偏大。例如，奥地利、比利时、捷克、芬兰的普通高中占比达到70%以上，② 而美国和英国则高达80%。③ 王娇娜利用世界银行提供的跨国面板数据的研究指出，世界高中阶段职业教育相对比重（职业教育在校生数与普通教育在校生数之比）和经济发展水平（人均GDP）之间存在倒U形关系，即在一定的经济发展阶段，职业教育的相对比重与人均GDP之间呈正相关；但是，在更高的经济发展阶段，职业教育的相对比重与人均GDP之间呈负相关，即普教教育获得优先发展。④

高中教育结构调整主要指的是在一定经济社会发展影响下，普通高中教育和中等职业教育二者的动态发展关系。不同地区由于高中教育发展水平不同，其高中教育结构必然呈现一定的特点，并在区域之间呈现出一定的差异性。这种主要由高中教育发展水平不同而形成的教育结构特点，一方面体现了一个地区高中教育结构的趋向，具有一定的稳固性；另一方面，在面向未来人才培养和国家建设的层面，这种结构上的稳固性会促进一个地区高中教育发展，但也会对其产生阻碍作用，因此，对一个地区高中教育结构适时地做出动态性的调整就成为必然。

从2010—2021年的有关数据可以看出，中国普通高中与中等职业教育的"普职比"基本稳定在6∶4，但从2021年开始出现明显变

---

① 余晖：《OECD国家高中阶段普职结构调整的基本经验与发展态势》，《湖南师范大学教育科学学报》2018年第3期。
② 根据石伟平、郝天聪发表在《中国职业技术教育》2017年第34期的《普及高中阶段教育 中等职业教育需要发力》有关数据整理而成。
③ 陈如平等：《中国普通高中教育发展报告2012》，教育科学出版社2013年版，第268页。
④ 王娇娜：《普通教育还是职业教育？——经济转型时期中国高中阶段教育选择》，博士学位论文，中国社会科学院研究生院，2015年。

化，普职比正在逼近7∶3，普通教育优先发展的趋势已经显现。据有关数据显示，2019年，全国各省份中职招生比例均低于50%，有27个省份这一比例低于40%，有19个省份在2016—2019年中职招生数呈下降趋势。中国高中阶段普职比"大体相当"的政策效力正逐渐衰减。

综上所述，无论是从政策决策者层面，学术研究层面，还是从区域实践层面，普通高中和中等职业教育二者结构实际上由"大体相当"正转向为"协调发展"，这已成为中国高中阶段教育结构调整的基本定位。

表9-8　　2010—2021年中国中等职业教育招生数、在校生数[①]

年份	中职类学校招生数（万人）	占高中阶段教育招生总数的比例（%）	中等职业教育在校生数（万人）	占高中阶段教育在校生总数的比例（%）
2010	870.42	50.94	2238.50	47.78
2011	813.87	48.89	2205.33	47.06
2012	754.13	47.17	2113.69	46.00
2013	674.76	45.06	1922.97	44.00
2014	619.76	43.76	1755.28	42.09
2015	601.25	43.01	1656.70	41.03
2016	593.34	42.49	1599.01	40.28
2017	582.43	42.13	1592.50	40.10
2018	557.05	41.27	1555.26	39.53
2019	600.37	41.70	1576.47	39.46
2020	644.66	42.38	1663.37	39.96
2021	488.99	35.08	1311.81	33.49

---

① 数据来源：根据《全国教育事业发展统计公报》（2010—2021年）整理而成。

三 普职分流机制分析

实施普职分流，让学生进入不同类型教育体系进行学习，发展成为不同类型人才，它是优化社会人才类型结构的一个重要手段。从世界范围来看，根据分流的起始学段和年级，有三种典型的普职分流模式：一是在小学阶段分流，包括小学后期和小学毕业后两个阶段，以德国、新加坡为典型代表。例如，新加坡在小学四年级后进行第一次分流，根据考试成绩，把学生划分为普通水平和基础水平两种难易程度和教学要求不同的教学班，让其继续接受五年级和六年级的学习。在小学毕业后进行第二次分流，同样根据考试成绩高低，让学生进入难易程度和课程要求不同的中等教育机构。在完成中等教育后，通过第三次分流，学生选择进入不同程度、类型的高等教育机构。二是在初中后分流，中国、法国、芬兰等国家属于此种类型。法国实施义务职业教育，将初中毕业学生分流至普通方向、职业方向和技术方向，使其接受不同类型的高中阶段教育。芬兰的学生在初中毕业后可以根据平时成绩、升学考试成绩、健康状况、学术性向等具体条件，选择进入普通高中、职业高中或直接进入就业市场。据芬兰教育部统计，完成九年学业的学生，54.5%选择高中，38.5%选择职业教育。[①] 三是在高中后分流，以美国、加拿大、英国、瑞典等为代表。这些国家的高中既开设学术课程，也开设职业技术课程，学生可以自主选择课程，并在高中毕业后选择进入普通院校或职业院校。例如，在美国，想继续升学的高中毕业生可以选择专门的职业或技术学院、两年制的社区学院或专科学院、四年制的学院或大学。[②] 又如，瑞典高中教育只有一种形式，即集就业与升学教育于一身的综合高中。凡初中毕业生都可以入学，没有入学考试。这些国家普遍实施普通教育和职业教育合一的"单轨制"综合高中教育模式。

[①] 郑也夫：《吾国教育病理》，中信出版社2013年版，第62页。
[②] 王娇娜：《普通教育还是职业教育？——经济转型期中国高中阶段教育选择》，博士学位论文，中国社会科学院研究生院，2015年。

上述三种分流模式各具特点,反映了不同国家关于学生培养理念、高中阶段教育发展和分流作用的认识各不相同。其中,值得我们关注的一个重要问题在于学生分流的学段和学业成绩是否相关。一项关于学生分流和 PISA 成绩的研究显示,分流时学生的年纪越小,整个国家在 PISA 测试中的表现就越糟糕。其中含有某种限制性效应:一旦孩子们像被贴上标签一样被分到更低的分流层中,他们的学习就会随之懈怠。[1]

中国高中阶段教育实施普通高中和中等职业教育并存的"双轨制"模式,学生在接受九年义务教育之后要在普通高中教育和中等职业教育之间做出选择。早在 1985 年印发的《中共中央关于教育体制改革的决定》指出"我国广大青少年一般应从中学阶段开始分流:初中毕业生一部分升入普通高中,一部分接受高中阶段的职业技术教育;高中毕业生一部分升入普通大学,一部分接受高等职业技术教育"。这是在国家政策文件中首次对学生分流做出规定。从当前乃至今后很长一段时期,普职分流仍具有一定的必要性,这从根本上来说是由学生个体发展倾向的多元化决定的。

当前,中国实施的初中毕业后普职分流机制在实施中造成了新的教育不公平现象,这主要表现在城乡之间和学生群体之间,即普职分流主要发生在农村和经济不发达地区,并面向"非重点"初中的学生群体,具有明显的二元价值取向。一是初中毕业生升入普通高中的城乡差异显著。有研究者对中国城乡初中毕业生升入普通高中情况做了数据分析,以 2007 年为例,当年农村的初中毕业生是城市的 2.61 倍,而升入普通高中的人数,城市则是农村的 4.2 倍。当年,城市只有 25 万多的初中毕业生没有机会接受普通高中教育,而农村则有 700 多万的初中毕业生没有机会进入普通高中学习。[2] 有研究者以某一省份为个

---

[1] [美] 阿曼达·里普利:《世界上最聪明的孩子》,王少博译,中信出版社 2015 年版,第 138 页。
[2] 王香丽:《我国高等教育入学机会的城乡差异研究——高中阶段教育的视角》,《高教探索》2011 年第 1 期。

案，分析了 2016 年该省农村地区初中毕业生升入普通高中的比例是 45.9%，而城市初中毕业生升入普通高中的比例高达 77.74%。[①] 二是表现在学生群体差异上。有研究者通过对 10 个城市 40 所普通高中学生的问卷调查，揭示了高中阶段学生社会分层状况。调查发现，城市重点高中集中了最多的优势阶层子女，来自高阶层家庭的学生是城市非重点高中的 1.7 倍，是低阶层子女的 1.6 倍。在非重点中学中，来自低阶层的学生比例最高。[②]

结合国际上普职分流的类型、特点，中国对于依据哪些标准对学生进行分流，在哪个教育阶段进行分流，分流公平问题，以及如何处理普职分流与融通之间的关系，等等，仍需开展深入的学术研究和区域性的探索试验。

[①] 王星霞、牛丹丹：《论高中阶段"普职比大体相当"政策的调整》，《教育研究与实验》2020 年第 5 期。
[②] 杨东平：《高中阶段的社会分层和教育机会获得》，《清华大学教育研究》，2005 年第 3 期。

参考文献

一 著作

《邓小平文选》第 2 卷，人民出版社 1994 年版。

《中国教育年鉴》编辑部：《中国教育年鉴（1982—1984）》，湖南教育出版社 1986 年版。

陈来：《中华文明的核心价值：国学流变与传统价值观》，生活·读书·新知三联书店 2015 年版。

陈如平等：《中国普通高中教育发展报告 2012》，教育科学出版社 2013 年版。

陈序经：《文化学概观》，岳麓书社 2010 年版。

成尚荣：《课程透视》，华东师范大学出版社 2018 年版。

冯生尧：《高中课程与高考改革：走向多样化》，华东师范大学出版社 2018 年版。

葛新斌等：《高中教育发展战略问题研究——以广东省深圳市为例》，吉林大学出版社 2019 年版。

李静：《现阶段我国普通高中教育功能研究》，中国社会科学出版社 2017 年版。

李希贵：《学校如何运转》，教育科学出版社 2019 年版。

联合国教科文组织国际教育发展委员会：《学会生存：教育世界的今天和明天》，教育科学出版社 1997 年版。

联合国教科文组织国际教育局：《教育展望：在不同的情境脉络中评价学生的成绩》，华东师范大学出版社 2006 年版。

联合国教科文组织总部：《教育——财富蕴藏其中》，联合国教科文组织总部中文科译，教育科学出版社1996年版。

刘宝存主编：《综合高中发展模式的国际比较》，山西教育出版社2019年版。

刘海江：《马克思实践共同体思想研究》，中国社会科学出版社2015年版。

刘建民：《领跑教育国际化：宁波市教育国际合作与交流特色品牌寻访录》，浙江大学出版社2017年版。

倪愫襄：《制度伦理研究》，人民出版社2008年版。

沈之菲：《激活内在的潜能：学生创新素养的评价和培养》，华东师范大学出版社2013年版。

孙培青：《中国教育史》，华东师范大学出版社2000年版。

唐江澎等：《从校本课程走向学校课程——锡山高中课程探索之路》，江苏凤凰教育出版社2015年版。

辛鸣：《制度论：关于制度哲学的理论建构》，人民出版社2005年版。

熊丙奇主编：《2021年中国教育观察》，社会科学文献出版社2021年版。

杨东平主编：《中国教育发展报告（2017）》，社会科学文献出版社2017年版。

杨东平主编：《中国教育发展报告（2020）》，社会科学文献出版社2020年版。

袁桂林：《中国教育改革开放40年：高中教育卷》，北京师范大学出版社2019年版。

张德伟、梁忠义主编：《国家后期中等教育比较研究》，人民教育出版社2006年版。

张军凤：《遇见更好的教育——符号与想象的一次理性结合》，天津人民出版社2017年版。

郑也夫：《代价论》，中信出版社2015年版。

郑也夫：《吾国教育病理》，中信出版社2013年版。

郅庭瑾、钱冬明、李廷洲：《国家教育发展报告（2019）》，华东师范大学出版社2021年版。

中共中央文献研究室编：《建国以来重要文献选编》第5册，中央文献出版社1993年版。

钟启泉：《教育的挑战》，华东师范大学出版社2019年版。

朱家存：《教育均衡发展政策研究》，中国社会科学出版社2003年版。

朱益明、王瑞德：《中国教育现代化2035：从规划到实践》，上海教育出版社2020年版。

朱永新等：《教育改革进行时》，山西教育出版社2015年版。

[美] 科南特：《科南特教育论著选》，陈友松译，人民教育出版社1998年版。

[德] 马丁·布伯：《我与你》，陈维纲译，商务印书馆2015年版。

[法] 克洛德·列维-斯特劳斯：《面对现代世界问题的人类学》，栾曦译，中国人民大学出版社2017年版。

[美] 阿尔伯特·班杜拉：《思想和行动的社会基础：社会认知论》，皮连生等译，华东师范大学出版社2018年版。

[美] 阿曼达·里普利：《世界上最聪明的孩子》，王少博译，中信出版社2015年版。

[美] 埃蒂纳·温格：《实践共同体：学习、意义和身份》，李茂荣等译，江西人民出版社2018年版。

[美] 本尼迪克特·安德森：《想象的共同体：民族主义的起源与散布》，吴叡人译，上海人民出版社2016年版。

[美] 彼得·M.布劳：《社会生活中的交换与权力》，李国武译，商务印书馆2016年版。

[美] 吉尔伯特·罗兹曼：《中国的现代化》，国家社会科学基金"比较现代化"课题组译，江苏人民出版社2003年版。

[美] 柯尔斯滕·奥尔森：《学校会伤人》，孙玫璐译，华东师范大学出版社2014年版。

〔美〕克利福德·格尔茨：《文化的解释》，韩莉译，译林出版社 2014 年版。

〔美〕里查德·雷文：《大学工作》，王芳等译，外文出版社 2004 年版。

〔美〕玛莎·努斯鲍姆：《功利教育批判：为什么民主需要人文教育》，肖聿译，新华出版社 2017 年版。

〔美〕帕克·帕尔默：《教学勇气——漫步教师心灵》，吴国珍等译，华东师范大学出版社 2014 年版。

〔美〕塞缪尔·鲍尔斯、赫伯特·金迪斯：《合作的物种：人类的互惠性及其演化》，张弘译，浙江大学出版社 2015 年版。

〔美〕沙沃森·汤：《教育的科学研究》，曹晓南等译，教育科学出版社 2006 年版。

〔美〕唐纳德·A. 舍恩：《反映的实践者：专业工作者如何在行动中思考》，夏林清译，北京师范大学出版社 2018 年版。

〔美〕亚伯拉罕·马斯洛：《动机与人格》，许金声等译，中国人民大学出版社 2012 年版。

〔美〕叶文心：《民国时期大学校园文化》，冯夏根等译，中国人民大学出版社 2012 年版。

〔美〕伊恩·莫里斯：《人类的演变：采集者、农夫和大工业时代》，马睿译，中信出版社 2016 年版。

〔美〕约翰·杜威：《民主主义与教育》，王承绪译，人民教育出版社 2001 年版。

〔美〕约翰·杜威：《我们怎样思维·经验与教育》，姜文闵译，人民教育出版社 2005 年版。

〔美〕约翰·富兰克林·博比特：《课程》，刘幸译，教育科学出版社 2017 年版。

〔美〕约瑟夫·穆非、丹妮艾拉·托尔：《校园文化：发现社团的价值》，高凌飞、刘慧译，黑龙江教育出版社 2016 年版。

〔美〕赵勇：《就业？创业？从美国教改的迷失看世界教育的趋势》，周珊珊、王艺璇译，教育科学出版社 2014 年版。

［日］佐藤学：《学校见闻录：学习共同体的实践》，钟启泉译，华东师范大学出版社2014年版。

［意］卢西亚诺·弗洛里迪：《第四次革命：人工智能如何重塑人类现实》，王文革译，浙江人民出版社2016年版。

［英］安东尼·吉登斯：《社会的构成：结构化理论纲要》，李康、李猛译，中国人民大学出版社2016年版。

［英］巴兹尔·伯恩斯坦：《教育、符号控制与认同》，王小凤等译，中国人民大学出版社2016年版。

［英］凯特·迪斯汀：《文化的进化》，李冬梅，何自然译，世界图书出版公司2015年版。

［英］迈克尔·波兰尼：《个人知识：朝向后批判哲学》，徐陶译，上海人民出版社2017年版。

［英］乔伊·帕尔默：《教育究竟是什么：100位思想家论教育》，任钟印、诸惠芳译，北京大学出版社2008年版。

二 期刊

《芬兰：新一轮普通高中教育改革将于2019年实施》，《中国德育》2018年第22期。

《广西投入10亿元实现示范性普通高中县县全覆盖》，《云南教育》（视界综合版）2015年第1期。

《韩国：私立学校校长联合发声反对新政府废除私立高中》，《人民教育》2017年第18期。

《四川教育》记者：《坚定不移地办好重点中学——四川省重点中学工作会议侧记》，《人民教育》1982年第3期。

《重点学校不能实行"终身制"——四川省教育厅决定审查首批重点中学》，《教育科研参考资料》1985年第S2期。

《总结教育科研成果交流教育科研经验进一步提高理论研究水平加速创建示范性高中步伐——黑龙江省重点中学研究专业委员会第四次年会侧记》，《黑龙江教育》1997年第Z1期。

参考文献

安雪慧、元静、胡咏梅：《"十四五"至2035年高中教育高质量发展要适应人口变动》，《中国教育学刊》2021年第8期。

北京市教育科学研究院课题组：《建立发展基准：普及义务教育的再定位》，《人民教育》2006年第9期。

北京市政协教文卫体委员会、中国民主促进会北京市委会：《关于北京市2000年普及高中阶段教育工作的几点建议》，《中小学管理》1994年第11期。

本刊编辑部：《星级评估：优质发展普通高中的新机制——来自江苏省普通高中星级评估实践的报告》，《教育发展研究》2010年第22期。

蔡文伯、赵志强：《中等职业教育财政支出减贫效应的空间溢出和门槛分析——基于2008—2018年省际面板数据》，《职业技术教育》2020年第28期。

陈才锜：《芬兰普通高中导师制的特色及启示》，《全球教育展望》2014年第1期。

陈如平、牛楠森：《普通高中发展与特色高中创建的思考》，《上海教育科研》2020年第9期。

陈志利：《普通高中多样化发展：三层面政策解读与启示》，《基础教育》2013年第6期。

陈志利、张新平：《普通高中多样化发展的本质》，《现代教育管理》2014年第11期。

程艳霞、李永梅：《普及高中阶段教育的历史逻辑与供给侧改革路径》，《中国教育学刊》2019年第2期。

储朝晖：《中国高中教育发展的特征与启示》，《河北师范大学学报》（教育科学版）2020年第2期。

褚宏启：《地方教育制度创新及其重心》，《中小学管理》2020年第7期。

崔志钰、倪娟：《江苏综合高中的办学现状、问题与政策建议》，《中国职业技术教育》2020年第19期。

代蕊华、梁茜：《我国高中阶段教育"普及洼地"的发展困境及治理对策》，《中国教育学刊》2018年第10期。

董君武：《以学术性高中的创建为核心，聚焦学生学术素养的培育》，《上海教育》2021年第12期。

段会冬、黄睿：《精英教育背景下新加坡莱佛士书院课程设置述评》，《世界教育信息》2012年第Z1期。

段兆兵、付梅：《校本课程开发：普通高中多样化发展的内生点》，《河北师范大学学报》（教育科学版）2012年第12期。

范卿泽、杨颖、王华：《创新后备人才培养的区域探索与推进建议——以重庆市"雏鹰计划"为例》，《中国教育学刊》2020年第11期。

范伟、陆素菊：《日本综合高中的发展经验及其对我国中职学校改革的启示》，《职教论坛》2010年第19期。

冯建军：《普通高中教育资源公平配置问题与对策研究——以江苏省为例》，《教育发展研究》2010年第12期。

冯生尧：《普通高中课程多样化及其配套措施：美国的经验与启示》，《教育发展研究》2013年第18期。

冯晓敏、张新平：《我国普通高中多样化改革的政策解读与反思》，《苏州大学学报》（教育科学版）2016年第2期。

付艳萍：《拔尖创新人才培养：美国州长高中的实践、成效与争议》，《比较教育研究》2022年第9期。

付艳萍：《美国纽约市特殊高中入学考试存废之争评析》，《比较教育研究》2021年第5期。

傅禄建：《关于重点中学发展的理论思考》，《上海教育科研》1995年第1期。

高益民：《面向个性化的日本高中教育改革》，《比较教育研究》2010年第6期。

葛根法、何庆林、姚正培、李翅鹏、陈德明：《浙江省十七所重点中学学生体质调查报告》，《体育研究》1983年第2期。

缑国禧、李曜明：《重点中学办学模式的探索与思考》，《教育理论与实践》1988年第2期。

郭丛斌、徐柱柱、张首登：《超级中学：提高抑或降低各省普通高中的教育质量》，《教育研究》2021年第4期。

国家教育标准体系研究课题组：《国家教育标准体系的发展与完善》，《教育研究》2015年第12期。

何珊云、周子玥：《法国普通高中课程多样化改革：国家方案与学校行动》，《全球教育展望》2020年第11期。

何树彬：《罗素高中：芬兰高中教育的典范》，《上海教育》2009年第11期。

贺武华、李承先：《美国"磁石学校"的特色创新及其成效分析》，《比较教育研究》2009年第6期。

胡庆芳：《美国高中教育普及的历程与现行改革》，《全球教育展望》2006年第2期。

胡夏君：《布拉沃医学磁石高中 以突出的专业性凸显磁力》，《上海教育》2012年第5期。

黄惠涛：《高品质高中学科建设的价值追求与实践路径》，《人民教育》2021年第24期。

黄晓婷、关可心等：《"超级中学"公平与效率的实证研究——以K大学学生学业表现为例》，《教育学术月刊》2016年第5期。

嵇鸿群：《重点中学高初中脱钩后带来的新气象》，《上海人大月刊》1990年第2期。

季丽云：《韩国：将取消高中学校"等级化"，并强化"普通高中能力教育"》，《人民教育》2019年第23期。

江苏省锡山高级中学高品质示范高中项目建设工作组：《以"毕业生形象涵育"引领育人模式改革》，《江苏教育》2023年第6期。

姜大源：《关于加固中等职业教育基础地位的思考》，《中国职业技术教育》2017年第9期。

姜英敏：《"高中平准化"时代的落幕——韩国高中多样化改革浅析》，《比较教育研究》2010年第6期。

姜英敏:《韩国高中入学制度改革刍议》,《比较教育研究》2014年第11期。

姜远才、刘玉新、宫海静:《论普通高中学术型学生的培养》,《中国教育学刊》2020年第5期。

金红莲:《日本综合学科高中改革现状与发展困境研究》,《比较教育研究》2021年第1期。

金京泽:《日本的超级科学高中计划》,《上海教育》2014年第35期。

金双华、杨艺:《普通高中教育资源配置效率研究》,《现代教育管理》2021年第1期。

晋银峰:《我国薄弱学校改革发展三十年》,《课程·教材·教法》2015年第10期。

孔凡琴、邓涛:《英国学术型高中探析》,《教育理论与实践》2013年第26期。

匡瑛:《走出误区:论普及高中阶段教育的应有之义与可为之举》,《教育发展研究》2019年第Z2期。

雷望红:《我国县中发展的运行逻辑与振兴道路》,《湖南师范大学教育科学学报》2021年第6期。

李家永:《20世纪90年代以来芬兰普通高中的课程改革与发展》,《比较教育研究》2010年第6期。

李家永:《芬兰普通高中教育的改革》,《比较教育研究》2003年第8期。

李建民:《"全面普及高中阶段教育"的内涵释要与路径选择》,《教育研究》2019年第7期。

李婧:《美国高中教育教学模式的多样化》,《比较教育研究》2009年第10期。

李露、黄建辉:《示范性普通高中高额负债问题探析——以广西为例》,《2008年中国教育经济学年会会议论文集》,2008年。

李润华:《日本普通高中分科教育教学模式》,《比较教育研究》2009年第10期。

李润华：《综合高中：日本高中普职融通模式研究》，《外国中小学教育》2016年第3期。

李润洲：《普通高中转型性变革的实践探索与理论思考——基于浙江的"选择性教育"》，《当代教育科学》2018年第6期。

李莎、程晋宽：《普通高中多样化发展的美国经验》，《苏州大学学报》（教育科学版）2016年第2期。

李天鹰、杨锐：《美国普通高中多样化发展的经验与启示》，《东北师大学报》（哲学社会科学版）2019年第3期。

李文章：《美国特许学校兴起、纷争及动向》，《比较教育研究》2020年第1期。

李协京：《韩国高中学分制改革述评》，《世界教育信息》2019年第1期。

李颖：《特色高中建设的现状、问题与对策》，《现代教育管理》2012年第1期。

李玉静：《教育现代化视域下的中等职业教育改革发展》，《职业技术教育》2020年第28期。

李玉静：《中等职业教育的基础性地位：内涵与价值》，《职业技术教育》2018年第25期。

李玥忞、鲍澄缘、郭江婷：《德国：为不同高中的多元发展创造空间》，《上海教育》2021年第24期。

李志超：《我国更高水平普及教育的发展理路与战略思考——〈教育规划纲要〉十年回眸与展望之二》，《中国教育学刊》2021年第1期。

李中赋：《关于"当代中国学术问题"的学术性思考》，《科技导报》2003年第1期。

刘国顺：《普及高中阶段教育对城乡居民收入差距的影响——基于1986年〈中华人民共和国义务教育法〉实施的考察》，《中共郑州市委党校学报》2019年第1期。

刘继和、赵海涛：《韩国英才教育制度及启示》，《比较教育研究》2012年第12期。

刘丽君、蒋礼、张冬梅：《走向新时代中学生学术力自觉成长的课程——基于东北师大附中中学生学术力成长课程的探索》,《中国教育学刊》2020 年第 5 期。

刘丽群:《高中阶段普职结构改革的国际经验与中国选择》,《比较教育研究》2020 年第 9 期。

刘丽群、李汉学:《区域性推进高中阶段教育普及的战略定位与攻坚策略》,《中国教育学刊》2020 年第 10 期。

刘丽群、彭李:《差异公平:我国普通高中多样化发展的价值诉求》,《河北师范大学学报》(教育科学版)2014 年第 6 期。

刘敏、董筱婷:《韩国高中教育改革——以首尔为例》,《外国中小学教育》2015 年第 3 期。

刘琪:《日本高中学分制的变迁和多样化的学分制高中》,《全球教育展望》2003 年第 2 期。

刘世清、苏苗苗、胡美娜:《从重点/示范到多样化:普通高中发展的价值转型与政策选择》,《华东师范大学学报》(教育科学版)2013 年第 1 期。

刘颂迪:《云南省民族地区普及高中阶段教育存在的问题及路径探析——基于 2011—2019 年统计数据》,《中国民族教育》2020 年第 11 期。

刘晓:《技能型社会构建与中等职业教育的发展定位——再论新时期中等职业教育要不要发展?如何发展?》,《中国职业技术教育》2022 年第 4 期。

刘晓萍:《高中学费无偿化:日本高中教育改革政策动态》,《上海教育科研》2016 年第 10 期。

刘新荣、占玲芳:《教育投入及其结构对中国经济增长的影响》,《教育与经济》2013 年第 3 期。

柳斌:《在全国普通高级中学教育工作会议上的总结讲话》,《课程·教材·教法》1995 年第 10 期。

卢立涛:《全球视野下高中教育的性质、定位和功能》,《外国教育研究》2007 年第 4 期。

吕光洙:《日本高中教育与大学教育衔接述评》,《上海教育科研》

2015年第10期。

罗阳佳、鞠瑞利：《仇忠海：卓越高中的办学追求——走向研究》，《上海教育》2015年第10期。

马庆发：《综合高级中学：普及高中阶段教育的最佳选择》，《上海教育科研》1998年第10期。

马嵘、程晋宽：《促进学生的多样化创新发展：美国高中双学分课程制度探析》，《外国中小学教育》2017年第7期。

马晓强等：《中国教育现代化发展的总体趋势和挑战》，《教育研究》2017年第11期。

莫丽娟、袁桂林：《普通高中多样化发展动因研究》，《当代教育科学》2011年第8期。

潘蓓蕾：《让学生全面而富有个性地发展——上海市七宝中学"成长导师制"的实践探索》，《上海教育科研》2016年第2期。

骈茂林：《地方政府推动普通高中多样化发展的制度供给逻辑》，《教育发展研究》2012年第10期。

戚业国：《普通高中多样化发展的理念、经验与模式》，《人民教育》2013年第10期。

曲正伟：《普通高中多样化发展的价值取向与制度设计》，《东北师大学报》（哲学社会科学版）2011年第2期。

沈佳乐：《均衡与融合：高中段普通教育和职业教育的发展趋势——芬兰高中教育的经验与启示》，《职业技术教育》2010年第25期。

沈有禄：《初中生中职升学意愿的差异分析——基于对"三州"地区21531名初三学生的调查》，《华中师范大学学报》（人文社会科学版）2022年第1期。

沈有禄：《谁愿意让孩子接受中等职业教育——基于对"三州"地区15428名初三学生家长的调查》，《教育研究》2022年第7期。

石伟平、郝天聪：《普及高中阶段教育　中等职业教育需要发力》，《中国职业技术教育》2017年第34期。

石伟平、李鹏：《"普职比大体相当"的多重逻辑、实践困境与调整策略》,《中国职业技术教育》2021年第12期。

松原市扶余区三中:《试谈重点中学的职业技术教育功能》,《吉林教育科学》1994年第7期。

宋德民:《立足新阶段 开启新征程 全面推动教育科研事业高质量发展》,《教育研究》2021年第5期。

宋莹莹:《普及高中阶段教育:应然与实然——基于县域内生发展的视角》,《现代教育论丛》2020年第2期。

苏荟、张继伟:《论中等职业教育经费投入与地区劳动生产率——以西部地区为例》,《职业技术教育》2018年第22期。

苏娜、刘梅梅:《新高考后普通高中育人能力现状调查及对策研究——基于对31省1256所普通高中的调查》,《中国教育学刊》2021年第1期。

孙锦明、王从华、童新国:《中小学学科建设的"三层九维"模型构建与协同实践》,《教育学术月刊》2019年第1期。

孙玉丽、杨建超:《政府与普通高中多样化发展的三种关系——基于N市的考察》,《湖南师范大学教育科学学报》2016年第2期。

唐江澎:《学科建设,决定学校的教育高度》,《人民教育》2014年第13期。

万年、阙阅:《法国职业高中改革:动因、举措和特点》,《职业技术教育》2021年第22期。

王传毅、吕晓泓、严会芬:《什么是研究型大学合理的学生规模结构:基于跨国的院校比较》,《教育学术月刊》2016年第6期。

王海英:《示范性高中政策质疑》,《中小学管理》2005年第4期。

王辉、陈鹏:《中等职业教育的发展历程、特征及未来走向》,《教育与职业》2020年第9期。

王建华:《学科建设话语的反思与批判》,《现代大学教育》2016年第4期。

王娇娜:《普通教育还是职业教育?——经济转型期中国高中阶段教育选择》,博士学位论文,中国社会科学院研究生院,2015年。

王结发：《论制度认同》，《兰州学刊》2009年第12期。

王骏：《中国城镇高中教育和高等教育回报率的长期变动趋势——基于供给、需求和制度（SDI）框架的分析》，《山东高等教育》2016年第7期。

王世君、姜岩：《高中改革之路：多样化发展的实证分析与途径——基于X省9市的调查》，《现代教育科学》2018年第12期。

王香丽：《我国高等教育入学机会的城乡差异研究——高中阶段教育的视角》，《高教探索》2011年第1期。

王星霞、牛丹丹：《论高中阶段"普职比大体相当"政策的调整》，《教育研究与实验》2020年第5期。

王星霞、牛丹丹：《农村初中毕业生的教育选择——基于某省两个县的调查》，《教育发展研究》2020年第6期。

王洋、易建平：《以特色"触动"学校整体变革——以曹杨二中"孵化"上海市科技高中为例》，《人民教育》2020年第23期。

王一涛、冯淑娟、李文杰：《初中生对普高和中职的需求调查及政策启示》，《教育经济》2014年第5期。

王奕俊、胡慧琪、吕栋翔：《教育收益率发生了变化吗——基于CFPS的中等职业教育招生下滑与升学热原因探析》，《教育发展研究》2019年第11期。

王占宝：《培养创新型人才呼唤建设学术性高中》，《人民教育》2011年第12期。

王智超：《普通高中多样化发展的现实困境与理论探索》，《东北师大学报》（哲学社会科学版）2013年第2期。

王忠敏：《对教育质量标准的思考》，《人民教育》2012年第10期。

吴丽萍：《高中多样化：重建高中教育的价值坐标》，《人民教育》2013年第5期。

吴霓：《建立中国教育标准是教育科学发展的关键》，《人民教育》2014年第12期。

吴秋翔：《从"县中塌陷"到县中振兴：高考专项计划如何改变县中

困局》，《中国教育学刊》2022年第2期。

吴子健：《改造薄弱学校的实践与思考——上海市建青实验学校"带校"管理经验研究》，《上海教育科研》2001年第5期。

项贤明：《七十年来我国两轮"减负"教育改革的历史透视》，《华东师范大学学报》（教育科学版）2019年第5期。

肖远骑：《芬兰高中教育改革：促进学生走向卓越》，《中小学管理》2014年第5期。

徐冬鸣、陈丹：《普通高中多样化发展的制度保障》，《教育科学研究》2014年第7期。

徐峰、石伟平：《新世纪以来上海市关于普职融合教育政策：回顾、特征和展望》，《职教通讯》2018年第1期。

徐光宇、潘丽：《韩国自立型私立高中发展现状及启示》，《教育发展研究》2005年第22期。

徐国庆：《中等职业教育的基础性转向：类型教育的视角》，《教育研究》2021年第4期。

徐士强：《本道术原：普通高中特色课程的建设逻辑》，《中国教育学刊》2019年第7期。

徐士强：《普通高中特色办学的育人要义及实践策略》，《上海教育科研》2017年第9期。

徐士强：《走向多维分类发展：增强普通高中活力的一种选择》，《教育发展研究》2021年第8期。

薛二勇、傅王倩、李健：《我国普及高中教育的形势、问题与路径》，《中国教育学刊》2020年第10期。

杨宝琰、万明钢：《城乡高中教育机会分配的影响因素及作用模式：结构决定抑或行动选择》，《教育研究》2014年第10期。

杨东平：《高中阶段的社会分层和教育机会获得》，《清华大学教育研究》2005年第3期。

杨公安、米靖、周俊利：《新时代职业教育国家标准体系建构的背景及路径》，《中国职业技术教育》2020年第25期。

杨光富：《国外普通高中教育多样化特色比较》，《外国中小学教育》2014年第3期。

杨明全：《美国高中课程多样化个案研究——以托马斯·杰弗逊科技高中为例》，《教育学报》2013年第2期。

杨清：《五育并举视野下普通高中课程体系的构建》，《中国教育学刊》2021年第6期。

杨锐：《统一与多样辩证关系视野下普通高中多样化发展——基于吉林省54所普通高中的调研》，《东北师大学报》（哲学社会科学版）2019年第6期。

姚建忠、吕志新：《普通高中培养模式多样化实践》，《新疆师范大学学报》（哲学社会科学版）2013年第3期。

殷桂金：《普通高中学校特色的定位与类型》，《教育科学研究》2011年第11期。

应俊峰、安桂清：《从美国优秀高中的识别看我国示范性高中的评估》，《教育发展研究》2000年第7期。

于发友、赵慧玲、赵承福：《县域义务教育均衡发展的指标体系和标准建构》，《教育研究》2011年第4期。

于璇：《我国高中阶段教育资源配置的地区差异、动态演进与趋势预测》，《教育与经济》2021年第3期。

余晖：《OECD国家高中阶段普职结构调整的基本经验与发展态势》，《湖南师范大学教育科学学报》2018年第3期。

余凯、谢珊：《普通高中教育多样化发展的问题分析与政策建议》，《中国教育学刊》2020年第2期。

余利惠等：《普通高中办学模式改革的实践与认识》，《上海教育科研》1998年第10期。

喻小琴、彭钢、董裕华：《县（区）普通高中转型发展中的问题与应对——基于江苏省域的分析》，《教育发展研究》2022年第2期。

袁东敏：《大众化发展阶段普通高中教育的任务、发展方向和实现途径——英、美、芬兰高中教育发展的启示》，《当代教育论坛》（综合研究）2010 年第 11 期。

袁桂林：《促进高中教育多样化发展的三个关键点》，《人民教育》2018 年第 2 期。

袁桂林：《论高中教育机构和培养模式多样化》，《湖南师范大学教育科学学报》2015 年第 2 期。

袁先潋：《论普通高中办学特色》，博士学位论文，华中师范大学，2016 年。

岳金凤、郝卓君：《中等职业教育高质量发展报告——基础与方向》，《职业技术教育》2021 年第 36 期。

曾天山：《我国择校问题的背景分析》，《教育研究与实验》1998 年第 3 期。

张承先：《关于办重点中学的回顾与前瞻》，《中国教育学刊》1997 年第 2 期。

张承先：《贯彻全面发展方针　提高教育质量——在全国重点中学工作会议上的讲话（摘要）》，《人民教育》1980 年第 9 期。

张德伟：《略论日本高中教育普及化的基本特征》，《比较教育研究》2016 年第 11 期。

张和平：《办学规模与办学成就——基于 USNEWS 美国大学排名的实证分析》，《外国教育研究》2018 年第 1 期。

张建：《薄弱学校委托管理：动因、价值与深化策略——基于社会资本的视角》，《教育发展研究》2013 年第 20 期。

张军凤：《改革开放以来我国改进薄弱学校的政策回顾和展望》，《上海教育科研》2020 年第 3 期。

张军凤：《普职协调发展视角下普通高中多样化办学制度审视》，《中国教育学刊》2022 年第 6 期。

张军凤：《特色普通高中的准确定位——基于 36 所特色普通高中项目实验校自评报告的文本分析》，《教育科学研究》2018 年第 12 期。

张雷生：《关于韩国高中多样化办学政策的研究》，《外国教育研究》2016 年第 7 期。

张力:《促进城乡义务教育均衡发展 加快普及农村高中阶段教育》,《人民教育》2009年第1期。

张力:《推动普通高中多样化发展的政策要点》,《人民教育》2011年第1期。

张宁:《从世界职业教育发展历程看中国职业教育发展》,《教育研究》2009年第2期。

张瑞海:《芬兰普通高中教育的特色》,《课程·教材·教法》2003年第4期。

张瑞海:《普通高中特色发展:一种新的发展观视角》,《教育科学研究》2011年第11期。

张文周:《上海市普通高中学校布局设点问题的研究》,《上海教育科研》1998年第10期。

张熙:《普通高中分类发展框架设计和实施路径》,《教育科学研究》2021年第10期。

张熙:《为学校特色发展找一条合适的路径》,《人民教育》2014年第9期。

张新平、郑小明:《义务教育优质学校办学标准:目的与维度》,《中小学管理》2015年第7期。

张云洁、马海涛:《追求卓越的美国蓝带学校》,《上海教育》2013年第29期。

张志勇:《深刻认识县中振兴的战略格局意义》,《中小学管理》2022年第2期。

章瑞麟、贾六本:《三十九所重点中学体育调查报告》,《江西师范大学学报》(自然科学版)1985年第3期。

郑琦、杨钋:《班级规模与学生学业成绩——基于2015年PISA数据的研究》,《北京大学教育评论》2018年第4期。

郑若玲、庞颖:《"强基计划"呼唤优质高中育人方式深度变革》,《中国教育学刊》2021年第1期。

衷发明:《宁波普通高中多样化发展路径探析》,《宁波经济》(三江论坛)2015年第2期。

周彬：《"新高考"引领下的高中教育"新常态"》，《人民教育》2015年第1期。

周海涛、朱玉成：《教育领域供给侧改革的几个关系》，《教育研究》2016年第12期。

周浩波：《试论高水平、高质量普及九年义务教育》，《教育科学》2004年第5期。

周稽裘：《以改革创新为动力　加快高中教育发展》，《人民教育》2004年第11期。

周迎春：《中学与大学融合教育：全面提升学生素养》，《人民教育》2021年第5期。

朱新卓、赵宽宽：《我国高中阶段普职规模大体相当政策的反思与变革》，《中国教育学刊》2020年第7期。

朱越：《构建"金字塔"型研究型课程体系，助力研究型高中建设》，《上海教育》2018年第Z1期。

朱越：《浅谈研究型高中创建的实践路径与策略——以上海市七宝中学为例》，《上海教育科研》2020年第3期。

朱越：《研究型高中：优质高中转型发展的新方向》，《上海教育》2018年第18期。

祝怀新、应起翔：《今日英国公学的办学特色——哈罗公学个案研究》，《比较教育研究》2002年第12期。

［日］黑泽惟昭、张德伟：《日本教育中的新自由主义》，《外国教育研究》2010年第11期。

三　报纸

陈宝生：《办好新时代职业教育　服务技能型社会建设》，《光明日报》2021年5月1日第7版。

陈玉琨：《为何要建学术性研究型高中》，《中国教育报》2020年7月26日第3版。

欧阳河：《"普职比大体相当"缺乏科学依据，未来职教重心应放在高职》,《中国青年报》2016年12月2日第7版。

唐江澎:《整治"超级中学"营造均衡发展的教育生态》,《人民政协报》2020年8月12日第9版。

汪明:《不上贫困地区高中阶段教育短板》,《中国教育报》2015年12月1日第2版。

徐士强:《特色高中如何撬动高中教育变革》,《光明日报》2020年1月7日第13版。

姚宏杰:《提升教育质量的执着追求》,《中国教育报》2019年9月25日第1版。

张军凤:《普通高中育人方式改革的"位"与"为"》,《中国教育报》2020年9月16日第5版。

张军凤:《特色到底"特"在哪儿》,《中国教育报》2018年6月7日第7版。

张军凤:《稳固普通高中特色发展的鼎足点》,《中国教育报》2019年7月31日第3版。

赵风英:《为"教育公平",法国限制"精英高中"》,《环球时报》2022年2月28日第13版。

四 政府文件

《2003—2007年教育振兴行动计划》,《天津政报》2004年第6期。

《2018年河南省教育事业发展统计公报》,2019年6月19日,http://jyt.henan.gov.cn/2019/06-19/1653227.html,最后浏览日期:2021年12月27日。

《2023年"英才计划"工作实施方案》,2022年11月4日,http://www.guancha.042.org.cn/yaowen/2022/1104/9327.html,最后浏览日期:2022年12月19日。

《"十三五"推进基本公共服务均等化规划》,《中华人民共和国国务院公报》2017年第8期。

《"十四五"公共服务规划》,2022年1月11日,http://www.

moa. gov. cn/xw/bmdt/202201/t20220111_ 6386702. htm，最后浏览日期：2022 年 12 月 8 日。

《"十四五"县域普通高中发展提升行动计划》，《中华人民共和国教育部公报》2022 年第 Z1 期。

《北京市加强基础薄弱学校建设工作管理办法（试行）》，《北京教育》1996 年第 Z2 期。

《北京市教育委员会关于在职业高中开展综合高中班试点的通知》，2014 年 1 月 17 日，https：// www. pkulaw. com/lar/72738f4db49e760a8554f4b356d51198bdfb. html，最后浏览日期：2022 年 8 月 12 日。

《北京市中小学校办学条件标准》，2019 年 5 月 22 日，http：//www. beijing. gov. cn/zhengce/zhengcefagui/201905/t20190522_ 61293. html，最后浏览日期：2022 年 7 月 26 日。

《财政部　教育部关于建立普通高中家庭经济困难学生国家资助制度的意见》，《海南省人民政府公报》2011 年第 1 期。

《财政部　教育部关于免除普通高中建档立卡家庭经济困难学生学杂费的意见》，《中华人民共和国财政部文告》2016 年第 10 期。

《城市普通中小学校校舍建设标准》，2021 年 4 月 27 日，http：//zbxx. e21. cn/item. html？iid = 54e0d06f9d1bd287，最后浏览日期：2022 年 8 月 15 日。

《高职扩招专项工作实施方案》，2019 年 5 月 30 日，http：// www. mva. gov. cn/fuwu/xxfw/jypx/201905/t20190530_ 29715. html，最后浏览日期：2022 年 8 月 25 日。

《高中阶段教育普及攻坚计划（2017—2020 年)》，《新教育》2017 年第 13 期。

《关于本市新时代推进普通高中育人方式改革的实施意见》，2021 年 2 月 4 日，https：// www. shanghai. gov. cn/nw12344/20210204/9b237e5c99be407ea8aacf13fd6fe578. html，最后浏览日期：2022 年 12 月 7 日。

《关于大力办好普通高级中学的若干意见》，《学科教育》1995 年第 9 期。

《关于积极推进高中阶段教育事业发展的若干意见》，《中华人民共和国国务院公报》2000年第6期。

《关于进一步完善和推广综合高中教育模式的意见》，2001年9月21日，http：//www.110.com/fagui/law_252249.html，最后浏览日期：2022年11月30日。

《关于评估验收1000所左右示范性普通高级中学的通知》，2019年4月17日，http：//ishare.iask.sina.com.cn/f/30pBUUIaA2Q.html，最后浏览日期：2022年9月15日。

《关于认定首批北京市示范性普通高中的通知》，2002年9月26日，https：//wenku.baidu.com/view/d98d918b6adc5022aaea998fcc22bcd126ff42e3.html?_wkts_=1677812857401&bdQuery，最后浏览日期：2022年11月21日。

《关于深化课改 推进普通高中高质量发展行动计划（2019—2022年）》，2019年11月19日，https：//baijiahao.baidu.com/s?id=1650593169825440933&wfr=spider&for=pc，最后浏览日期：2022年3月15日。

《关于实施基础学科拔尖学生培养计划2.0的意见》，《中华人民共和国教育部公报》2018年第10期。

《关于实施强科培优行动 推进普通高中特色多样发展的实施意见》，2021年8月9日，http：//edu.shandong.gov.cn/art/2021/8/9/art_190553_10306309.html，最后浏览日期：2022年12月8日。

《关于推动现代职业教育高质量发展的意见》，《中华人民共和国教育部公报》2021年第12期。

《关于推进普通高中高品质发展的实施意见》，2020年10月13日，http：//www.wenzhou.gov.cn/art/2020/10/13/art_1217833_59020392.html，最后浏览日期：2022年8月14日。

《关于有重点地办好一些中学和师范学校的意见》，2015年12月29日，http：//www.hprc.org.cn/gsyj/yjjg/zggsyjxh_1/gsnhlw_1/d14jgsxsnh/201512/t20151229_4132803.html，最后浏览日期：2022年4月7日。

《关于在中等职业学校开展综合高中试点工作的通知》，2017年6月15日，https：//www.sohu.com/a/149084334_784866，最后浏览日期：2022年8月21日。

《关于制定中小学教职工编制标准的意见》，《陕西政报》2001年第22期。

《广东省国家级示范性普通高中督导验收办法（试行）》，2016年12月22日，https：//www.szftedu.cn/jydp/zcfg_98/201612/t20161222_1816.html，最后浏览日期：2022年9月22日。

《国家教育事业发展"十三五"规划》，《中华人民共和国国务院公报》2017年第5期。

《国家教育事业发展"十一五"规划纲要》，2007年5月31日，http：//www.moe.gov.cn/jyb_xwfb/gzdt_gzdt/moe_1485/tnull_22875.html，最后浏览日期：2022年8月3日。

《国家职业教育改革实施方案》，《中华人民共和国教育部公报》2019年第Z1期。

《国家中长期教育改革和发展规划纲要（2010—2020年）》，《人民教育》2010年第9期。

《国家中长期人才发展规划纲要（2010—2020年）》，《人民日报》2010年6月7日第1版。

《国务院办公厅关于加快中西部教育发展的指导意见》，《中华人民共和国国务院公报》2016年第18期。

《国务院办公厅关于开展国家教育体制改革试点的通知》，《辽宁省人民政府公报》2010年第21期。

《国务院办公厅关于新时代推进普通高中育人方式改革的指导意见》，《中华人民共和国教育部公报》2019年第6期。

《国务院关于〈中国教育改革和发展纲要〉的实施意见》，《中华人民共和国国务院公报》1994年第16期。

《国务院关于基础教育改革与发展的决定》，《教育部政报》2001年第Z2期。

《国务院关于加快发展现代职业教育的决定》,《辽宁省人民政府公报》2014年第13期。

《国务院关于进一步加强农村教育工作的决定》,《教育部政报》2003年第10期。

《国务院关于深化考试招生制度改革的实施意见》,《人民日报》2014年9月5日第6版。

《国务院关于统筹推进县域内城乡义务教育一体化改革发展的若干意见》,《中华人民共和国国务院公报》2016年第21期。

《国务院批转教育部、国家劳动总局关于中等教育结构改革的报告》,《中华人民共和国国务院公报》1980年第16期。

《国务院批转教育部面向21世纪教育振兴行动计划的通知》,《中华人民共和国国务院公报》1999年第2期。

《基本公共服务领域中央与地方共同财政事权和支出责任划分改革方案》,《中华人民共和国国务院公报》2018年第6期。

《加快推进教育现代化实施方案(2018—2022年)》,《中华人民共和国国务院公报》2019年第Z1期。

《加强薄弱普通高级中学建设的十项措施(试行)》,《学科教育》1995年第11期。

《江苏省高质量普及高中阶段教育攻坚计划(2018—2020年)》,2018年4月11日,http://epaper.jsenews.com/Article/index/aid/5294587.html,最后浏览日期:2021年8月12日。

《江苏省普通高中星级评估实施办法》,2018年11月9日,http://www.shuyang.gov.cn/shuyang/jyyl2/201811/b76c0d7a06ca4cca8cf8c99ae348c396.shtml,最后浏览日期:2022年10月22日。

《教育部、劳动人事部、财政部、国家计划委员会关于改革城市中等教育结构、发展职业技术教育的意见》,《中华人民共和国国务院公报》1983年第12期。

《教育部办公厅关于做好2021年中等职业学校招生工作的通知》,

2021年4月6日，http：//www.moe.gov.cn/srcsite/A07/moe_950/202104/t20210406_524618.html，最后浏览日期：2022年12月25日。

《教育部办公厅关于做好扩招后高职教育教学管理工作的指导意见》，2019年12月27日，http：//www.moe.gov.cn/srcsite/A07/moe_737/s3876_qt/201912/t20191227_413753.html，最后浏览日期：2022年11月25日。

《教育部关于进一步加强中小学校校舍建设与管理工作的通知》，《中华人民共和国教育部公报》2007年第3期。

《教育部关于普及初等教育基本要求的暂行规定》，《中华人民共和国国务院公报》1983年第19期。

《教育部关于在部分高校开展基础学科招生改革试点工作的意见》，《中华人民共和国教育部公报》2020年第Z1期。

《农村普通中小学校建设标准》，2009年11月13日，http：//edu.sc.gov.cn/scedu/c100550/2009/11/13/c8c58b5d0e4c4fee8f7babf2d4229d24.shtml，最后浏览日期：2022年6月19日。

《普及义务教育评估验收暂行办法》，1994年9月24日，http：//www.moe.gov.cn/srcsite/A02/s5911/moe_621/199409/t19940924_81908.html，最后浏览日期：2021年9月28日。

《普通高中课程方案（2017年版2020年修订）》，《中华人民共和国教育部公报》2020年第6期。

《普通高中课程方案（实验）》，《教育理论与实践》2008年第1期。

《普通高中学校办学质量评价指标》，2022年1月7日，http：//www.moe.gov.cn/srcsite/A06/s3732/202201/t20220107_593059.html，最后浏览日期：2022年8月24日。

《普通高中学校办学质量评价指南》，《中华人民共和国教育部公报》2022年第5期。

《普通高中学校实施分类办学促进特色发展改革试点工作方案》，2020年11月6日，http：//jyt.zj.gov.cn/art/2020/11/6/art_

1532973_ 58916346. html，最后浏览日期：2022 年 3 月 13 日。

《山东省人民政府办公厅关于加强高中阶段教育改革发展的意见》，《山东省人民政府公报》2018 年第 8 期。

《上海市推进特色普通高中建设三年行动计划（2016—2018 年）》，2016 年 10 月 17 日，http：//edu. sh. gov. cn/xxgk2_ zhzw_ ghjh_ 01/20201015/v2-0015-gw_ 3022016004. html，最后浏览日期：2021 年 12 月 9 日。

《上海市推进特色普通高中建设实施方案（试行）》，2019 年 6 月 30 日，https：//qpez. qpedu. cn/ysrstscj/wjzd/322827. htm，最后浏览日期：2021 年 8 月 19 日。

《深化新时代教育评价改革总体方案》，《中华人民共和国国务院公报》2020 年第 30 期。

《省教育厅关于高品质示范高中建设的意见》，2018 年 5 月 17 日，http：// jyt. jiangsu. gov. cn/art/2018/5/17/art_ 58961_ 7641294. html，最后浏览日期：2021 年 9 月 15 日。

《省教育厅关于进一步推进高品质示范高中建设的意见》，2019 年 7 月 30 日，http：// jyt. jiangsu. gov. cn/art/2019/7/30/art_ 55510_ 8647143. html，最后浏览日期：2021 年 12 月 20 日。

《省教育厅关于试办综合高中班的指导意见》，2018 年 9 月 3 日，http：// jyt. jiangsu. gov. cn/art/2018/9/3/art_ 55511_ 7803348. html，最后浏览日期：2022 年 12 月 9 日。

《示范性普通高级中学评估验收标准（试行）》，《人民教育》1995 年第 12 期。

《四川省人民政府关于印发四川省职业教育改革实施方案的通知》，《四川省人民政府公报》2020 年第 19 期。

《推进特色普通高中建设三年行动计划（2021—2023 年）》，2021 年 2 月 4 日，https：//www. shanghai. gov. cn/nw12344/20210204/ 9b237e5c99be407ea8aacf13fd6fe578. html，最后浏览日期：2022 年 9 月 23 日。

《县域义务教育均衡发展督导评估暂行办法》，2012 年 1 月 20 日，http：//www.moe.gov.cn/srcsite/A11/moe_1789/201201/t20120120_136600.html，最后浏览日期：2022 年 8 月 23 日。

《县域义务教育优质均衡发展督导评估办法》，2017 年 5 月 12 日，http：//www.moe.gov.cn/srcsite/A11/moe_1789/201705/t20170512_304462.html，最后浏览日期：2022 年 9 月 24 日。

《现代职业教育体系建设规划（2014—2020 年）》，2014 年 11 月 21 日，http：//www.sxjtxy.com/ListDetail.aspx? Iid=1480，最后浏览日期：2022 年 12 月 9 日。

《乡村教师支持计划（2015—2020 年)》，《中华人民共和国国务院公报》2015 年第 17 期。

《义务教育学校管理标准》，2017 年 12 月 12 日，http：//www.moe.gov.cn/jyb_xwfb/s5147/201712/t20171212_321099.html，最后浏览日期：2022 年 8 月 15 日。

《浙江省普通高中特色示范学校建设标准（试行）》，2011 年 11 月 11 日，https：//code.fabao365.com/law_571707_2.html，最后浏览日期：2022 年 9 月 27 日。

《浙江省人民政府关于进一步深化高考综合改革试点的若干意见》，《浙江省人民政府公报》2017 年第 35 期。

《浙江省深化高校考试招生制度综合改革试点方案》，《浙江省人民政府公报》2014 年第 34 期。

《浙江省深化普通高中课程改革方案》，2012 年 6 月 19 日，http：//jyt.zj.gov.cn/art/2012/6/19/art_1532973_27485038.html，最后浏览日期：2022 年 8 月 23 日。

《职业教育提质培优行动计划（2020—2023 年）》，《中华人民共和国教育部公报》2020 年第 11 期。

《中等职业学校建设标准》，2022 年 9 月 3 日，https：//www.sohu.com/a/582288546_121123914，最后浏览日期：2022 年 12 月 5 日。

《中等职业学校设置标准》，2010 年 7 月 6 日，http：//www.moe.

gov. cn/srcsite/A07/moe_950/201007/t20100706_96545. html，最后浏览日期：2022年3月19日。

《中共中央、国务院关于普及小学教育若干问题的决定》，2011年9月30日，http：//www. 71. cn/2011/0930/632656. shtml，最后浏览日期：2021年8月23日。

《中共中央关于制定国民经济和社会发展第十三个五年计划的建议》，2015年11月3日，http：//www. gov. cn/xinwen/2015-11/03/content_5004093. htm，最后浏览日期：2022年9月12日。

《中共中央关于制定国民经济和社会发展第十四个五年规划和二〇三五年远景目标的建议》，《人民日报》2020年11月4日第1版。

《中共中央国务院关于深化教育改革全面推进素质教育的决定》，《中华人民共和国国务院公报》1999年第21期。

《中共中央 国务院关于实施乡村振兴战略的意见》，《中华人民共和国国务院公报》2018年第5期。

《中国教育改革和发展纲要》，《中华人民共和国国务院公报》1993年第4期。

《中国教育概况——2020年全国教育事业发展情况》，2021年11月15日，https：//fz. czu. edu. cn/info/1043/1433. htm，最后浏览日期：2022年7月12日。

《中国教育现代化2035》，《人民日报》2019年2月24日第1版。

《中国人民政治协商会议共同纲领》，2011年12月16日，http：//www. cppcc. gov. cn/2011/12/16/ARTI1513309181327976. shtml，最后浏览日期：2021年10月9日。

《中华人民共和国教师法》，《中华人民共和国最高人民法院公报》1993年第12期。

《中华人民共和国宪法》，《中华人民共和国国务院公报》1982年第20期。

《中华人民共和国义务教育法》，《中华人民共和国国务院公报》1986年第12期。

《中华人民共和国职业教育法》，《中华人民共和国全国人民代表大会常务委员会公报》2022年第3期。

《中央编办 教育部 财政部关于统一城乡中小学教职工编制标准的通知》，2020年9月29日，http：//www.hunanbb.gov.cn/hunanbb/xxgk/xxgkml/zcfg/202009/t20200929_13771809.html，最后浏览日期：2021年8月26日。

《中央人民政府政务院关于整顿和改进小学教育的指示》，《山西政报》1953年第24期。

五 电子文献

《2015年全国1%人口抽样调查主要数据公报》，2016年4月20日，http：//www.stats.gov.cn/tjsj/zxfb/201604/t20160420_1346151.html，最后浏览日期：2021年12月9日。

《"主题轴"上写出校本文章——上海市长宁区推进高中多样化特色发展采访纪行（下）》，2012年5月28日，www.moe.gov.cn/jyb_xwfb/moe_2082/s6236/s6298/201205/t20120528_139376.html，最后浏览日期：2022年9月24日。

《〈高中阶段教育普及攻坚计划（2017—2020年）〉发布》，2017年4月20日，http：// edu.people.com.cn/n1/2017/0420/c1053-29222944.html，最后浏览日期：2022年8月13日。

《广州：24所示范性高中两年内完工》，2003年9月22日，https：//news.sina.com.cn/c/2003-09-22/0857795891s.shtml，最后浏览日期：2021年4月18日。

《教育部：全面提升0.72万所县中办学水平》，2021年3月31日，http：// news.youth.cn/gn/202103/t20210331_12818958.htm，最后浏览日期：2022年5月12日。

《教育部：确保2020年实现基本消除高中大班额目标》，2018年11月27日，https：// baijiahao.baidu.com/s?id=1618262746916045816&wfr=spider&for=pc，最后浏览日期：2021年10月6日。

《剖析县中现象：城里孩子为何热衷下乡求学》，2008年7月28日，https://www.51test.net/show/196193.html，最后浏览日期：2022年9月13日。

《普通高中教育五十人论坛在京成立　专家学者共论未来学校构建》，2019年5月12日，http://bj.people.com.cn/n2/2019/0512/c82841-32929500.html，最后浏览日期：2022年3月8日。

《让更多初中毕业生都能读高中　全国代表委员呼吁普及高中阶段教育》，2018年3月17日，http://www.fjii.com/wx/jy/2018/0317/135061.shtml，最后浏览日期：2021年12月3日。

《示范高中在广州惹争议》，2003年2月21日，http://edu.southcn.com/kejiaobest/200302210908.htm，最后浏览日期：2022年6月9日。

《四川省"高品质学校建设的探索与实践"研究推进会在成都七中实验学校举行》，2019年12月23日，http://sc.cri.cn/20191223/e1b66a10-c2da-7093-54b0-afb9cf13dc25.html，最后浏览日期：2022年8月21日。

《温州拟建设特色普通高中30所　打造学术高中10所以上》，2020年10月14日，http://news.66wz.com/system/2020/10/14/105316665.shtml，最后浏览日期：2022年8月26日。

《浙江：深化高考综合改革试点相关政策解读》，2017年11月30日，www.moe.gov.cn/jyb_zwfw/zwfw_gdfw/gdfw_zjs/201711/t20171130_320254.html，最后浏览日期：2022年9月21日。

《浙江省公布首批省一级普通高中特色示范学校　杭州8所学校入选一些老牌重点中学意外落选》，2014年4月11日，https://hzdaily.hangzhou.com.cn/dskb/html/2014-04/11/content_1707805.htm，最后浏览日期：2022年8月23日。

教育部：《2018年全国职业院校评估报告发布》，2019年11月27日，http://www.moe.gov.cn/jyb_xwfb/gzdt_gzdt/s5987/201911/t20191127_409905.html，最后浏览日期：2022年1月19日。

王爱云：《中华人民共和国历史视野中的重点学校》，2015年12月29日，http：//www.hprc.org.cn/gsyj/yjjg/zggsyjxh_1/gsnhlw_1/d14jgsxsnh/201512/t20151229_365116.html，最后浏览日期：2022年3月18日。

王淼：《青岛68中教育集团普职融通改革首年试点 让学生多一次选择》，2021年3月30日，https：//edu.qingdaonews.com/content/2021-03-30/content_22644129.htm，最后浏览日期：2022年11月29日。